Intervenções grupais

Dados Internacionais de Catalogação na Publicação (CIP)
(Câmara Brasileira do Livro, SP, Brasil)

Intervenções grupais : o psicodrama e seus métodos / organizadoras Maria da Penha Nery, Maria Inês Gandolfo Conceição. – São Paulo: Ágora, 2012.

Vários autores.
Bibliografia.
ISBN 978-85-7183-094-3

1. Intervenção (Psicologia) 2. Psicodrama 3. Psicoterapia de grupo 4. Sociodrama I. Nery, Maria da Penha. II. Conceição, Maria Inês Gandolfo.

12-00307   CDD-150.198

Índice para catálogo sistemático:

1. Intervenções grupais : Psicodrama : Método psicanalítico : Psicologia 150.198

Compre em lugar de fotocopiar.
Cada real que você dá por um livro recompensa seus autores
e os convida a produzir mais sobre o tema;
incentiva seus editores a encomendar, traduzir e publicar
outras obras sobre o assunto;
e paga aos livreiros por estocar e levar até você livros
para a sua informação e o seu entretenimento.
Cada real que você dá pela fotocópia não autorizada de um livro
financia o crime
e ajuda a matar a produção intelectual de seu país.

Intervenções grupais
O psicodrama e seus métodos

ORGANIZADORAS
Maria da Penha Nery
Maria Inês Gandolfo Conceição

INTERVENÇÕES GRUPAIS
O psicodrama e seus métodos
Copyright © 2012 by autores
Direitos desta edição reservados por Summus Editorial

Editora executiva: **Soraia Bini Cury**
Editora assistente: **Salete Del Guerra**
Coordenação editorial: **Betina Leme**
Capa: **Acqua Estúdio Gráfico**
Imagem da capa: © **Stanislav Matyashov | Dreamstime.com**
Projeto gráfico e diagramação: **Crayon Editorial**
Impressão: **Sumago Gráfica Editorial Ltda.**

www.editoraagora.com.br

Editora Ágora
Departamento editorial
Rua Itapicuru, 613 – 7º andar
05006-000 – São Paulo – SP
Fone: (11) 3872-3322
Fax: (11) 3872-7476
http://www.editoraagora.com.br
e-mail: agora@editoraagora.com.br

Atendimento ao consumidor
Summus Editorial
Fone: (11) 3865-9890

Vendas por atacado
Fone: (11) 3873-8638
Fax: (11) 3873-7085
e-mail: vendas@summus.com.br

Impresso no Brasil

Agradecemos a todos aqueles que nos acompanharam e nos ajudaram...
A solidão não está mais aqui.
Brindemos, pois, ao encontro!

Dedicamos a todos os que produzem a alegria no viver;
aos que não deixam o grito da indignação calar;
aos que no cotidiano tentam construir, com o outro, um mundo melhor.

Sumário

Prefácio   9
Introdução   13

1. Teoria dos grupos e sociatria   17
MARIA CÉLIA MALAQUIAS

2. Estratégias terapêuticas grupais   37
ANNA MARIA ANTONIA ABREU COSTA KNOBEL

3. Psicoterapia psicodramática grupal   55
MARIA DA PENHA NERY
MARIA INÊS GANDOLFO CONCEIÇÃO

4. Psicodrama grupal   73
SERGIO PERAZZO

5. Sociodrama   95
MARIA DA PENHA NERY

6. Introdução ao teatro espontâneo   125
MOYSÉS AGUIAR

7. Jogos dramáticos   145
MARIA INÊS GANDOLFO CONCEIÇÃO

8. Role-playing – Um método socionômico   161
YVETTE DATNER

9. Psicodrama público e direção de grandes grupos   173
CIDA DAVOLI
MARCIA ALMEIDA BATISTA
SHE NILSON

10. Pistas contemporâneas em socionomia   195
ANDRÉ MARCELO DEDOMENICO
CLÁUDIA CLEMENTI FERNANDES

11. Metodologia sociodramática de ensino   213
MARIA DA PENHA NERY
ANDRÉA CLAUDIA DE SOUZA

12. Psicodrama bipessoal   237
LUÍS FALIVENE ALVES

13. Aplicações dos métodos sociátricos   263
HELOISA JUNQUEIRA FLEURY
MARLENE MAGNABOSCO MARRA

14. Como mediar conflitos grupais?   279
MARIA DA PENHA NERY
MARIA INÊS GANDOLFO CONCEIÇÃO

Prefácio

ESTAS PÁGINAS, EM LINHAS GERAIS, são ofertadas a quem se interessa por embarcar num voo panorâmico sobre o território do psicodrama. Contêm uma gama representativa dos modos de intervenção grupal em múltiplos campos. Desde o trabalho com uma pessoa em psicoterapia bipessoal – e o leitor compreenderá por que está aqui inserido – até o psicodrama público.

A cada capítulo os autores esclarecem, de modo didático, aspectos essenciais de uma proposta específica de ação que o psicodrama contempla. Não descuidam de subsidiá-la teoricamente e, ao mesmo tempo, compartilham experiências, avaliam processos, descrevem exemplos práticos e sinalizam referências bibliográficas. Pela visão proporcionada, organizadores e escritores desta espécie de "livro-guia" conseguiram ser estratégicos e eficazes nesta empreita pretendida e realizada.

Mas atenção: dois avisos aos passageiros. O primeiro é que, por vezes, investe-se nalguns mergulhos rasantes, e não rasos, por meio dos quais algumas paisagens são esmiuçadas. Segundo, e ainda mais importante, é que este livro, apesar de apontar caminhos, não deve ser tomado como um mapa sagrado. Até porque, entre outros argumentos, são capítulos escritos por vários dos significativos psicodramatistas brasileiros, que não deixam de, também, apresentar opiniões divergentes – a respeito de algumas categorias classificatórias ou sobre localizações da teoria/técnica, nas considerações entre os campos socioeducacional

PREFÁCIO

(não clínico) e clínico ou na concepção de protagonista, para ficar apenas nesses. Um leque é oferecido onde algumas diversas leituras podem ser cartografadas. Ainda, afirmo que alguns conceitos ou práticas aqui delineadas ganhariam graus mais à direita ou à esquerda, um pouco acima ou mais abaixo, na sua condução, caso manejados por outros pilotos.

Acredito que esta é uma maneira de construir o conhecimento: o aluno pode ganhar com as variações de rota e, depois de certo número de horas planando, estará de posse de sua própria experiência. Seus registros terão chance de estar mais nítidos uma vez que ele tenha sobrevoado observando as alterações.

Essa possibilidade aponta para um método e uma vivência pulsantes. Denota contraposição diante de leis ou atos deterministas e fechados. Assim, esta introdução às intervenções grupais, pelo psicodrama, inevitavelmente leva a transitar por altitude de onde se vislumbra o já construído. Mas, simultaneamente, pode abrir traçados ao que está por vir. Uma alternativa que só pode gravitar na órbita de uma obra aberta, com seus claros e escuros, como o é a criaturgia moreniana.

Creio que esta é uma das funções fundamentais do professor: apresentar uma carta que contenha as concepções existentes e disponibilizar seu pensamento. Proporcionar àquele que deseja o saber condições de exercitar sua escolha. Se concordamos que um dos modos de iniciar o processo de aprendizagem é por identificação com modelos, que eles sejam em número diverso, a suscitar futuros posicionamentos críticos – e não unitários, que levem a uma pretensa e uniforme verdade. Obviamente, uma amostragem por demais conflitante entre seus ingredientes provocaria dificuldades de apreensão em um iniciante. Não é disso que aqui se trata.

Lanço mão do papel do professor porque o estímulo dos organizadores provocou a veia pedagógica dos autores. Quem ganha são os alunos de psicodrama. Mas não só. Os professores-leitores são brindados com uma importante obra, que os municia em suas

PREFÁCIO

indicações bibliográficas introdutórias aos temas aqui abordados. Um vento a favor de novas leituras. Desatem os cintos, liguem suas conexões e boas viagens! Pode ser apenas o primeiro voo sobre o palco psicodramático, esse horizonte infindo para a cocriação.

Luiz Contro

Introdução

DEPOIS DE DUAS GRANDES REALIZAÇÕES em minha vida, meus livros *Vínculo e afetividade* e *Grupos e intervenção em conflitos*, senti necessidade de dar continuidade a elas e convidei a amiga e excelente psicodramatista Maria Inês Gandolfo Conceição para uma nova aventura.

Após inúmeras conversas, concluímos que seria importante proporcionar aos neófitos da socionomia um guia que abrisse caminhos para a mediação e a intervenção em conflitos grupais. Ao concluir o projeto, com a ajuda de experientes psicodramatistas, afirmamos que esta se tornou uma obra para pessoas e profissionais que estudam, trabalham ou têm interesse em trabalhar com grupos.

Este livro, *Intervenções grupais – O psicodrama e seus métodos*, apresenta os métodos socioterapêuticos de ação por meio dos quais o coordenador de grupos luta em prol do desenvolvimento social. Tenta-se, por exemplo, amenizar dores e sofrimentos coletivos, atualizar potenciais criativos, distribuir afetividade, fomentar o diálogo empático nas famílias, instituições, escolas, empresas, contribuir para a justiça, a igualdade e os exercícios democráticos de poder em diversos contextos sociais.

Trata-se de um labor fundamental para que a cultura da paz seja instituída. Demanda o esforço de sairmos do papel de espectadores de problemas e conflitos grupais, acreditando que é possível contribuir para o bem coletivo e para a transformação social.

INTRODUÇÃO

Jacob Levy Moreno, criador dos métodos de ação, afirmou que o estudo de grupos e a intervenção terapêutica social seriam o mote do século XXI. Vislumbrava a importância de trabalhar os "proletariados terapêuticos", grupos e indivíduos que sofriam com os diversos tipos de marginalização – de fanatismos identitários e religiosos a conflitos violentos de poder.

O convite para o profissional que trabalha com grupos é o seguinte: vamos dar mais vez ao agir que resulta em cocriação? Esse foi o fundamento filosófico e teórico de Moreno, apresentado aqui por profissionais da área no Brasil.

Tivemos a honra de coconstruir com psicodramatistas competentes, que nos dão trilhas dos diversos métodos de ação que compõem a ciência do tratamento grupal: a sociatria. Não temos a pretensão de esgotar o assunto; nosso objetivo foi mostrar, refletir e demonstrar, para iniciantes e profissionais interessados na área, possíveis perspectivas, sempre abertas à construção conjunta do saber. Por isso, este livro é uma introdução ao assunto, uma orientação inicial, para que possamos avançar nos estudos e aperfeiçoar nossa prática socioterapêutica.

Agradecemos muitíssimo:

- a Maria Célia Malaquias, por nos trazer os fundamentos socionômicos, a sessão sociátrica e as técnicas psicodramáticas;
- a Anna Maria Knobel, que nos apresenta as estratégias terapêuticas grupais, fundamentais para o uso dos métodos de ação;
- a Sergio Perazzo, que apresenta uma reflexão sobre a prática de psicodrama grupal, diferenciando a atuação clínica (terapêutica) da não clínica (socioeducacional);
- a Moysés Aguiar, um *expert* em teatro espontâneo, que nos alerta sobre o papel da criatividade do diretor e da construção coletiva;
- a Yvette Datner, por nos trazer sua experiência com empresas e organizações por meio do role-playing;

INTRODUÇÃO

- a Cida Davoli, Marcia Batista e She Nilson, que abordam o psicodrama público por meio da primorosa e exemplar experiência no Centro Cultural de São Paulo;
- a Cláudia Fernandes e André Dedomenico, que, com jovialidade e competência, nos apresentam métodos criativos e atuais com grupos;
- a Andréa Claudia de Souza, que trouxe suas experiências com o método sociodramático de ensino e seu primor em desenvolver a cocriação em sala de aula;
- a Luís Falivene, que aborda o psicodrama bipessoal com enfoque nas relações grupais do cliente e nos brinda com preciosos exemplos de sua prática;
- a Heloisa Fleury e Marlene Marra, que são ótimos nomes para nos trazer as mais variadas aplicações dos métodos sociátricos.

Também apresentamos aos leitores reflexões sobre nossas práticas relacionadas à psicoterapia psicodramática grupal, ao sociodrama e aos jogos dramáticos.

Finalizamos a obra refletindo sobre mediação e intervenção em conflitos, o papel do coordenador de grupos e como os métodos de ação podem contribuir para sua práxis.

Esperamos que estudantes interessados em trabalhos com grupos e profissionais que são ou que desejam se tornar socioterapeutas tenham neste livro um guia ou um suporte que os instigue a aprofundar-se nos métodos de ação e a treiná-los.

MARIA DA PENHA NERY E
MARIA INÊS GANDOLFO CONCEIÇÃO

1. Teoria dos grupos e sociatria

MARIA CÉLIA MALAQUIAS

Trabalhadores sociodramáticos têm a tarefa de organizar
encontros preventivos, didáticos e de reconstrução na
comunidade em que vivem e trabalham.
(MORENO, 1992, V. 1, P. 214-15)

VIVEMOS A ERA DA GLOBALIZAÇÃO, de agrupamentos, de composições diversas, desde as grandes corporações aos grupos de internautas, vizinhanças, agremiações, sindicatos, associações de escolas, de pais, de bairro e muitas outras. Macro e microassociações, quer por questões ideológicas, quer por sobrevivência, pautam sua existência pela vida em grupo. Por outro lado, observamos um grande contingente de pessoas solitárias, queixosas da falta de tempo para se encontrar com as outras, impossibilitadas de conciliar suas agendas, muitas vezes desejosas de se sentir pertencentes a determinados grupos.

Segundo Holanda Ferreira (*apud* Russo, 1999, p. 16), grupo é uma "pequena associação ou reunião de pessoas unidas para um fim comum". Essa é uma definição básica; porém, necessitamos aprofundá-la devido à complexidade dos fenômenos e processos grupais envolvidos no conceito.

A socionomia é uma ciência criada por Moreno (1975) para estudar os grupos e propor métodos de intervenções socioterapêuticas. Abarca as teorias relacionadas à sociodinâmica, tais como as dinâmicas dos grupos; à sociometria, ou seja, a formação e a organização dos grupos; e à sociatria, ou tratamento dos grupos.

Nery (2010, p. 20) aponta, com base na obra de Moreno, que grupo é "um conjunto de pessoas, articuladas por papéis e por objetivos sociais comuns, no qual os estados (coconscientes e coinconscientes) dos indivíduos formarão padrões e dinâmicas relacionais próprias". Esses padrões e dinâmicas compõem-se, entre tantos fatores, de encontros, processos afetivos, conflitos e práticas de poder nos grupos e entre grupos. De acordo com Nery (2010, p. 16),

> os objetivos almejados em nossos projetos de intervenção grupal – dentre eles melhorar as relações humanas, conviver com as diferenças, diminuir a violência social, promover direitos humanos, desenvolver redes sociais favorecedoras do declínio da desigualdade social, incrementar a justiça social, melhorar a qualidade de vida no ambiente de trabalho, mediar conflitos familiares, contribuir para que sujeitos desenvolvam seu papel de cidadãos – vêm carregados de nossas "boas intenções". Sabemos que a boa intenção, por si só, não nos ajuda a atingir tais objetivos.

Entendemos, conforme a metodologia socionômica que norteia nossas práticas, que o coordenador do grupo está a serviço do grupo e, para tanto, faz-se necessário perguntar e responder quais os objetivos e a finalidade do trabalho proposto. É importante termos, constantemente, consciência sociocrítica: trabalhamos a serviço de quem e para quem? (Contro, 2011).

MORENO E A SOCIONOMIA

AO PENSAR NUM GUIA PRÁTICO para intervenções grupais, visamos contribuir para aqueles interessados no trabalho com grupos. Nessa perspectiva, procuramos apresentar noções básicas da teoria e prática e alguns aspectos da vida de Moreno.

Jacob Levy Moreno, criador do psicodrama, da sociometria e pioneiro em psicoterapia de grupo, nasceu em 1889 em Bucareste,

Romênia. Foi médico psiquiatra, com interesse por sociologia, psicologia social e antropologia. Afirmava que "um procedimento verdadeiramente terapêutico deve ter por objetivo toda a espécie humana" (Moreno, 1992, p. 119).

Já na juventude, Moreno envolveu-se em trabalhos com grupos carentes de atenção social. Reunia grupos de crianças nos jardins de Viena para, de maneira criativa e espontânea, encenarem suas histórias. Ao trabalhar com as prostitutas, após ficar sensibilizado com o drama vivido por elas, procurou ajudá-las a se organizar como grupo e elaborar leis que pudessem protegê-las.

Emigrou para os Estados Unidos, em 1925, onde trabalhou com grupos de prisioneiros, na prisão de Sing Sing, visando à melhoria no relacionamento daquela comunidade prisional. Outro importante trabalho que Moreno realizou com população marginalizada foi a profunda pesquisa sociométrica, com base em análise qualitativa e quantitativa das relações, com um grupo de moças internas em uma escola em Hudson. Tal escola era um reformatório feminino, mantido com o intuito de reintegrá-las à sociedade. Nesse trabalho, Moreno procurou "criar um método para determinar a posição e a função psicológica que cada moça tinha no grupo perante as demais colegas e em relação à encarregada" (Knobel, 2004, p. 120-1).

Tinha vocação para o trabalho com teatro, interessava-se pelo teatro do improviso. Cria o teatro terapêutico em Beacon, Nova York.

Moreno (1975) concebe o indivíduo como um "ser em relação", ou seja, numa relação dialógica, envolvido numa rede social. É no pertencimento aos grupos sociais que se dá o processo de constituição do sujeito, sua identidade. O "eu" surge dos papéis que desempenhamos na sociedade. Papel social é "a forma de funcionamento que o indivíduo assume no momento específico em que reage a uma situação específica, na qual outras pessoas ou objetos estão envolvidos" (p. 27). Por sua vez, "o papel pode ser definido como uma unidade de experiência em que se fundiram elementos privados, sociais e culturais" (p. 53).

Para o autor:

> O grupo normal deve ser distinguido do grupo terapêutico organizado. São características de um grupo normal a integração entre os membros, interesses e atividades comuns, mas também o mínimo de coesão interna e diferença dos status. O grupo terapêutico, pelo contrário, necessita maior liberdade e espontaneidade dos membros, de que um grupo normal. Sua constituição deve ser terapeuticamente mais favorável do que a de um grupo real. (Moreno, 1974, p. 31)

Ao estruturar didaticamente seu arcabouço teórico, Moreno cria e desenvolve a socionomia, a qual está alicerçada no tripé sociodinâmica, sociometria e sociatria, que são suas ramificações. Portanto, de forma sintética, temos:

■ **SOCIONOMIA**. Ciência que estuda as leis sociais que regem o comportamento interpessoal. Desenvolve as teorias que nos ajudam a ler os processos e fenômenos grupais, dentre elas: teoria da espontaneidade-criatividade, dos fenômenos teletransferência, dos papéis e dos vínculos. Utiliza-se de diversos conceitos, entre eles: coinconsciente, matriz de identidade, conserva cultural, complementaridade dos papéis, projetos dramáticos, lógicas afetivas de conduta, dinâmicas de poder.

■ **SOCIODINÂMICA**. Investiga as dinâmicas dos grupos sociais, a maneira como os indivíduos estão organizados em função de seus papéis estabelecidos no grupo. Estudo das leis e dos momentos grupais – será explicitado no Capítulo 2 deste livro, de autoria de Anna Maria Knobel.

■ **SOCIOMETRIA**. Estudo da organização grupal. O pesquisador utiliza o teste sociométrico ou jogos dramáticos específicos, que o ajudam a investigar a posição socioafetiva do indivíduo num determinado grupo, em um período de sua constituição. Procura detectar e compreender "os padrões afetivos que organizam os grupos sociais e as características das correntes

psicossociais da população, uma infraestrutura psicossocioló-
gica inconsciente" (Nery, 2010, p. 22).

■ **Sociatria**. São as intervenções socioterapêuticas em que são
utilizados métodos de ação – descritos nos capítulos deste
livro. Esses métodos também são instrumentos de pesquisa-
-ação-intervenção para o aprofundamento das teorias e dos
conceitos socionômicos.

A sociometria estuda a hierarquia socionômica, o valor da
afetividade como requisito de poder nas subdivisões grupais. A
expansividade emocional, o átomo social dos indivíduos e, junto
do inevitável processo de subdivisões grupais, os exercícios de
poder nas relações e os conflitos grupais.

Como este livro não pretende ser uma introdução teórica ao
tema, alertamos para a importância do estudo da obra moreniana
e de autores contemporâneos da área, imprescindíveis para a adequada leitura dos fenômenos grupais e da intervenção terapêutica.

SOCIATRIA

Sociatria é a ciência do tratamento das relações sociais e, de certa
forma, é o resultado prático/metodológico da socionomia. Sociatria,
palavra de origem latina e grega, traz o conceito de *socius* (o outro, o
companheiro) e *iatreia* (cura). Segundo Moreno (1994, p. 235):

O início da ciência da sociatria coincide com a crítica situação histórica da
humanidade, na metade do nosso século. Os objetivos desta nova ciência
são a profilaxia, o diagnóstico e o tratamento da espécie humana, das relações grupais e intergrupais e, particularmente, a investigação de como
podemos formar grupos que possam se impulsionar à realização, via técnicas de liberdade, com o auxílio da sociatria ou da psiquiatria. O ideal secreto da sociatria, como o de todas as ciências, é ajudar a humanidade na
concretização de suas metas e, ao final, tornar-se desnecessária e perecer.

A sociatria propõe tratar os grupos por meio dos métodos de ação, entre eles a psicoterapia de grupo, o psicodrama, o sociodrama, o teatro espontâneo, o role-playing, os jogos dramáticos e o teatro espontâneo. Atualmente, os psicodramatistas, em especial os brasileiros, desenvolveram e ampliaram o leque de possibilidades de métodos teatrais e sociopsicodramáticos.

O principal objetivo deste livro é apresentar esses métodos de ação, apontando alguns exemplos de seu uso na prática socioterapêutica.

No Brasil, temos o livro *Técnicas fundamentais do psicodrama*, organizado por Monteiro (1998), no qual vários autores descrevem as técnicas psicodramáticas. Sugerimos a leitura desse livro a quem se interessar em complementar sua compreensão sobre os métodos de ação nos quais essas técnicas são aplicadas.

A SESSÃO SOCIÁTRICA

TODOS OS MÉTODOS DE AÇÃO seguem a composição e as etapas da sessão sociátrica, que ajudam o socioterapeuta na leitura dos fenômenos grupais e no manejo técnico. Os métodos de ação consideram três contextos:

- **CONTEXTO SOCIAL.** A cultura na qual os sujeitos estão inseridos, o tempo cronológico, o espaço real. As respostas ao *onde*, *quando*, *quem* e *com quem* definem os papéis sociais e os sofrimentos dos membros do grupo.

- **CONTEXTO GRUPAL.** São os participantes do grupo, o diretor e os egos-auxiliares. Também as relações envolvem papéis sociais específicos, porém num contexto de continência próprio à vivência terapêutica.

- **CONTEXTO DRAMÁTICO.** É o espaço demarcado para a ação dramática, é o lugar do "como se". Acontece no palco psicodramático. As relações se estabelecem por meio de personagens, ou seja, de papéis psico e sociodramáticos. Esses papéis dão vida aos relatos e experiências dos participantes do grupo, possibilitando o atuar da fantasia, no campo do imaginário. Trata-se de gerar um *plus* de realidade, ou seja, a realidade suplementar, na qual todos tentam conjuntamente dar novas respostas aos conflitos.

ELEMENTOS DA SESSÃO SOCIÁTRICA

São CINCO OS ELEMENTOS de uma sessão sociátrica. Gonçalves (1988, p. 99) nos diz: "Os elementos ou instrumentos são os meios empregados na execução do método e das técnicas psicodramáticas". São eles: o diretor, o ego-auxiliar, o protagonista, o palco e a plateia.

■ **DIRETOR.** É o coordenador do grupo, treinado em métodos de ação. Ele é o responsável pela produção do encontro. Com base em sua leitura da sociodinâmica, segue as etapas da sessão, intui e constrói hipóteses terapêuticas para propor o uso das técnicas, a vivência do drama grupal e do protagonista, e para promover a cocriação.

■ **EGO-AUXILIAR.** É a pessoa que está a serviço do diretor e do grupo. O ego-auxiliar pode ser um membro do grupo que desempenha um determinado papel do mundo interno ou externo do protagonista. Também pode ser um socioterapeuta treinado em métodos de ação e que forma uma unidade funcional com o diretor, com papéis sociais diferenciados. O ego-auxiliar contribui para que a vivência seja o mais terapêutica possível, representando personagens, indo a fundo em suas emocionalidades e ajudando o grupo a se expressar.

■ **PROTAGONISTA.** É a pessoa que representa o grupo, que dá voz a seus dramas. Por meio de seu sofrimento privado, fala do sofrimento coletivo e o representa. O protagonista pode ser um personagem na cena, além de um subgrupo que apresenta um tema ou uma cena que reflita o sofrimento e as necessidades do grupo e as respostas a eles.

MARIA CÉLIA MALAQUIAS

■ **Palco.** É o lugar definido para que a ação dramática aconteça, o espaço do "como se", no qual os papéis psicodramáticos são jogados.

■ **Plateia.** É composta de todos os membros do grupo presente. O diretor e o ego-auxiliar aquecem a plateia de tal forma que ela se torne observador-participante e autor do evento. Cada um desses elementos contribui para que a cocriação ocorra, por meio do desvelar dos estados coinconscientes presentes nas interações dos participantes do grupo.

FASES DA SESSÃO SOCIÁTRICA

As fases dos métodos de ação são: aquecimento, dramatização e compartilhar (em alguns contextos específicos, há também a fase do processamento).

■ **Aquecimento.** É a fase inicial de preparação do grupo e do protagonista. Constitui-se de: aquecimento inespecífico, que são as falas, os movimentos e as expressões iniciais, cujo propósito é iniciar os preparativos para o encontro; e aquecimento específico, que, como o próprio nome diz, tem a intenção de aquecer os participantes para o trabalho socioterápico.

■ **Dramatização.** É o desenvolvimento da cena criada pelo protagonista (grupo ou indivíduo) que representa no contexto dramático. O conflito interno, o conflito grupal ou o tema do grupo são presentificados no espaço do "como se", que é o "espaço entre o real e o imaginário" (Knobel, 2004, p. 94).

A dramatização possibilita ao indivíduo e ao grupo, por meio do desempenho de papéis psicodramáticos, uma nova organização dos mundos interno e externo. A dramatização é o grande mote dos métodos de ação. Trata-se da vivência liberadora da primeira; ou, nas palavras de Moreno (1984, p. 107): "Toda verdadeira segunda vez libera a primeira e provoca risos". No fazer, no atuar, dá-se oportunidade para ações reparatórias, por meio das quais o protagonista refaz, dentro de seus limites, caminhos sofridos (Perazzo, 2010).

Cria-se uma realidade suplementar, que gera a catarse de integração, na qual todos os membros do grupo reaprendem sobre si, sobre suas relações, e a espontaneidade-criatividade de cada um é colocada a serviço do bem-estar coletivo.

■ **Compartilhar.** Terceira fase de uma sessão sociátrica, é o momento de expressão das emoções sobre o que foi vivido. O diretor e os egos contribuem para que os participantes descubram o que aprenderam com a vivência. Por meio dos relatos dessas descobertas, acontecem as identificações e busca-se o desenvolvimento da empatia.

■ **Processamento.** Espaço destinado à reflexão sobre o que foi vivido e ao estabelecimento de correlações com a teoria e a prática psicodramáticas. Trata-se de uma etapa usada principalmente nos métodos sociodramáticos de ensino. Também o diretor e/ou a unidade funcional usam essa fase para produção de textos na área ou para compreensão de suas atuações, das atuações dos participantes e dos processos grupais ocorridos no evento.

TÉCNICAS BÁSICAS USADAS NOS MÉTODOS DE AÇÃO

As principais técnicas psicodramáticas são: duplo, solilóquio, espelho, inversão de papéis e interpolação de resistência.

Para Moreno, as técnicas básicas que darão suporte à vivência dramática estão embasadas na matriz de identidade. Referimo--nos à matriz de identidade de acordo com a perspectiva apresentada por Nery (2010, p. 55): "Ela é o *locus* sociocultural em que a criança recebe e aprende os papéis sociais. Nesse sentido, o bebê atua em papéis, muito antes de saber quem ele é, pertence a grupos, tem identidades e vive sua cultura."

A criança passa por fases (no sentido de momentos) em seu desenvolvimento psicossocial. As técnicas de ação são baseadas nessas fases, nas quais ela precisa de alguém (para Moreno, o primeiro ego-auxiliar da criança é a mãe ou um cuidador) que a perceba em suas necessidades psicofisiológicas e de existência social, ajude-a a satisfazê-las (duplo) e a se expressar como sujeito (solilóquio). Um momento importante nesse processo de desenvolvimento da criança é quando ocorre a diferenciação de si e do outro, permeada do hiato entre fantasia e realidade (espelho). A criança aprende com sua própria realidade e com a do outro por meio do fenômeno tele, que tem base na intuição e na empatia mútuas (inversão de papéis), e vive em constante crescimento sociocultural e psíquico, por meio dos conflitos, encontros com o outro e com os bloqueios às suas necessidades, aos seus desejos, às suas expectativas e ações (interpolação de resistência).

Nos métodos de ação, as técnicas psicodramáticas refletem os momentos de desenvolvimento psicossocial que, em essência, estão presentes nos estados coconsciente e coinconsciente do grupo. Elas serão usadas conforme a sociodinâmica e a psicodinâmica dos presentes, e, em síntese, são:

■ **Técnica do duplo.** É utilizada quando o protagonista tem dificuldades de expressar verbalmente sua emoção. O ego-auxiliar (ou o psicoterapeuta/diretor, na função de ego-auxiliar) verbaliza com base em sentimentos e emoções percebidas e intuídas em relação ao protagonista e ao grupo. Para tanto, reproduz atitudes corporais, expressões faciais, procura a aproximação psicológica do outro e desenvolve empatia em relação a ele. Ao final da expressão emocional, pergunta ao protagonista se era aquilo que este queria dizer ou sentia.

■ **Espelho.** Um ego-auxiliar faz o papel psicodramático do protagonista. Ele pode se ver de fora, como num espelho e, assim, obter melhor autopercepção. O diretor explora com perguntas o que ele percebe, intui ou quer da cena. Trata-se de uma técnica voltada para a observação, auto-observação e reflexão sobre si e a situação.

SOLILÓQUIO. Técnica em que, a partir da interrupção de um diálogo ou da cena dramática (como o "aparte" do teatro), pede-se ao protagonista ou ao grupo a expressão do que ele pensa, sente ou percebe. Por meio do solilóquio, tenta-se dar mais espaço para o aparecimento dos conteúdos inconscientes.

INVERSÃO DE PAPÉIS. O diretor pede ao protagonista que fique no lugar do antagonista e vice-versa. Há um aquecimento especial nessa técnica no qual o diretor pede que tentem imaginar-se como o outro, em seu comportamento, seus pensamentos, suas emoções. Há uma pequena entrevista do papel, para sua tomada. A partir daí, possibilita-se o jogar o papel do outro, "ser" o outro e interagir.

Embora não haja possibilidade real de que ocorra a inversão propriamente dita, é possível atingir resultados bastante satisfatórios com a técnica quando as pessoas envolvidas estão de fato presentes no ato terapêutico, como é o caso do sociodrama.

No psicodrama, a inversão é com o personagem que representa o ausente, sendo, portanto, mais intensa no campo do imaginário.

INTERPOLAÇÃO DE RESISTÊNCIAS. O diretor insere surpresas na cena, para que o protagonista desperte uma resposta nova. Pode, por exemplo, acrescentar conteúdos, pedir ações diferentes aos personagens, acrescentar novos personagens, solicitar maximizações de expressão, rapidez ou lentidão nas ações. Trata-se de abordar as resistências do indivíduo e as interpessoais (Moreno, 1974).

O uso das técnicas de ação depende do momento das pessoas na vivência dramática e da sociodinâmica. São usadas, por exemplo, quando há emperramento na dramatização, quando o grupo não consegue se aquecer e para ajudar, depois da vivência do conflito, a cocriação a emergir.

Podem ser usadas nas sessões dialógicas, em que não ocorrem dramatizações, dentro de seus princípios de uso (Nery, 2003), ou em ações dramáticas específicas, como a terapia da relação (Fonseca, 2000). Gonçalves (1998, p. 18) afirma que "chamamos de técnicas básicas aquelas que servem de base ou de fundamento para as demais". A leitura do capítulo escrito por ela e aqui citado contribui para melhor compreensão de seus usos e objetivos.

BREVE COMPARTILHAR SOBRE MINHA PRÁTICA PSICODRAMÁTICA

EM 2011, COMPLETEI 30 ANOS de formação em psicologia e 20 anos de formação em psicodrama. Confesso que ainda me surpreendo com a quantidade dos anos; afinal, as lembranças estão presentes em minha memória, não parece tanto tempo assim. Mas, de fato, faz muitos anos. Essa data é propícia à revisão da minha trajetória profissional.

Minha prática profissional, desde o final da graduação, tem sido nas áreas clínica e socioeducacional. Embora a atuação clínica seja a mais frequente, o interesse pelo trabalho com grupos sempre fez parte de minha prática como professora – do Centro Específico de Formação e Aperfeiçoamento do Magistério (Cefam), de cursos universitários e de cursos de formação em psicodrama –, como psicodramatista, na direção de atos socionômicos e nos trabalhos de consultoria em empresas públicas e privadas.

Procuro ilustrar minha prática utilizando a perspectiva que Fonseca (2000, p. 115) sabiamente nos apresenta: "Psicodramaticamente, pode-se dizer que a matriz de identidade profissional determina o percurso do psicoterapeuta. Ninguém pode negar suas raízes, seja aceitando-as, seja fugindo delas". Nesse sentido, para o presente capítulo, escolho compartilhar minha experiência em sociodrama, denominada por mim *Revisitando a africanidade brasileira*[1]. O intuito foi possibilitar a reflexão sobre as rela-

1. Trabalho original apresentado para titulação de psicodramatista didata supervisora pela Sociedade de Psicodrama de São Paulo (Malaquias, 2004, p. 38-45).

ções interétnicas, utilizando a metodologia sociodramática com pessoas interessadas no tema.

Ao trabalhar com grupos, o método psicodramático que tenho utilizado é o sociodrama, na perspectiva que Moreno (1992, p. 188) conceitua como "método profundo de ação que trata as relações intergrupais e ideologias coletivas".

Procuro seguir as seguintes fases do sociodrama, divididas em cinco etapas:

■ **PRIMEIRA ETAPA • AQUECIMENTO.** Iniciamos com a apresentação do diretor e da equipe de egos-auxiliares. Esclarecemos ao público os objetivos do trabalho. Em seguida, ocorre a apresentação individual dos participantes e o levantamento das expectativas com relação ao trabalho proposto.

■ **SEGUNDA ETAPA • AQUECIMENTO.** Os integrantes do grupo caminham, procurando entrar em contato uns com os outros e com os objetos que estão distribuídos pelo espaço. Há uma música de fundo, escolhida previamente pela equipe.

A formação de subgrupos é feita por meio da escolha dos objetos afros que compõem o cenário. A instrução é que cada um, individualmente, escolha o objeto com o qual se sentiu mais identificado.

O grupo troca experiências sobre o que vivenciou até o momento e cria uma cena dramática para apresentar.

Diretora e egos acompanham cada subgrupo, procurando auxiliar se necessário.

■ **TERCEIRA ETAPA • DRAMATIZAÇÃO.** As cenas criadas nos subgrupos são apresentadas no palco sociodramático.

■ **QUARTA ETAPA • COMPARTILHAMENTO.** O grupo relata suas sensações com base no que foi vivenciado. Esse é um importante espaço de elaboração da experiência vivida.

■ **QUINTA ETAPA • PROCESSAMENTO.** Nessa etapa, procuramos refletir sobre e analisar o que foi vivenciado, tendo como base as técnicas utilizadas e o referencial teórico do psicodrama.

Desde 1999, temos dirigido sociodramas com a temática das relações interétnicas. O sociodrama que escolhi foi dirigido por nós em 2001[2]. A escolha desse protocolo deve-se ao fato de ter sido o primeiro que dirigimos fora do contexto de congressos de psicodrama. Local: uma escola particular de educação infantil da cidade de Carapicuíba, São Paulo. Público participante: 25 pessoas de áreas diversas – psicólogos, assistentes sociais, professores, policial civil, desempregados, auxiliares administrativos, pintor. Sociodrama: Revisitando a africanidade brasileira. Iniciamos com a apresentação da equipe. Propomos um jogo de apresentação: o grupo de pé, em círculo, cada pessoa fala seu nome e sua expectativa com relação ao trabalho.

Em seguida, o grupo é instruído a caminhar pelos espaços decorados, procurando entrar em contato com as pessoas e objetos, sentir a música, movimentar-se conforme o ritmo e a sensação de cada um.

Após esse momento de exploração do lugar, dos objetos e do contato com as pessoas, formamos um círculo. Dividimos o grupo ao meio, em duas fileiras, uma em frente à outra. Uma fileira representa a África, a outra representa o Brasil. Cada fileira é instruída a expressar, por meio de uma imagem corporal, o sentimento de ser África. Em seguida, congelamos a ação dramática e solicitamos palavras em voz alta. Fala primeiro o grupo que representa a África: mãe, beleza, terra, ancestrais, história, fortaleza. Em seguida, o grupo que representa o Brasil: outra língua, diferença, falta, terra, passado, presente. Depois, há inversão de papéis, ou seja, a fileira que foi a África no primeiro momento assume o papel de Brasil e vice-versa.

Voltamos ao círculo e a direção solicita que expressem, numa palavra, como se sentem. As palavras ditas são acompanhadas de

---

2. Equipe: Maria Célia Malaquias, Carlos Alberto Alves Moura, Mathilde F. Souza, Valquiria A. Souza.

expressões emocionadas sobre o que vivenciaram como África e como Brasil. Há menção de pertencer à terra: "a nossa terra".

Solicitamos que se subdividam em cinco grupos de cinco pessoas cada, para compartilhar o que vivenciaram por meio de suas sensações. Após intensa troca, os subgrupos são orientados a criar uma cena representativa do que foi compartilhado.

O passo seguinte é a dramatização. Cada subgrupo apresenta sua cena. Após a apresentação das cinco cenas, o grupo escolhe a última cena e a dramatiza: entra no palco arrastando-se pelo chão, carregando algo muito pesado nas costas. É um grupo de escravos trabalhando a terra e sendo maltratado pelo dono da fazenda. Têm dificuldade para se comunicar porque não falam a mesma língua. Descobrem a linguagem dos sinais e combinam uma fuga. Fogem para terras distantes e constroem um quilombo. No quilombo, reproduzem o que haviam deixado na África. Vivem em liberdade e contam histórias de seus antepassados.

A direção faz algumas intervenções na cena, possibilitando a maior troca possível de papéis.

O grupo escolhe finalizar a dramatização com um grande quilombo, ao som da música "Um sorriso negro", considerada por muitos um hino de exaltação à beleza negra. O grupo fica em silêncio por alguns instantes enquanto ouvimos, em volume baixo, a música "Canto das três raças", que fala da união de todas as raças e da liberdade que todas buscam.

No compartilhamento, com o grupo novamente em círculo, cada participante expressa com uma imagem corporal o que está levando da vivência. Há um forte clima de emoção, todos muito próximos. Um a um, vão até o centro do grupo e fazem seu gesto. Terminamos com um grande abraço grupal.

No compartilhar, esclarecemos sobre o método sociodramático e as técnicas utilizadas: duplo, solilóquio, espelho, concretização, maximização, inversão de papel e tomada de papel. Discorremos também sobre a ideologia moreniana de ser humano, a história do negro no Brasil e alguns conceitos de negritude.

MARIA CÉLIA MALAQUIAS

Moreno nos fala da necessidade de um planejamento cuidadoso nos trabalhos sociodramáticos, da responsabilidade do diretor, que consiste primeiro em coletar informações sobre as questões que abordará – informações essas que são comunicadas à sua equipe de egos-auxiliares.

Ele nos ensina que ao trabalhar conflitos sociais, como no caso das relações interétnicas, é necessário algum treinamento dos egos-auxiliares. Também é importante que a equipe envolvida, diretores e egos-auxiliares, entre em contato com seus próprios conflitos e preconceitos, procurando "aprender e desligar-se tanto quanto possível de tudo o que, em sua própria vida coletiva, possa fazê-lo pender para uma ou outra das culturas retratadas" (Moreno, 1975, p. 422). Esses cuidados devem estar a serviço da melhor eficácia, como facilitadores de um trabalho terapêutico grupal.

ALGUMAS SUGESTÕES DE LEITURA PARA QUEM SE INTERESSA PELO TEMA

Dezenas de instituições de psicodrama, espalhadas por várias regiões do Brasil, oferecem cursos de formação em psicodrama, habilitando para atuação nas áreas de saúde, educação e em organizações (informações no *site* da Federação Brasileira de Psicodrama).

Obviamente, não há uma regra a ser seguida. Trata-se de uma ciência da vida e, como tal, não há ensaio, e sim o viver. Nesse sentido, gostaria de sugerir algumas leituras do próprio Moreno e de autores contemporâneos que poderão ajudar nos primeiros passos. As informações completas das obras citadas encontram-se nas referências bibliográficas.

■ *Jacob Levy Moreno 1889-1974 – Pai do psicodrama, da sociometria e da psicoterapia de grupo.* Nesse importante livro biográfico, René F. Marineau nos apresenta uma relevante pesquisa sobre a trajetória de Moreno e sua ressonância na criação e no desenvolvimento da teoria e prática psicodramáticas.

TEORIA DOS GRUPOS E SOCIATRIA

- *Lições de psicodrama – Introdução ao pensamento de J. L. Moreno.* Os autores Camila Salles Gonçalves, José Roberto Wolff e Wilson Castello de Almeida, em linguagem simples e didática, nos apresentam Moreno e sistematizam sua teoria, tornando-a acessível tanto para os iniciantes no psicodrama como para os que a queiram rever e se atualizar.
- *Técnicas fundamentais do psicodrama.* Organizado por Regina Monteiro e escrito por vários autores, o livro traz textos que complementam o conteúdo apresentado neste capítulo, ajudando o leitor a conhecer melhor o porquê e para quê das técnicas psicodramáticas usadas nos métodos de ação.
- *Psicodrama.* Jacob Levy Moreno, criador do psicodrama, apresenta nesse livro os principais conceitos de sua teoria e técnica.
- *Quem sobreviverá?* (Edição do estudante). O autor, J. L. Moreno, apresenta uma abordagem direta e mais simplificada. O livro possibilita acompanhar o desenvolvimento das principais ideias de Moreno.
- *Grupos e intervenção em conflitos.* Nery fala para todos aqueles que trabalham com grupos e ressalta cinco fatores fundamentais para adquirir competência para lidar com eles.
- *Vínculo e afetividade.* Nery aprofunda teorias morenianas e cria conceitos para facilitar as leituras psico e sociodinâmica. Em particular, no Capítulo 9, aborda a fala no psicodrama e o uso de suas técnicas.
- *Psicodrama em HQ: iniciação à teoria e à técnica.* De Zoran Duric e tradução de José de Souza e Mello Werneck: manual didático e ilustrativo da teoria e técnica psicodramáticas.

Para finalizar nossa tentativa de contribuir com os interessados nessa temática, apresentamos os cinco fatores enumerados por Nery (2010, p. 17) como

fundamentais para o terapeuta social adquirir a competência para lidar com grupos: estudar teorias de grupos; ampliar o conhecimento social e cultural sobre sua clientela e dela se aproximar, coconstruindo a inter-

33

MARIA CÉLIA MALAQUIAS

venção; buscar o autoconhecimento e treinar constantemente o uso de métodos socioterápicos.

Assim, seguimos inspirados na utopia moreniana de "tratar toda a humanidade", na perspectiva estratégica de microrrevoluções, visando atingir o grande grupo. Nesse sentido, julgamos oportuno mencionar que, entre os registros que temos dos primeiros trabalhos com psicodrama no Brasil, encontramos o pioneirismo do sociólogo Alberto Guerreiro Ramos, no Instituto Nacional do Negro, no Rio de Janeiro, onde dirigiu psicodrama e sociodrama. Guerreiro publicou artigos sobre psicodrama e sociodrama no jornal *Quilombo*, entre 1949 e 1950, e propôs o palco psicodramático como um lugar para tratar as relações interétnicas (Malaquias, 2004).

Posteriormente, a partir da ditadura militar, temos a expansão do psicodrama como movimento libertário, em uma época na qual vivemos grande opressão e sofrimento social no Brasil. Nos dizeres de Cesarino (2001, p. 207), um dos psicodramatistas pioneiros:

> foi nesse contexto que entre nós surgiu o psicodrama: propondo o coletivo onde a ditadura impunha o isolamento, soltando o grito e o movimento onde o medo exigia o silêncio e a paralisia, aceitando a vocação eminentemente política, embora tivesse também um grande espaço terapêutico, até porque em sua proposta acredita-se que não há separação entre saúde e sociedade.

No cotidiano de nossas práticas sociátricas, com o uso de métodos de ação, a atualização da ideologia moreniana se faz presente, nesse universo de complexidade, nas relações humanas.

REFERÊNCIAS BIBLIOGRÁFICAS

CESARINO, A. C. "Psicodrama na rua". In: COSTA, Ronaldo Pamplona da (org.). *Um homem à frente de seu tempo: o psicodrama de Moreno no século XXI.* São Paulo: Ágora, 2001.

CONTRO, L. *Psicossociologia crítica: a intervenção psicodramática.* Curitiba: CRV, 2011.

CUKIER, R. "O psicodrama da humanidade: utopia, será?". *Revista Brasileira de Psicodrama*, v. 8, n. 1, p. 69-82, 2000.

_____. *Palavras de Jacob Levy Moreno: vocabulário de citações do psicodrama da psicoterapia de grupo, do sociodrama e da sociometria.* São Paulo: Ágora, 2002.

DURIC, Z. et al. *Psicodrama em HQ: iniciação à teoria e à técnica.* São Paulo: Daimon, 2005.

FONSECA, J. *Psicoterapia da relação: elementos de psicodrama contemporâneo.* São Paulo: Ágora, 2000.

FOX, J. *O essencial de Moreno: textos sobre psicodrama, terapia de grupo e espontaneidade.* São Paulo: Ágora, 2002.

GONÇALVES, C. S. "Técnicas básicas: duplo, espelho e inversão de papéis". In: MONTEIRO, R. (org.). *Técnicas fundamentais do psicodrama.* São Paulo: Ágora, 1998.

GONÇALVES, C. S.; WOLFF, José Roberto; ALMEIDA, Wilson Castello de. *Lições de psicodrama – Introdução ao pensamento de J. L. Moreno.* São Paulo: Ágora, 1988.

KNOBEL, A. M. A. A. C. *Moreno em ato: a construção do psicodrama a partir das práticas.* São Paulo: Ágora, 2004.

MALAQUIAS, M. C. *Revisitando a africanidade brasileira: do teatro experimental do negro de Abdias do Nascimento ao protocolo problema negro-branco, de Moreno.* Monografia para obtenção do título de psicodramatista didata supervisora, Sociedade de Psicodrama de São Paulo (SOPSP), São Paulo, 2004.

MARRA, M. M.; FLEURY, H. J. (orgs.). Grupos: *intervenção socioeducativa e método sociopsicodramático.* São Paulo: Ágora, 2008.

MARINEAU, R. F. *Jacob Levy Moreno 1889-1974 – Pai do psicodrama, da sociometria e da psicoterapia de grupo.* São Paulo: Ágora, 1992.

MEZHER, A. "A abordagem dos valores ético-culturais pelo axiodrama". In: ALMEIDA, W. C. et al. *A ética nos grupos: contribuição do psicodrama.* São Paulo: Ágora, 2002.

MONTEIRO, R. (org.). *Técnicas fundamentais do psicodrama.* São Paulo: Ágora, 1998.

MORENO, J. L. *Psicoterapia de grupo e psicodrama: introdução à teoria e práxis.* (1959). Trad. Antonio C. Mazzaroto Cesarino Filho. São Paulo: Mestre Jou, 1974.

_____. *Psicodrama.* São Paulo: Cultrix, 1975.

_____. *Fundamentos do psicodrama.* (1959). São Paulo: Summus, 1983.

MARIA CÉLIA MALAQUIAS

_____. *Quem sobreviverá? Fundamentos da sociometria, psicoterapia de grupo e sociodrama.* Goiânia: Dimensão, 1992-1994. 3 v.

_____. *Quem sobreviverá? Fundamentos da socionometria da psicoterapia de grupo e do sociodrama.* Trad. Moyés Aguiar. Revisão técnica Mariana Kawazoe. São Paulo: Daimon, 2008. Edição do estudante.

NERY, M. P. *Vínculo e afetividade.* São Paulo: Ágora, 2003.

_____. *Grupos e intervenção em conflitos.* São Paulo: Ágora, 2010.

PERAZZO, S. *Psicodrama – O forro e o avesso.* São Paulo: Ágora, 2010.

RUSSO, L. "Breve história dos grupos terapêuticos". In: ALMEIDA, W. C. (org.). *Grupos – A proposta do psicodrama.* São Paulo: Ágora, 1999.

2. Estratégias terapêuticas grupais

ANNA MARIA ANTONIA ABREU COSTA KNOBEL

JUNTOS?

PARA COMEÇAR ESTE CAPÍTULO, penso que seja importante especificar seu campo de abrangência. Estamos na esfera da socionomia, dos métodos de ação (entre eles, psicodrama e sociodrama), das intervenções grupais e das estratégias do coordenador. Ou seja, acreditamos que seja possível a diferentes pessoas reunidas em grupos de psicodrama se beneficiarem das relações entre elas e se transformarem. Foi Moreno quem, a partir de 1923, marcou o advento de um olhar científico que incluía a participação dos sujeitos da investigação como coautores do projeto, antecipando o método de pesquisa-ação que só apareceria mais tarde.

COMO?

SER ESTRATÉGICO É "aplicar com eficácia os recursos de que se dispõe e explorar as condições favoráveis [...] visando ao alcance de determinados objetivos" (Houaiss, 2001, p. 1.261). Dizendo de outra forma: a fim de criar condições favoráveis ao funcionamento do grupo, o diretor[1] deve realizar um bom aqueci-

---

1. Neste texto, coordenador e diretor estão sendo usados como sinônimos.

mento específico para mobilizar os participantes em relação a tarefas que mostrem, acolham e encaminhem, fidedignamente e da melhor forma possível, os acontecimentos existenciais que palpitam no espaço compartilhado. Sua ação depende de um agir qualificado por seus conhecimentos, da delicadeza e continência no trabalho com pessoas e, principalmente, de sua determinação em ser um agente facilitador da comunicação e da demanda de todos.

COM QUEM?

O GRUPO NÃO É UM SIMPLES ajuntamento de pessoas lado a lado nem um coletivo definido por características comuns, como: crianças, mulheres, estudantes. Paradoxalmente, Moreno não apresentou nenhuma definição de grupo, o que estimula os psicodramatistas contemporâneos a elaborar noções articuladas acerca das características e dos movimentos grupais.

Creio que podemos considerá-lo um tipo de agregação humana, com diferentes formas de funcionamento e de estruturação que podem ser observadas empiricamente. Além de encarnar múltiplos modos de coexistência, os grupos se configuram por meio de um repertório de papéis e de alguns projetos comuns.

Nery (2010, p. 20), por sua vez, define grupo como: "o conjunto de pessoas articuladas por papéis e por objetivos sociais comuns, nos quais os estados (coconscientes e coinconscientes) dos indivíduos formarão padrões e dinâmicas relacionais próprias".

Com a convivência, as posições individuais interdependentes diferenciam-se e modificam-se em decorrência das naturais tensões e negociações. Assim, para que exista um grupo, é necessário que um pequeno conglomerado humano relativamente estável se reúna durante certo tempo em função de alguns *objetivos comuns* e de papéis determinados.

QUE FOCO TEM O DIRETOR?

São os objetivos comuns e o conjunto de papéis sociais necessários ao cumprimento de metas do grupo que dão forma e limite à ação do coordenador em diferentes campos de atuação: educacional, empresarial ou psicológico.

Por exemplo: em um sociodrama com trabalhadores de um hospital, focado na melhoria do atendimento aos pacientes, estão autorizados os conjuntos de papéis (*clusters*, em inglês) envolvidos na prestação dos serviços de saúde naquele contexto: médicos, enfermeiros, fisioterapeutas, psicólogos, nutricionistas, atendentes de enfermagem, entre outros. Não devem ser analisadas, ali, questões relativas a outros conglomerados de papéis dos participantes, como aqueles do âmbito da família: marido/esposa, filho/pais, irmãos, namorados, mesmo que eles sejam exercidos pelas mesmas pessoas.

COM TODOS...

No espaço relacional do grupo, além dos objetivos e dos papéis, a própria relação entre os participantes pode ser proveitosa ou destrutiva. Isso ocorre porque a continuidade do relacionamento cria um *estado comum*, que tem vários nomes. Moreno o chama de estado coconsciente-coinconsciente – um sistema de interdependência que é ao mesmo tempo relacional e constitutivo do eu. Podemos dizer que:

Este conjunto de qualidades e de características móveis e conjunturais que se organizam, em parte intencionalmente e em parte por acaso, na convivência estável e significativa, constituem um tecido relacional de base, uma *matrix* compartilhada por pessoas (inter) que deixa vestígios e fragmentos dessas experiências compartilhadas nas pessoas (intra) e se mantém como histórias, mitos e tradição cultural para além das pessoas concretas (trans). Abrange tanto os modelos relacionais usuais nas/das famílias, como significados oriundos da vida social e cultural. (Knobel, 2009, p. 4)

Neri (1999, p. 103), psicanalista italiano, fala em "semiosfera, um conjunto de sistemas de autorrepresentação [...] que determinam o sentido e que operam internamente no grupo [...]". Graças a esses processos comuns, de natureza sensível e emocional, é possível atribuir significados específicos ao que ocorre no grupo.

PARA QUÊ?

OS OBJETIVOS COMUNS CONFIGURAM o *critério sociométrico*, o "para quê" o grupo trabalha naquele momento, aquilo que agrupa espontaneamente os participantes (Knobel, 2004, p. 126), um foco que ordena valorativamente as diferentes habilidades funcionais. Assim, além das maneiras singulares e específicas de coexistência estabelecidas de acordo com as finalidades do grupo, também o *modus operandi* que cada um confere aos papéis sociais importa. Mais que a capacidade específica para a tarefa, faz muita diferença o como cada um se movimenta, isto é, as qualidades, os *atributos* que cada um confere ao papel, dando-lhe um colorido particular (Knobel, 1981, p. 60).

Essas maneiras específicas de cada um contribuir se mostram e são mapeadas por meio das ações de cada um no próprio grupo, podendo se transferir do grupo para o contexto social por cadeias associativas de informação, competência e ação. Em um grupo de estudo, por exemplo, os papéis complementares definidos por esse objetivo podem ser: aluno/professor, palestrante/plateia, supervisor/supervisionando, profissionais experientes/novatos, entre muitos outros. Nesse caso, o valor atribuído a cada um e a hierarquia entre as pessoas estão centrados nos conhecimentos. Entretanto, algumas vezes, o carisma pessoal pode ter mais valor do que esse talento específico no campo do ensino e da aprendizagem, definindo as preferências em função da maior comunicabilidade do professor ou do aluno. Em outra universidade, um professor que tenha pulso firme é preferido e assim por diante.

Dessa forma, são o *para quê* (critério) e o *como* (atributos) que definem a ação conjunta e a valorização mútua. Segundo Betty Milan (1976, p. 8), "não é só pela ação que o psicodrama se diferencia das outras terapias grupais, mas por estar ancorado numa teoria que visa o grupo e o indivíduo, sem nunca descartar um dos termos, nem reduzir um ao outro".

E EU NISSO?

GRAÇAS A ESSAS CONEXÕES mentais e práticas, constituem-se variados conjuntos interdependentes e móveis de *posições socio-métricas*, ou seja, de lugares sociais hierarquizados (mais importantes ou menos importantes) dentro do grupo, conforme a escala de aceitação/rejeição *entre os* participantes.

Tais posições sociométricas se definem em função daquilo que cada um deseja e considera importante para si, as motivações individuais que levam cada um a se aproximar daqueles que lhe parecem ter essas qualidades. Nos grupos que operam produtivamente em função de seus objetivos, em geral há satisfação nessas escolhas, cada um encontra o que procura. Algumas vezes, entretanto, quando há pouca clareza nas relações (tele rebaixada), a percepção de quem escolhe não condiz com a realidade do outro, o que pode gerar decepção e frustração.

O QUE É IMPORTANTE?

ALÉM DAS INÚMERAS necessidades individuais, importam também os *valores* socioculturais do grupo, ou seja, aquilo que é sentido como respeitável e bom pela maioria. Essas qualidades e competências éticas de cada um também se mostram por meio de diferentes modos de a pessoa agir no próprio grupo.

Não é, portanto, apenas em função das tarefas comuns centradas nos objetivos do grupo que as aproximações e os afastamentos entre os participantes ocorrem. Eles se definem também pela consistência entre os ideais coletivos e o modo como cada um vive um mesmo papel. Por exemplo: uma pessoa muito conservadora pode escolher trabalhar com um colega menos habilitado para a tarefa a ser realizada e não com outro mais competente, porém contestador.

OLHA COMO FIQUEI...

COMO OS MEMBROS DO GRUPO se afetam e se contagiam continuadamente, tanto por suas afinidades e semelhanças como por suas diferenças e oposições, a experiência de estar em grupo pode ser subversiva em relação ao *status quo* existencial. Por exemplo: uma funcionária, grávida, de uma pequena empresa percebe, em um grupo de incentivo ao aleitamento na igreja de seu bairro, que outras mulheres tão grávidas e afetuosas quanto ela poderão amamentar seus bebês durante um período maior de tempo, pois contam com creches em seus locais de trabalho. Isso pode mobilizá-la de diferentes formas: desde ficar brava ou deprimida até tentar achar meios para conquistar esse benefício em sua própria empresa.

PORTANTO...

RESUMINDO, VEMOS QUE O funcionamento de um grupo depende de seus objetivos, da maneira como os papéis operam e dos motivos subjetivos de seus membros, ou, dizendo de outra forma:

- do projeto comum,
- das dinâmicas dos papéis em ação e
- das motivações dos participantes.

Além disso, os lugares afetivos que cada um ocupa nesse campo operacional e desejante (suas posições sociométricas) também são importantes porque definem as *redes relacionais* que, de maneira bem simples, podem ser entendidas como os caminhos afetivos construídos pelas afinidades entre as pessoas. É por eles que flui a comunicação.

Esse complexo sistema de elementos interdependentes exige que o diretor de métodos de ação trabalhe, simultaneamente, com as redes relacionais geradas pelas preferências entre as pessoas, com os projetos e com os valores presentes no grupo. Além de *ler* o que ocorre, ele precisa estimular o aparecimento de temas, cenas, situações e relacionamentos conflitivos que, ao ser enfrentados, levam ao crescimento, à potencialização de cada um e ao cumprimento das tarefas comuns.

OS BONS...

O DIRETOR CONTA, para essa missão, com sua capacidade profissional e também com a criatividade dos membros do grupo, pois, quando o grupo evolui com naturalidade e saúde, depois de algum tempo de convivência, surgem indivíduos ou subgrupos que passam a ter, por certo período de tempo ou em função de uma tarefa, influência sobre os outros. São os *líderes*. Eles aparecem porque os demais participantes tendem a se identificar com suas propostas, conferindo-lhes poder e representatividade. Quando essa validação se esgota, aparecem novos indivíduos que se apresentam e conquistam um lugar de destaque no grupo.

OS OUTROS...

DA MESMA MANEIRA QUE SURGEM as lideranças, há indivíduos que ficam marginalizados e não conseguem se mostrar interessantes

ANNA MARIA ANTONIA ABREU COSTA KNOBEL

ou interessados no movimento grupal. Nesse caso, cabe ao coordenador prestar atenção extra em relação a essas pessoas, oferecendo-lhes oportunidades para mostrar o que pensam e querem, em um esforço de acolhê-las no grupo. Quando isso não ocorre, ele deve encaminhá-las para outras situações mais favoráveis ao seu desenvolvimento – por exemplo: contextos individuais com orientação personalizada, parcerias com pessoas menos ameaçadoras, enfim, situações nas quais desfrutem de maior afinidade vincular.

EU DESCUBRO

O PROJETO MORENIANO DE TRABALHO com grupos também prioriza o entendimento das situações e das relações por meio das informações dos próprios membros do grupo. Isso lhes confere o *status* de investigadores de suas próprias circunstâncias no grupo. Cada um é visto como um ator *in situ*, ou seja, um agente ativo capaz de reconhecer suas necessidades naquela situação.

Segundo Wechsler (2007, p. 73), "na metodologia socionômica o psicodramatista-pesquisador é observador participante, implicado no grupo e com o grupo, o qual é soberano, dessa forma não existe a cisão entre sujeito pesquisador e objeto a ser pesquisado, todos acabam tendo o estatuto de pesquisador".

É o diretor quem garante que isso aconteça. Por exemplo: em uma classe de uma universidade paulista, após um trabalho com a Matriz do Sonho Social (*Social Dreaming Matrix* – SDM), os alunos de pedagogia inventam, em pequenos subgrupos, diferentes enredos ligados ao clima emocional da classe naquele momento. Nas situações imaginárias encenadas espontaneamente em pequenos subgrupos aparecem seus medos e rivalidades. Ou seja, eles mesmos mapeiam seus temas, vivem suas cenas, lidam com as tensões e elaboram questões que vinham dificultando a comunicação entre eles e, consequentemente, o bem-estar no grupo.

TODOS JUNTOS É MELHOR

Esses estados de interdependência requerem capacidade de negociação e de articulação entre as necessidades individuais e as coletivas, o que muitas vezes pode provocar entrechoques, tensões e confrontos. Quanto mais sintonia e flexibilidade, *tele-espontaneidade*, houver em um grupo, mais harmônico e eficaz será seu funcionamento. Por outro lado, quanto mais relacionamentos travados ocuparem o espaço grupal, superando a fluidez relacional, mais o grupo se torna disfuncional e desarmônico, o que favorece o aparecimento de angústia e frustração.

ESTOU DENTRO, ESTOU FORA...

O coordenador de um grupo com enfoque psicodramático vive um paradoxo: apesar de saber que está tão envolvido por processos coinconscientes quanto os demais, ou seja, por conteúdos e modos relacionais conjuntos, produzidos despercebidamente, (Moreno, 1946, p. vii), ele assume a responsabilidade de conduzir o grupo. Para tanto, foca os papéis, usa sua empatia, sua capacidade de análise e seus conhecimentos teóricos para encaminhar os projetos coletivos e individuais. Ou seja, aproveita essa imersão para compreender os sentidos que pulsam no grupo.

A ação do diretor contempla tanto o modo concreto de funcionamento do grupo naquele momento como as teorizações acerca do estado grupal. Por exemplo, a escolha do vértice de sua ação ocorre em função dos objetivos do grupo, mas também em função de sua percepção da sociodinâmica do grupo.

Um desses vértices de direção pode ser o protagônico, no qual geralmente são criadas várias pequenas dramatizações sequenciais, produzidas por diferentes pessoas ou subgrupos, chamados emergentes grupais, que vão encaminhando o tema até que um desses personagens explicite e resolva cenicamente o conflito central do grupo. É o chamado protagonista, cuja ação produz catarse e integração, levando a uma nova síntese existencial perante o problema (veja o Capítulo 1).

Outros dois vértices de direção são: o espontâneo, que privilegia criações conjuntas flexíveis, criativas e momentâneas; o relacional, que opera em função do complexo sistema de aproximações e rejeições entre as pessoas. Tais forças geram ligações que se organizam de várias formas (as estruturas relacionais) no grupo: pares, trios, cadeias e conglomerados mais complexos que aglutinam várias dessas estruturas. O foco deste capítulo é justamente este: como compreender e manejar o grupo em função das configurações relacionais que se formam no espaço comum.

COMO FUNCIONA?

SEJA EM UM ATO PSICODRAMÁTICO (atividade realizada em um só encontro) ou em um processo mais longo, o campo relacional móvel tende a percorrer três momentos vinculares: *isolamento, diferenciação horizontal* e *diferenciação vertical*[2]. Em cada um deles há estratégias específicas do coordenador que possibilitam uma ação coletiva produtiva e coesa.

VAMOS COMBINAR?

ASSIM, VEJAMOS: QUANDO UM GRUPO se reúne pela primeira vez ou quando encara novos projetos ou problemas, a ação do coordenador é fundamental, pois é ele que centraliza a comunicação, descreve os objetivos da atividade e negocia o *contrato*

---

2. Essa terminologia foi usada por Moreno para descrever a evolução das relações tanto entre bebês como nos grupos (1978, p. 202).

ESTRATÉGIAS TERAPÊUTICAS GRUPAIS

grupal – um pacto que inclui, além do foco e da abrangência da atividade, o compromisso com o sigilo e o nível de implementação dos resultados.

Moreno afirma que os objetivos/critérios do grupo podem ser diagnósticos ou de ação. Os primeiros apenas mapeiam o movimento dos interesses presentes no grupo. Os segundos vão adiante, promovem mudanças na organização e na ação prática do grupo.

Por exemplo: os professores de uma escola, ao participar de um sociodrama, devem combinar o que poderá ser comunicado a outras pessoas da instituição e o que deve permanecer sigiloso, interessando apenas à dinâmica interna daquele grupo. Esse cuidado diminui o medo de perseguição e aumenta a liberdade de expressão e o compromisso entre todos. Devem estabelecer também o que será concretizado no contexto social da escola, com base nas conclusões do grupo.

Estabelecido o contrato, o coordenador do grupo deve agir para possibilitar os primeiros fluxos de chegada, para diminuir as tensões e aumentar o interesse e o envolvimento de cada um com as tarefas e com os outros. Usa, para tanto, diferentes modelos de aquecimento inespecífico.

ESTOU SÓ COMIGO

EM GERAL, ESSE MOMENTO é um tanto atemorizante e cada um tende a se recolher, adotando uma atitude de observação e de espera em relação ao que ocorre no aqui e agora do grupo. É o chamado *momento de isolamento*, um estado recorrente e que muitas vezes constrange quem dirige o grupo, fazendo-o sentir-se incompetente. Nessas circunstâncias, a energia do coordenador precisa ser redobrada, pois ele tem de ser, ao mesmo tempo, firme e relaxado, ativo e paciente, para sustentar o clima grupal.

Vale dizer que, no psicodrama (e nos outros métodos de ação), evitam-se atmosferas tensas e persecutórias, dando-se preferência a estados de aceitação, mais favoráveis à espontaneidade-criatividade. No momento de isolamento, há enfrentamento dos medos; cada um precisa sentir-se acolhido e também orientado. Cabe ao diretor sustentar as tensões e, com suas instruções (*consignas*, para alguns psicodramatistas), procurar transformar cada pessoa em participante ativo, funcional e cooperativo no grupo. Reconhecendo as características desse primeiro momento denso, propõe tarefas introspectivas nas quais cada um fica em contato consigo mesmo em vários planos:

■ Físico: que parte do meu corpo está mais tensa?
■ Mental: que experiências anteriores podem me ajudar agora?
■ Afetivo/emocional: o que estou sentindo? medo?

Uma vez definidos, os estados individuais podem ser compartilhados com os demais por meio de esculturas fluidas, brevíssimas cenas metafóricas ou outras formas sintéticas de expressão.

Esse acolhimento inicial e direcionado evita o caos e permite a passagem para o que Moreno chama de momento de *diferenciação horizontal*, no qual a ação ainda é individual, mas já voltada para os outros.

ESTOU COM OS OUTROS

CADA UM SE MOSTRA E OPINA; os contatos geralmente são rápidos e pontuais; o clima é animado, muitos querem falar, há menos medo ou tensão. Ainda é necessária certa diretividade para favorecer a cada um se mostrar e conhecer os outros, o que pode ocorrer por meio de vários papéis ou personagens. Isso é necessário porque há variações de energia e de atratividade conforme a natureza das tarefas solicitadas.

Por exemplo: os participantes podem escolher objetos pessoais que os representem (foco identitário). Em função das semelhanças entre esses objetos, formam-se pares ou trios para conversar sobre os sentidos dessas escolhas subjetivas. Cada subgrupo pode, então, sintetizar cenicamente para os demais o que foi compartilhado por seus integrantes.

Outros critérios de agrupamento podem ser usados para evidenciar diferentes possibilidades de configurações relacionais. Por exemplo: formar subgrupos em função das diferentes regiões da cidade nas quais cada um mora (critério de pertinência geográfica), visando organizar um sistema de caronas. Em São Paulo, uma megalópole, esse tipo de proposta tende a ser estimulante, mostrando interessantes circunstâncias existenciais dos participantes que, em geral, não são compartilhadas no grupo.

Assim, nesse momento de diferenciação horizontal das estruturas relacionais, as estratégias do coordenador:

- acolhem,
- provocam e
- valorizam as diferenças, permitindo a formação ou o reconhecimento das redes relacionais que existem simultaneamente.

Essa complexidade, quando mapeada e reconhecida, aumenta a flexibilidade e a potência do grupo.

ESTAMOS JUNTOS

POR MEIO DESSES MOVIMENTOS, o grupo passa para o *momento de diferenciação vertical*, no qual as tarefas e as estruturas relacionais daí decorrentes são bastante complexas. O grupo tem autonomia e pode se autogerenciar. Surgem lideranças que, por suas ideias ou ações, mobilizam os demais a se identificar com suas propostas. A cooperação em função de tarefas ocorre espontaneamente, havendo prazer no pertencimento e na sensação de potência coletiva. É o momento no qual a *união faz a força*.

Nesse movimento coletivo e intenso, também aparecem rivalidades, tentativas de dominação e lutas internas em relação ao encaminhamento da ação coletiva. Sejam amigáveis ou não, os sentimentos são mais discriminados e intensos. Nesse pulsar efervescente, a ação do coordenador se foca em:

- mapeamento de diferentes objetivos individuais,
- uso das reciprocidades temáticas e vinculares,
- trabalho com as divergências e rejeições entre as pessoas.

É importante não temer as disputas, encarando os entrechoques como naturais e mantendo o debate em torno de ideias, sem permitir afrontas pessoais. O coordenador precisa ouvir e validar as diferentes opiniões dos subgrupos, favorecer a negociação entre eles e encaminhar as várias soluções e projetos advindos do grupo.

Nesse processo, as pessoas que apresentam as melhores ideias e as sugestões mais funcionais diante de um problema norteiam os demais e assumem algumas tarefas que antes eram do coordenador, tais como: incentivar os colegas, encaminhar ações baseadas nos objetivos do grupo, indicar possíveis soluções. É um estado de competência e prazer.

Por exemplo: em uma classe de alunos que precisa negociar a mudança do horário de alguma atividade, depois do mapeamento das necessidades, pode-se escolher quais representantes levarão as propostas do grupo a outras instâncias de poder (professores e direção da escola) e trarão os resultados dessas conversas ao grupo.

Todas essas negociações em torno de diferentes propostas podem levar a mudanças na composição das alianças que, se bem encaminhadas, permitirão o fortalecimento do grupo. Como já dissemos, disputas acirradas e/ou destrutivas devem ser evitadas, pois causam perdas consideráveis na possibilidade de alcançar os objetivos comuns, podendo promover até o esfacelamento do grupo. As discordâncias devem sempre ser negociadas.

Nessa etapa de diferenciação vertical, o coordenador deve também estimular diferentes pessoas a assumir temporariamente a função de guiar o grupo, mostrando que existem diferentes participantes capacitados para diferentes tarefas e objetivos. Por exemplo: se a tarefa estiver ligada a uma situação que dependa de conhecimentos específicos complexos, em geral uma pessoa com maior experiência profissional tende a liderar o grupo. Se a tarefa exigir força e muita energia física, um participante esportista pode ser preferido.

CONCLUINDO...

VALE REAFIRMAR QUE esses diferentes momentos e modos de funcionamento dos grupos são naturais e esperados. Não são etapas fixas que uma vez ultrapassadas não se repetem mais. Pelo contrário, aparecem o tempo todo, variando em função das múltiplas necessidades móveis do coletivo.

Ao se guiar por essa compreensão teórica acerca das etapas de desenvolvimento das relações nos grupos, que lhe permitem uma ação leve e produtiva, o diretor de um grupo com enfoque relacional mostra-se estratégico, pois consegue aplicar com eficácia os recursos de que dispõe. Sabe como procurar as melhores condições para seu trabalho, dedica-se a um aquecimento entusiasmado e vigoroso, que facilita a progressão gradativa na complexidade das redes vinculares. Ele deve conduzir o grupo de modo tão sutil e natural que sua ação permaneça quase despercebida. Para isso, precisa deixar de lado sua afirmação narcísica como produtor do sucesso do grupo, reconhecendo-se apenas como aquele que sustenta e dá forma à ação coletiva – a qual, por ser compartilhada, se mostra fluida e prazerosa para todos.

Ao permitir que as leis e os momentos do grupo se imponham, ao aceitar a expressão democrática e igualitária de todos, ao proteger os mais fracos, ele também garante melhor nível de segurança vincular e de operacionalidade no/do grupo naquele momento.

Fecha-se o percurso que propus fazer, entendendo o grupo como um modo de existência móvel, um território no qual pulsam expectativas e realizações individuais e coletivas, um *locus* onde existem motivos conscientes e coinconscientes e, principalmente, um tipo de movimento que pode potencializar a convivência.

REFERÊNCIAS BIBLIOGRÁFICAS

CUKIER, R. *Palavras de Jacob Levy Moreno*. São Paulo: Ágora, 2002.

HOUAISS, A. *Dicionário Houaiss da língua portuguesa*. Rio de Janeiro: Objetiva, 2001.

KNOBEL, A. M. A. A. C. *O teste sociométrico centrado no indivíduo*. Trabalho de credenciamento para professor supervisor pela Febrap, São Paulo, 1981. (Não publicado).

_____. "Estratégias de direção grupal". *Revista Brasileira de Psicodrama*, São Paulo, v. 4, fascículo 1, 1996, p. 49-62.

_____. *Moreno em ato*. São Paulo: Ágora, 2004.

_____. *Coconsciente e coinconsciente em psicodrama*, 17º Congresso Internacional do IAGP (International Association of Group Psychoterapy), Roma, 2009.

_____. *Grupos: a visão de Moreno*, Mesa-redonda Moreno e Käes, DPSedes, Instituto *Sedes Sapientiae*, São Paulo, jun. 2010. (Não publicado).

MILAN, B. *O jogo do esconderijo: terapia em questão*. São Paulo: Novos Umbrais, 1976.

MORENO, J. L. *Who shall survive? Foundations of sociometry, group psychoterapy and sociodrama*. (1934). Beacon: Beacon House, 1978.

_____. *Quem sobreviverá? Fundamentos da sociometria, psicoterapia de grupo e sociodrama*. Goiânia: Dimensão, 1992-1994. 3 v.

_____. *Psychodrama & group psychotherapy, first volume*. (1946). Virgínia: American Society for Group Psychotherapy & Psychodrama, 1994.

_____. *Psicodrama*. (1946). São Paulo: Cultrix, 1997.

MORENO, J. L. *Fundamentos do psicodrama*. (1959). São Paulo: Summus, 1983.

NERI, C. *Grupo*. Rio de Janeiro: Imago, 1999.

NERY, M. P. *Grupos e intervenção em conflitos*. São Paulo: Ágora, 2010.

WECHSLER, M. P. da Fonseca. "Pesquisa e psicodrama". *Revista Brasileira de Psicodrama*, v. 15, n. 2, 2007, p. 71-8.

ESTRATÉGIAS TERAPÊUTICAS GRUPAIS

INDICAÇÕES BIBLIOGRÁFICAS SOBRE O TRABALHO COM GRUPOS

FIGUSCH, Z. "O modelo contemporâneo de sociodrama brasileiro". In: MARRA, M. M.; FLEURY H. J. (orgs.). *Sociodrama*. São Paulo: Ágora, 2010, p. 19-41.
Aponta as diferentes formas brasileiras de trabalho sociodramático com grupos.

KNOBEL, A. M. A. A. C. *O teste sociométrico centrado no indivíduo*. Monografia para credenciamento como professora supervisora de psicodrama, São Paulo, Sociedade de Psicodrama de São Paulo, 1981.
Discute como os índices sociométricos podem ser usados para a compreensão do indivíduo.

KNOBEL, A. M. A. A. C. "Estratégias de direção grupal". *Revista Brasileira de Psicodrama*, São Paulo, v. 4, fasc. 1, 1996, p. 49-62.
Mostra como se dão as etapas de evolução das estruturas relacionais nos grupos do ponto de vista da teoria psicodramática.

KNOBEL, A. M. A. A. C. "Átomo social: o pulsar das relações". In: COSTA, Ronaldo Pamplona da (org.). *Um homem à frente de seu tempo: o psicodrama de Moreno no século XXI*. São Paulo: Ágora, 2001, p. 109-26.
Indica as características e o modo de funcionamento da primeira unidade de relacionamento para Moreno, o átomo social.

MORENO, J. L. "O sociometrista". In: *Quem sobreviverá? Fundamentos da sociometria, psicoterapia de grupo e sociodrama*. São Paulo: Daimon, 2008. Edição do estudante. p. 133-6.
Explica como realizar uma abordagem *objetiva* do processo grupal.

NERY, M. P. "Métodos para intervenção em conflitos". In: *Grupos e intervenções em conflitos*. São Paulo: Ágora, 2010, p. 106-33.
Expõe de modo amplo os conceitos teóricos e os métodos psicodramáticos contemporâneos de trabalho com grupos.

53

3. Psicoterapia psicodramática grupal

MARIA DA PENHA NERY

MARIA INÊS GANDOLFO CONCEIÇÃO

Escuta: eu te deixo ser, deixa-me ser então.

CLARICE LISPECTOR

A PSICOTERAPIA DE GRUPO NOS REVELA que a intimidade expressa no compartilhar é sagrada. O processo psicoterápico grupal é um período de interação intensa e profunda, no qual a minha história se encontra com a sua, que se encontra com a dos colegas e com a da equipe de psicoterapeutas, para que ela seja liberta dos bloqueios à criatividade, sintomas que nos fazem sofrer e aos outros. A grande aventura dessa jornada é que, lentamente, a intersubjetividade vai se tornando uma troca mental única (coinconsciente), na expectativa de que a criação conjunta repercuta no crescimento pessoal e relacional dos que juntos constroem uma nova história.

Quando trazemos para a psicoterapia grupal a especificidade do método psicodramático, tentamos ir além, como afirma Moreno (1974), na luta por encontrar a verdade, por meio da ação. A segunda vez que libera a primeira, segundo o autor, acontece como resultado do desenvolvimento das interações nos três contextos específicos da sessão, perfazendo as etapas, utilizando elementos e técnicas psicodramáticas, conforme lemos no Capítulo 1.

Tentaremos esclarecer minimamente ao iniciante como se formam os grupos de psicodrama e algumas de suas especificidades. Muitos estudantes e supervisionandos fazem importantes perguntas sobre esse tema. Perazzo nos alerta, no Capítulo 4, que a literatura, infelizmente, é escassa em estudos aprofundados sobre o processo do psicodrama grupal.

Além disso, a psicoterapia de grupo (em geral) ainda é pouco utilizada, desconhecida e parcamente divulgada na sociedade.

Nós, psicodramatistas, tentamos arduamente acabar com os preconceitos relacionados a ela, dentre eles: de que não é profunda, provoca exposição das pessoas sem protegê-las, pode dar oportunidade para as pessoas usarem o que disseram umas contra as outras, pode provocar conflitos insolúveis.

Moreno (1974), criador da psicoterapia de grupo e do psicodrama, escreveu um excelente livro que os diferencia. Trata-se de leitura básica na qual ele aponta, sobretudo, as variáveis sociométricas. Ao criar a psicoterapia de grupo, Moreno acreditava, em síntese, que as interações mostravam quem somos; que as relações de encontro tinham o potencial de curar; que as pessoas podiam ser agentes terapêuticas umas das outras; que a distribuição democrática de poder, afeto e saber no grupo podia libertar as pessoas de seus sofrimentos; que as forças promotoras de saúde e resolução de conflitos podiam ser cultivadas por todos.

Já na criação do psicodrama, Moreno procurou dar à psicoterapia de grupo novas possibilidades de intervenção, além da livre interação e expressão entre as pessoas. Ele primou por dar ação aos dramas individuais que revelam ou contêm os dramas coletivos. Com isso, pretendeu dar a oportunidade de todos criarem, no espaço cênico, a continência para a realidade suplementar, para a vivência das fantasias, para a liberação da alma e, por meio desse imaginário, o indivíduo (protagonista) retornar ao contexto grupal, vivendo a ressonância de suas dores e alegrias nas pessoas presentes. Quando isso ocorre, o protagonista percebe que não está só e volta para a sociedade com mais plenitude de si e de seus papéis sociais. Essa é a experiência da catarse de integração.

A seguir, trataremos de discutir algumas questões importantes a ser levadas em consideração na hora de estruturar um grupo de psicoterapia, tais como: formação e composição do grupo, contrato, equipe (unidade funcional), aliança terapêutica, estratégias de intervenção grupal e temores comuns do terapeuta. Também recomen-

FORMAÇÃO DE GRUPOS PSICOTERAPÊUTICOS E TERAPÊUTICOS

FAREMOS AQUI UMA PEQUENA DISTINÇÃO entre os objetivos dos grupos psicoterapêutico e terapêutico, no sentido de que o primeiro tem o foco no trabalho dos conteúdos da história de vida dos membros do grupo, buscando articular as histórias de todas as pessoas presentes e, assim, refazer caminhos.

O grupo terapêutico, por sua vez, objetiva trabalhar as questões em comum que fazem as pessoas sofrerem em seu cotidiano, como conflitos entre pais e filhos, drogas, grupos sociais minoritários, temas de adolescentes. Pode ser que um indivíduo seja trabalhado em sua psicodinâmica como resultado (efeito) do encontro que tem como meta as relações e sofrimentos primordialmente sociodinâmicos.

Nos consultórios, nas clínicas, na comunidade ou em centros de saúde podem-se formar grupos terapêuticos tematizados ou homogêneos. Por exemplo, grupos de diabéticos, mulheres no climatério, obesos, drogaditos, pais de adolescentes, pessoas com sofrimento psíquico grave, entre outros. Esses grupos são um pouco diferentes dos psicoterapêuticos convencionais, pois geralmente têm prazo predefinido de duração.

Neles, o psicodramatista se centrará nas temáticas grupais e o protagonista trará seus dramas relacionados às dificuldades que constituíram o grupo. Boa parte do contrato desses grupos segue os objetivos do grupo psicoterapêutico, resguardando suas especificidades.

O grupo psicoterapêutico se caracteriza por ser um processo composto por um conjunto de sessões ao longo de um período de tempo contratado entre o psicoterapeuta e seus membros, e cujo prazo também pode ter duração indeterminada (Bustos, 1982).

O grupo pode ser formado no consultório ou em outros ambientes – organizações públicas e privadas, centros de atendimento psicossocial, centros de saúde públicos ou privados, hospitais, clínicas, clínicas-escola de cursos de psicologia, comunidade etc. Cada local determina especificidades com relação à formação do grupo e ao contrato terapêutico.

No consultório e nas clínicas, o psicodramatista fará um estudo de cada cliente, visando principalmente responder às seguintes questões: O cliente está em sofrimento psíquico grave ou crise existencial profunda? Tem sintomas psicopatológicos que dificultam a formação e a manutenção de vínculos? Tem condições psicológicas para realizar as transições entre fantasia e realidade? Tem dificuldades intensas comunicacionais e interacionais?

Essas perguntas são essenciais para a determinação da indicação da psicoterapia de grupo. Se negativamente respondidas, direcionam os clientes para tratamento grupal, pois observamos que têm condições de compartilhar seus sofrimentos, suportar a atenção dividida do psicoterapeuta, as distribuições de afeto e os exercícios de poder. Seus sintomas e suas dificuldades são relacionados, por exemplo, a sofrimentos existenciais, aprendizados emocionais que perturbam as relações, dificuldades comunicacionais ou condutas que bloqueiam a manifestação da espontaneidade-criatividade. São participantes que têm condições mínimas de articular fantasia com realidade e diferenciar uma da outra, e de, por meio do compartilhar e da atualização de seus potenciais terapêuticos, progredir nos propósitos do grupo.

Nos ambientes organizacionais e comunitários, o psicodramatista verifica os requisitos acima, adicionando as restrições quanto a serem colegas de mesma seção de trabalho, vizinhança ou terem funções semelhantes na organização ou na comunidade.

É importante que os membros do grupo evitem estender seus encontros para além do contexto psicoterapêutico, para que não se criem outras intimidades que se sobreponham àquelas criadas por meio da vivência terapêutica grupal. Dessa forma, garantem não esgotar seus temas uns com os outros e se mantêm preservados no ambiente social. Conchavos, segredos e alianças não partilhadas por todos os elementos do grupo podem funcionar como fantasmas que boicotam o processo psicoterápico e esvaziam o projeto dramático do grupo.

E o que fazer, por exemplo, quando dois membros de um grupo se apaixonam e decidem viver sua história de amor enquanto fazem parte do mesmo grupo de terapia? Em todos os casos, o cliente deve ser respeitado em sua liberdade de escolha afetiva, sempre que respeite igualmente a dos demais. Um dos encaminhamentos recomendados é colocar para ambos a opção de um deles ou os dois deixarem o grupo. Qualquer que seja a resolução, deverá ser partilhada pelos membros do grupo e trabalhada em sessão grupal.

Os grupos convencionais de psicoterapia psicodramática centram-se em trabalhar o indivíduo no grupo de tal forma que ele traga, por meio de seu drama individual, o drama coletivo. Seus sofrimentos serão abordados respeitosa e irrestritamente e todos compartilharão suas histórias e cenas procurando sempre impulsionar a espontaneidade-criatividade de cada um e descolonizar o imaginário (Naffah Neto, 1979).

No consultório, os indivíduos são convidados pelo terapeuta a participar. Muitos resistem, trazem temores e preconceitos. O terapeuta trabalha esses temores, que invariavelmente se reportam à história e à psicodinâmica do paciente. Também o instrui sobre como se dá a psicoterapia grupal. Geralmente, o paciente compreende a importância de participar de um novo processo que o ajudará a encontrar outras formas de se conhecer e se tratar.

Normalmente, nas clínicas, os agentes de saúde fazem a divulgação da atividade. Por sua vez, o terapeuta e sua rede de colegas fazem convites, com orientações sobre a importância de participar do grupo terapêutico ou psicoterapêutico.

QUANTIDADE DE PESSOAS PARA O GRUPO PSICOTERAPÊUTICO

Observamos que o psicodramatista geralmente trabalha com a quantidade máxima de oito e mínima de quatro pessoas. Trata-se de uma quantidade que propicia uma sociodinâmica favorável às trocas afetivas e ao surgimento de temas grupais relevantes. Em grupos com essa quantidade de componentes também se torna possível observar a formação de subgrupos e o exercício de poder. Os grupos tematizados podem, no entanto, ser formados por mais membros, a depender do objetivo e do treino do terapeuta. A duração de uma sessão é de duas a duas horas e meia. A complexidade no manejo do tempo é resultante da habilidade do terapeuta em fazer a leitura sociodinâmica, trabalhar o protagonista e os demais membros e fazer o fechamento da sessão, primando pelo bem-estar de todos.

QUESTÕES RELATIVAS À HOMOGENEIDADE E HETEROGENEIDADE DO GRUPO

Moreno (1972) afirma que há um grau de saturação afetiva em que os membros do grupo conseguem tolerar diferenças e diversidades – relacionadas a variáveis sociodemográficas, por exemplo, a classe social e econômica, religiosidade, idade, raça, gênero, orientação sexual.

Como dissemos, há grupos terapêuticos temáticos em que há uma homogeneidade *a priori*: grupo de professores de determinada área, de psicóticos, de gerentes etc. Porém, apesar dessa homogeneidade, há também heterogeneidades, como as relativas ao gênero, à idade, a crenças religiosas.

É aconselhável que, no grupo psicoterapêutico ou terapêutico, os aspectos sociodemográficos acima mencionados estejam representados em sua diversidade e sejam compartilhados por ao menos duas pessoas. Dessa forma, quando uma pessoa trouxer uma questão relativa àquele aspecto, ao menos um outro membro conseguirá ajudá-la a se expressar ou a sentir-se identificada. A experiência nos mostra, entretanto, que nem sempre isso é possível. Pode acontecer de o(a) terapeuta formar um grupo psicoterapêutico, por exemplo, só de mulheres. Essa é uma realidade que, infelizmente, ainda está presente nos consultórios e clínicas, pois a grande maioria dos que procuram tratamento são mulheres.

Nesse caso, trata-se de um grupo psicoterapêutico quase temático, no sentido de que os temas e as condutas socioculturais prevalecentes serão relacionados ao feminino. O gênero masculino aparecerá no imaginário e será vivido dramaticamente conforme as experiências e intuições de cada uma. O(a) terapeuta, para suprir essa ausência, precisará ter conhecimentos sobre o homem na sociedade, seus ciclos vitais, questões de gênero, de relações afetivas e amorosas entre homem e mulher, entre outros, para ajudar suas clientes a aproximar o imaginário da realidade.

O terapeuta, portanto, tem a grande função de trazer os papéis complementares ausentes, ajudar o grupo a intuí-los ou a vivê-los no "como se", com espontaneidade-criatividade, liberando-os de amarras relacionadas, principalmente, a estereótipos e preconceitos.

A diversidade refletirá muitas condutas conservadas e instigadas socialmente que serão expostas pelos membros do grupo. Por exemplo, há tendência de os mais novos escolherem os mais velhos para funções de pai ou mãe nos papéis psicodramáticos ou para corresponder a expectativas nesse sentido. Podem ocorrer sentimentos e atitudes relacionados a inferioridade ou exclusão por parte dos que se sentem mais pobres em relação aos mais ricos do grupo; arrogância ou sentimento de descaso dos que têm mais educação formal em relação aos que têm menos. Esses conteúdos cotransferenciais precisarão ser trabalhados em cenas psicodramáticas ou sociodramas, para que os membros desenvolvam uma convivência com bem-estar.

As questões de homogeneidade e heterogeneidade estão diretamente relacionadas aos objetivos do processo terapêutico e são deles dependentes. O importante é o terapeuta observar, na psicodinâmica, como questões que envolvem as diferenças bloqueiam ou facilitam a cocriação.

É OBRIGATÓRIO DRAMATIZAR EM TODAS AS SESSÕES?

NÃO. NOSSO TREINO É PARA LER a sociodinâmica e segui-la. É para encontrar, antes de dramatizar. Ou seja, a dramatização e as técnicas são apenas suportes e meios para os fins terapêuticos do grupo. Eventualmente, a sociodinâmica nos encaminha para sessões dialógicas, privilegiando a fala dos participantes. O diálogo também pode ser indicado para elaborar encontros que foram intensos na ação dramática.

O psicodrama é usado na maioria das sessões de psicoterapia grupal. Porém, há momentos no grupo em que outros métodos – dentre eles jogos dramáticos, sociodrama, teatro espontâneo ou teatro de reprise – podem desvelar estados coinconscientes, trabalhar a sociometria, levantar questões que emperram a cocriação, liberar o lúdico para facilitar as interações ou para melhorar a comunicação entre os membros.

Nos grupos terapêuticos, os métodos socioterapêuticos prevalecem em relação ao psicodrama.

SIGILO

O SIGILO FAZ PARTE do contrato psicoterápico. Moreno (1974) apregoa que o grupo precisa desenvolver o sigilo para garantir que os sujeitos tenham uma convivência especial de troca de sofrimentos.

No primeiro dia, o terapeuta precisa falar sobre a importância do sigilo. Deve pedir aos participantes que explorem seus temores, dúvidas ou dificuldades em relação a ele. Se for preciso, faz-se a dramatização de uma cena temida que mobilize o grupo.

Há a regra de não falar para ninguém de fora do contexto terapêutico sobre os colegas do grupo, seus problemas e sofrimentos. Eventualmente, um cliente pode vir à sessão acompanhado de um(a) amigo(a), companheiro(a), marido(esposa) que o aguardará na antessala. É fundamental que essa pessoa não saiba o que ocorreu, principalmente com os participantes do grupo. O sigilo é construído a cada sessão. À medida que a intimidade cresce, as pessoas observam como são tratadas e como são os problemas relacionados à confiança.

Toda vez que um membro do grupo sai ou um novo membro entra, a regra do sigilo é reapresentada.

CONTRATO BÁSICO

O CONTRATO É REALIZADO na primeira sessão do grupo psicoterapêutico (ou terapêutico) e reafirmado na segunda. Ele, ou parte dele, será refeito, revisto, reprisado, quando for necessário. Cada terapeuta tem sua maneira de estabelecê-lo; porém, os principais tópicos são:

- **HORÁRIO**. Em que momento será o encontro, seu início e fim.
- **ATRASOS**. É importante que os membros estipulem um tempo máximo de tolerância permitida para os atrasos, pois o grupo faz o aquecimento e logo ocorre a dramatização ou o aprofundamento do tema eleito. Geralmente, os psicodramatistas dão o prazo de 20 minutos de tolerância, após o qual não é permitida a entrada.
- **FALTAS DOS CLIENTES**. É importante que os participantes, sempre que possível, avisem que precisarão faltar, para que os demais não os aguardem e não fiquem preocupados com o que possa ter ocorrido. Os honorários devem ser pagos, apesar das faltas, pois o grupo continua em funcionamento.

- **FALTA DO TERAPEUTA.** O terapeuta avisa todos os membros sobre sua falta. Para isso, é importante ele ter vários contatos telefônicos de seus clientes. Seus honorários não são recebidos nesse caso.
- **SIGILO.** É exposto e trabalhado conforme descrito no item anterior.
- **HONORÁRIOS.** Há terapeutas que recebem o mês com antecedência; outros preferem receber na última sessão do mês. Há terapeutas que dividem o valor de sua hora entre os clientes; outros cobram um valor específico por pessoa. O custo por cliente de psicoterapia de grupo é menor que o da psicoterapia individual, geralmente 50% do valor.
- **GRUPO FECHADO OU ABERTO.** Se o grupo tiver uma quantidade máxima e mínima de participantes, ele será aberto quando a quantidade mínima não for atingida, e fechado quando estiver completo. O grupo temático geralmente é fechado, por ter uma quantidade de sessões definida.
- **ENTRADA DE NOVOS MEMBROS.** O terapeuta deve avisar quando houver membros interessados em entrar. A entrada pode ser na sessão seguinte ou dali a duas sessões depois de dado o aviso, dependendo de como estiver a sociodinâmica grupal. O terapeuta procura averiguar se o novo membro é conhecido de alguém do grupo, se o encontra constantemente ou convive com ele. Em caso positivo, não será possível a sua entrada, pois prejudicaria o desenvolvimento do grupo, conforme veremos adiante.
- **SAÍDA DE MEMBROS OU INDICAÇÃO DE SAÍDA.** O cliente que desejar sair do grupo terá uma sessão de despedida. Há clientes que, por passar um momento de forte crise psicológica, precisam retornar ao tratamento individual.
- **QUÓRUM.** Há terapeutas que estipulam um quórum para o início da sessão – por exemplo, 50% dos participantes. Entendem que, se é processo grupal, precisa funcionar assim. Porém, há terapeutas que iniciam a sessão quando se encerra o limite de atraso, independentemente de quórum. Nesse sentido, há o risco de estar presente apenas um cliente. Este exporá, na sessão

PSICOTERAPIA PSICODRAMÁTICA GRUPAL

seguinte, o que foi trabalhado. O terapeuta refletirá com o grupo sobre o que ocorreu para que houvesse a presença de apenas uma pessoa. Pode ocorrer, ainda, de ninguém comparecer. Acontece, então, a sessão da solidão do terapeuta ou da unidade funcional. Sugere-se, nesse caso, que ele(s) aproveite(m) para refletir sobre o processo, sua(s) atuação(ões) e a participação dos clientes. Na sessão seguinte, será necessário trabalhar o que motivou a ausência de todos.

■ **PEDIDOS DE SESSÕES INDIVIDUAIS.** Geralmente, para garantir que os temas e a ansiedade do cliente sejam trabalhados no grupo, os terapeutas colocam a regra de que não há sessões individuais. Há exceções, como quando ocorre alguma forte crise psicológica ou perda inesperada. Nesses casos, há terapeutas que têm a regra de que o cliente precisará escolher alguém para fazer a sessão com ele, para manter o processo grupal. Outros terapeutas têm a regra de fazer a sessão individual e pedir que esta seja relatada ao grupo pelo cliente na sessão seguinte ao atendimento.

TEMAS COMUNS À PSICOTERAPIA DE GRUPO PSICODRAMÁTICA (CONTEÚDOS COTRANSFERENCIAIS)

Já apontamos alguns possíveis conteúdos cotransferenciais ao longo do texto, mas falta observar, por exemplo, que a maneira como os clientes vivem as regras do contrato dizem muito da dinâmica do grupo e do que precisa ser trabalhado. Podem ocorrer, entre tantas possibilidades, desobediências, insistências em burlar regras, desleixo, rigidez, não pagamento, descaso.

As relações estabelecidas com o terapeuta, por exemplo, mais intensas, muito próximas fisicamente, com busca constante de atenção, sentimentos de inveja, ciúmes, rejeição, são sinais que demonstram aspectos de vinculação com autoridades. A maneira de se expressar e de interagir com os colegas, de contribuir, competir, dialogar, traz sinais de como foram aprendidas as condutas nas relações simétricas.

É importante observar as escolhas sutis ou mais explícitas: onde se sentam, perto de quem, tempo de fala, expressões corporais, coerência ou não entre as dimensões do sentir/pensar/agir, papéis dramatizados e sua maneira de representá-los, procura ou não de protagonização, escolha de parceiros, subgrupos, isolamento, tudo isso demonstra como as pessoas lidam com a afetividade e revela sua posição nos grupos.

Nos Capítulos 2 e 3 do livro *Vínculo e afetividade* (Nery, 2003)[1], há uma descrição mais detalhada de alguns aspectos psico e sociodinâmicos para os quais devemos dedicar especial atenção: fenômenos e processos grupais, características específicas dos fenômenos teletransferência, entre eles, cenas que se entrecruzam, escolhas afetivas que formarão e desmontarão vínculos e subgrupos, lógicas afetivas de conduta que mostram como lutamos por afetos ou como expressamos nossas agressões, dinâmicas de poder carregadas de aprendizagens que nos fazem sofrer, papéis latentes que entravam a criação conjunta.

Esses foram alguns exemplos de sinais de transferências e cotransferências que precisam ser trabalhadas, pois bloqueiam a cocriação (Nery, 2003). A esses sinais, Perazzo (1994) chama equivalentes transferenciais.

VINCULAÇÃO TERAPÊUTICA

O GRUPO SE TORNA EFETIVAMENTE terapêutico quando os membros se preocupam uns com os outros, solidarizam-se com as cenas dos protagonistas, e quando há um nível profundo de compartilhar. Dependendo da sociodinâmica, do direcionamento

---

1. Capítulo 2, "Aprendizagem emocional e lógicas afetivas de conduta"; capítulo 3, "Vínculo e aspectos internalizados dos vínculos".

dos processos cotransferenciais do psicoterapeuta e dos trabalhos realizados, isso pode acontecer logo nas primeiras sessões, demorar dois a três meses ou até não ocorrer.

O processo de vinculação ocorre com avanços e retrocessos, devido às práticas de poder, às distribuições afetivas, às defesas coletivas, ao medo do encontro, à angústia da separação (Moreno, 1972; Pagès, 1976). Enquanto os clientes não sentem o grupo como terapêutico, há alto risco de muitos desistirem do processo. A ocorrência de constantes saídas e entradas (todo mês, por exemplo), atrasos, faltas e desinteresse pelos temas dos colegas são alguns sinais da pouca vinculação terapêutica. É preciso avaliar, em supervisão, como o vínculo está sendo estabelecido, para aperfeiçoá-lo.

UNIDADE FUNCIONAL

MORENO (1984) PRESSUPÕE que os papéis sociais precisam ser diferenciados e complementares para que os objetivos relacionais sejam atingidos. A equipe de terapeutas, diretor e ego-auxiliar, tem funções distintas e interdependentes, e é denominada unidade funcional.

Nery (2010, Capítulo 7, "Técnicas terapêuticas e a unidade funcional"), faz uma exposição aprofundada sobre as funções de cada um. Em síntese, a autora afirma que o diretor, mediante suas hipóteses terapêuticas, tem as funções básicas de produzir, preparar e fazer o encontro acontecer. O ego-auxiliar é o terapeuta que o ajuda para que o encontro seja cheio de vida, enriquecedor para todos, emocionante. Então, o ego-auxiliar deve ter prontidão para desempenhar os personagens demandados na dramatização, fazer duplos do protagonista (particularmente relacionados aos sentimentos), contribuir para a ação ser o mais efetiva e terapêutica possível.

Principalmente para o terapeuta de grupo iniciante, é importante formar uma unidade funcional, manter as funções ao longo do processo e fazer um processamento teórico/técnico da psicoterapia e de suas atuações.

ESTRATÉGIAS DE ATUAÇÃO NO CONTEXTO GRUPAL E DRAMÁTICO

No CONTEXTO PSICOTERÁPICO GRUPAL, o diretor segue as etapas da sessão sociátrica – aquecimento, dramatização e compartilhar –, conforme vimos no Capítulo 1. Monteiro (2006) apresenta mais detalhes dessa etapa, segmentando-a para facilitar a compreensão. Os elementos da sessão – diretor, ego-auxiliar, protagonista, plateia, cenário – são tratados com muita reflexão por Aguiar (1990). Monteiro (1998) e colaboradores expõem detalhadamente as técnicas de ação utilizadas durante a sessão sociátrica. Contro (2004) nos brinda com reflexões e críticas profundas sobre a prática psicodramática. Bustos (1982) e colaboradores contribuem com as especificidades da psicoterapia psicodramática grupal. Todos esses autores enriquecem este capítulo.

No encontro, o diretor usa muitas estratégias, escolhidas de acordo com suas hipóteses (veja o Capítulo 5). Ele pode fazer um trabalho do aqui e agora, abordando questões e temas trazidos pelas pessoas, vividos ao longo da vida, da semana ou de poucos minutos atrás. Os participantes estão no presente, porém reportam-se a um passado remoto ou imediato. Geralmente, são temas que os fazem sofrer, relativos a seus papéis sociais. A relação é de pedido de ajuda, principalmente ao psicoterapeuta – e ao grupo, em segundo plano –, para lidar com seu sofrimento.

Essa relação ocorre com muita frequência, principalmente enquanto o grupo vive uma configuração em que os membros se direcionam para o terapeuta e pouco se observam. Trata-se também de um momento de isolamento, conforme nos expõe Knobel (Capítulo 2).

Se seguir por esse caminho, o grupo escolherá um emergente grupal, que será o que apresentar o pedido mais impactante. O emergente poderá se tornar o protagonista, ou algum personagem dramático de sua cena trará o drama coletivo. Há o risco de não se detectar, até a etapa do compartilhar, o protagonista. Se isso acontecer, a sessão passa a apresentar mais características de tratamento de um indivíduo no grupo do que de tratamento do grupo por meio de um indivíduo.

Nesses casos, geralmente o grupo demonstra desinteresse pelo que ocorre, o que pode ser notado, na maior parte das vezes, por meio de expressões corporais ou atitudes que demonstram pouca atenção.

É fundamental que o diretor procure o foco do trabalho do emergente grupal, no sentido de ajudar tanto este quanto o grupo, resgatando algum conteúdo que seja protagônico. Em última instância, será no compartilhar que o diretor poderá ajudar ou incentivar os participantes a encontrar algum sentido pessoal ou de identificação com o que ocorreu.

O diretor pode abordar o aqui e agora, tornando-o mais presente, pedindo que os clientes reflitam sobre como os sofrimentos individuais trazidos os impactam naquele momento. Aqui, o diretor tenta transformar a configuração direcionada a ele em configuração direcionada aos colegas. É uma tentativa de sair do momento do isolamento para a diferenciação horizontal ou vertical.

Os participantes terão oportunidade de olhar-se mais, ouvir melhor, interessar-se pelos sofrimentos apresentados por cada um. Poderão ter melhores condições psicossociais de escolher o protagonista ou um emergente que terá grandes possibilidades de se tornar protagonista. Nesses casos, geralmente, a sessão terá maior índice de participação, interesse, compreensão dos colegas, ajuda mútua e melhoria no nível do compartilhar.

Há um trabalho do aqui e agora, focado no instante atual, no qual as relações do grupo são trazidas como tema, no momento exato em que ocorrem dificuldades e conflitos entre os membros. Trata-se da tão temida relação imediata, conforme nos ensina Pagès (1976).

Segundo Pagès, e também Moreno (1972), a maior dificuldade das pessoas é viver a relação imediata, o que ocorre entre elas no momento. As pessoas vivem conflitos, criam mecanismos de defesa, são ambivalentes na solidariedade e na agressividade, vivem angústias por temer a relação autêntica. Porém, quando conseguem vivê-la, percebem quanto isso as liberta de amarras prejudiciais a si e ao convívio humano.

Quando há a estratégia de trabalhar as relações imediatas, conflitos surgem entre as pessoas, problemas comunicacionais se tornam visíveis no grupo e processos cotransferenciais vêm à tona. O diretor precisará trabalhar de maneira a mediar e intervir nos conflitos, identificando as variáveis sociométricas, o fenômeno tele, as condutas e emoções que trazem uma história que perturba as relações dos envolvidos. Trata-se de um dos trabalhos mais árduos e complexos no processo grupal. Porém, quando bem manejado, surte um dos mais eficientes efeitos terapêuticos, que é o desenvolvimento das capacidades de diálogo, de empatia e de respeito mútuo.

O diretor pode fazer um trabalho relacionado a cenas e temas do passado/futuro imediato ou remoto das pessoas e do grupo. Na dramatização, ele pode utilizar a horizontalização ou a verticalização. Horizontalização é a exploração, o mais intensa possível, do que ocorre com o protagonista em relação à cena trazida em seu momento de vida atual. Busca-se o problema, como é vivido, as circunstâncias que o geram, as respostas aprendidas e desejadas, a interação com a plateia e sua ajuda.

A verticalização é o trabalho de busca tanto da história ou do *status nascendi* do conflito do protagonista quanto das cenas temidas ou do futuro (Bustos, 1982). Ou seja, pergunta-se como o tema se desenvolveu e sobre os momentos em que foi vivido, tentando dar respostas às cenas passadas que ficaram mal resolvidas. Nas cenas futuras, pergunta-se sobre os temores, para quê o tema acontece, o que se pretende no futuro em relação a ele, numa tentativa de amenizar ansiedades, observar consequências de escolhas e desenvolver projetos de vida.

Também há como trabalhar utilizando os níveis imaginário, simbólico ou real, com personagens e situações que tragam essas dimensões e suas conexões com os temas do protagonista.

Vemos que a criatividade é primordial ao diretor, que a usará com primazia depois do treino de suas habilidades.

CENAS TEMIDAS DO PSICOTERAPEUTA DE GRUPO

VÁRIAS SÃO AS CENAS TEMIDAS que precisam ser trabalhadas em supervisão, para melhor conhecer a relação terapeuta/cliente, o caso, e instrumentalizar-se em relação a este.

As cenas temidas serão mais numerosas e muito mais temidas quanto menos desenvolvido estiver o papel de terapeuta. Por tal motivo, a diversidade de cenas temidas entre iniciantes é bem maior do que entre veteranos, sendo que, pela recorrência, algumas cenas são quase arquetípicas: medo de perder um paciente por suicídio, medo de testemunhar um surto psicótico em plena sessão, medo de não saber como agir ou o que dizer em determinadas situações de atendimento. Portanto, os terapeutas temerosos não estão sozinhos!

Em muitos momentos, é preciso que o terapeuta faça sessões de psicoterapia, para conhecer como as cenas temidas ou determinados temas ou sintomas do cliente podem impactá-lo e perturbar seu ofício.

Cabe destacar que a opção pelo trabalho psicoterápico de grupos é muito gratificante, pois, em nossa opinião, não há nada melhor do que compartilhar com os membros do grupo a corresponsabilidade do cuidado em explorar o lado saudável de cada um de nós.

Moreno (1974) foi o pioneiro em distribuir o poder do psicoterapeuta, ao acreditar que todos os participantes são agentes terapêuticos uns dos outros.

Longe de sanar, neste texto panorâmico sobre a intervenção grupal, as inúmeras cenas temidas do terapeuta, pretendemos deixar uma mensagem clara: libertar o paciente das amarras que o impedem de fluir espontaneamente demanda do terapeuta uma íntima conexão com sua própria espontaneidade-criatividade, além de uma profunda crença no potencial criador dos seres providos de centelhas divinas.

Não tivemos a intenção de esgotar o assunto, mas apenas de traçar rumos para que o interessado possa aprofundar-se no tema, especializar-se e trazer uma importante contribuição para a sociedade ao formar grupos terapêuticos ou de psicoterapia psicodramática.

REFERÊNCIAS BIBLIOGRÁFICAS

AGUIAR, M. *O teatro terapêutico.* Campinas: Papirus, 1990.

BUSTOS, D. (org.). *O psicodrama: aplicações da técnica psicodramática.* São Paulo: Summus, 1982.

CONTRO, L. *Nos jardins do psicodrama.* Campinas: Alínea, 2004.

FONSECA FILHO, J. S. *Psicodrama da loucura: correlações entre Buber e Moreno.* São Paulo: Ágora, 1980.

MONTEIRO, A. M. "Pesquisa qualitativa e segmentação cênica: para aquém de uma teoria do obsceno". In: *Pesquisa qualitativa e psicodrama.* São Paulo: Ágora, 2006.

MONTEIRO, R. (org.). *Técnicas fundamentais do psicodrama.* São Paulo: Ágora, 1998.

MORENO, J. L. *Fundamentos de la sociometria.* 2. ed. Buenos Aires: Paidós, 1972.

_____. *Psicoterapia de grupo e psicodrama: introdução à teoria e à práxis.* (1959). Trad. Antonio C. Mazzaroto Cesarino Filho. São Paulo: Mestre Jou, 1974.

_____. *Psicodrama.* 3. ed. São Paulo: Cultrix, 1984.

NAFFAH NETO, A. *Psicodrama: descolonizando o imaginário.* São Paulo: Brasiliense, 1979.

NERY, M. P. *Vínculo e afetividade.* São Paulo: Ágora, 2003.

_____. *Grupos e intervenção em conflitos.* São Paulo: Ágora, 2010.

PAGÈS, M. *A vida afetiva dos grupos: esboço de uma teoria da relação humana.* Petrópolis: Vozes, 1976.

PERAZZO, S. *Ainda e sempre psicodrama.* São Paulo: Ágora, 1994.

4. Psicodrama grupal

SERGIO PERAZZO

O PSICODRAMA BRASILEIRO sempre se caracterizou por um trabalho intenso e variado com grupos. Tanto numa perspectiva processual – grupos terapêuticos praticados nos consultórios e nas instituições de atendimento psiquiátrico ou psicológico – quanto nos chamados atos psicodramáticos (prefiro esse nome geral) ou, como querem alguns, atos socionômicos – atos de duração curta (algumas horas), com começo, meio e fim, tanto com foco clínico como com foco não clínico.

A abrangência dessa prática, com o tempo, tornou-se cada vez mais diversificada, de modo que a experiência dos psicodramatistas brasileiros foi moldada, ao longo dos anos, com o dia a dia desse tipo de trabalho, aperfeiçoado artesanalmente com a supervisão que, a princípio, era dada pelos pioneiros desse modo de intervenção.

Nesse período heroico do psicodrama brasileiro, de fins dos anos 1960 até quase a virada do ano 2000, a literatura psicodramática sobre grupos era muito escassa, limitando-se a um ou outro artigo isolado publicado em nossas revistas. Nos anos 1970, mesmo os supervisores disponíveis, ao indicar bibliografia sobre grupos, frequentemente remetiam-se a livros de orientação exclusivamente psicanalítica, sem qualquer fisionomia psicodramática.

Tal registro histórico não deve nos causar estranheza, tendo em vista a maneira como o psicodrama foi se instalando no Brasil, até conquistar sua própria identidade, firmando-se pela excelência de sua prática e pelo peso de sua produção teórica.

SERGIO PERAZZO

Das muitas versões históricas do nosso psicodrama, quase não se fala na importância que o Serviço de Psiquiatria do Hospital do Servidor Público Estadual de São Paulo teve para o movimento psicodramático brasileiro. Em meados dos anos 1960, o chefe desse serviço, Clóvis Martins, propôs a seus comandados que desenvolvessem trabalhos com grupos na instituição, visando melhorar a qualidade do trabalho assistencial, evitando resumir os atendimentos a uma farta distribuição de medicamentos nas consultas de ambulatório.

Vários desses profissionais, que mais tarde foram os responsáveis pela implantação do psicodrama no Brasil, iniciaram atendimentos de grupos adotando o modelo psicanalítico, que era o que se difundia naquela ocasião. Trabalhavam em duplas (um deles, como observador/anotador, permanecia o tempo todo de boca fechada), vestiam terno e gravata formalmente e faziam sua própria terapia (alguns em grupo) com psicanalistas conhecidos. Há uma publicação da época, editada pelo próprio hospital, que traz uma coletânea de trabalhos sobre grupos, de orientação psicanalítica, daqueles que se tornariam depois os primeiros psicodramatistas brasileiros. Essa publicação é ilustrada com fotos que registram o terno e a gravata.

Sem entrar em detalhes de como, por meio de congressos, tais profissionais entraram em contato e se encontraram com o psicodrama, o que interessa aqui é mostrar por que foi natural que esses futuros psicodramatistas se apoiassem, mais tarde, na literatura psicanalítica disponível sobre grupos quando se tornaram professores e supervisores de psicodrama.

Em 1999, Wilson Castello de Almeida organizou um livro de diversos autores – *Grupos – A proposta do psicodrama* – que coletou artigos sobre grupos psicodramáticos dispersos na literatura brasileira disponível. Até então, embora a publicação de trabalhos de psicodrama já fosse bastante profusa, concentrava-se em estudos de aspectos de teorias do desenvolvimento no psicodrama, no relato de suas diversas aplicações práticas e na revisão teórica de conceitos morenianos.

Na esteira do livro organizado por Castello de Almeida, vieram outras coletâneas de trabalhos com grupos psicodramáticos: *Grupos: intervenção socioeducativa e método sociopsicodramático*, organizado por Marlene Marra e Heloisa Fleury; *Sociodrama: um método, diferentes procedimentos*, também organizado por Marra e Fleury; e o livro solo de Maria da Penha Nery, *Grupos e intervenção em conflitos*; além do presente livro aqui diante do leitor, só para dar alguns exemplos.

Tais contribuições vêm modificando o panorama de nossa visão teórica sobre grupos. Se antes não tínhamos onde procurar referências ao trabalho com grupos psicodramáticos, hoje as contribuições se multiplicam, direcionando nosso olhar para ângulos totalmente diversos. Diante de tal variedade, o psicodramatista encontra o que ele possa caracterizar como essencial, e que, além de definir o que é grupo e o que é psicodrama, define o que é grupo de psicodrama em suas múltiplas variáveis. São leituras diversas, que ora nos aproximam e ora nos afastam da essência desses conceitos, os quais podem ou não ser identificados com facilidade em nossa prática psicodramática diária.

FEOCROMOCITOMAS

UMA CARACTERÍSTICA MARCANTE do curso médico é a prática diária na enfermaria a partir do terceiro ano. O hábito de discussão de casos à beira do leito dos pacientes sempre foi uma prática comum e obrigatória. Não era raro o raciocínio clínico ser montado e exercitado em cima de diagnósticos difíceis. Por exemplo, diante de alguém com hipertensão arterial, um dos diagnósticos possíveis (que pelo menos devia ser considerado antes de ser afastado) era o de feocromocitoma, um tumor raro da glândula suprarrenal.

Passei todo meu curso médico levando em conta a hipótese diagnóstica de feocromocitoma, sobre cuja ocorrência, características, sintomas e índices de exames de laboratório eu sabia

SERGIO PERAZZO

discorrer de cor e salteado. Só que, apesar de todo esse conhecimento clínico, não vi uma só vez um paciente com feocromocitoma, ficando sempre a sensação, no fundo, de ocupar meus pobres neurônios com uma informação quase inútil. E assim aconteceu também com doenças como as arboviroses da Amazônia, a febre das Montanhas Rochosas, a doença da arranhadura do gato, o espru não tropical, graças às quais eu me sinto hoje mais preparado para o elenco do Dr. House (série da TV a cabo em que um grupo de médicos se debruça sempre em torno de doenças muito raras, dando a impressão de que a medicina é sempre dificílima) do que para o feijão com arroz do cotidiano. Tudo isso, eu vivi sob os olhares complacentes e de aprovação de meus queridos mestres. Uma disposição mais próxima da erudição vazia do que da vida em si, com suas exigências prontas e objetivas. Pois bem, com certas questões psicodramáticas quando teorizadas, tenho a mesma sensação – feocromocitomas psicodramáticos, sempre discutidos e nunca vistos.

Por essa razão, meu objetivo, neste capítulo, é me limitar a discutir o essencial da postura do psicodramatista e a teoria fundamental visível na prática do trabalho com grupos, articulada aos procedimentos técnicos, ao método e a uma filosofia de atitudes, como tão bem definiu Garrido Martín (1996), a tão propalada filosofia moreniana.

NOME E SOBRENOME

Considero o nome psicodrama um nome genérico e, como tal, consagrado em todo o mundo. Dele deriva qualquer prática psicodramática e qualquer de seus métodos.

Assim, se utilizo o psicodrama em um processo grupal ou num ato clínico ou não clínico, no meu entendimento, estou *fazendo* psicodrama em qualquer uma dessas circunstâncias. Se o método que estou aplicando é um jornal vivo, um sociodrama,

PSICODRAMA GRUPAL

um grupo, um momento de role-playing ou um teatro espontâneo, estou *fazendo* igualmente uma modalidade de psicodrama. Para mim, esse é o ponto de partida.

Uma dúvida nunca suficientemente discutida e esclarecida, e que perdura até os dias de hoje, refere-se à definição da aplicação clínica e não clínica do psicodrama. A prática do psicodrama não clínico já gravitou por várias nomenclaturas: psicodrama pedagógico, psicodrama não clínico, psicodrama socioeducacional. Tais tentativas refletem a dificuldade de nomear tal prática com maior precisão e delimitar seu campo de ação.

O termo pedagógico, abandonado há vários anos, dá a ideia de limitar a prática ao educador e não incluir as intervenções sociodramáticas em diversos tipos de grupos, inclusive os de ação comunitária. Por sua vez, o termo socioeducacional sugere restringir um tipo de ação sociodramática aos não terapeutas. Ora, intervenções sociodramáticas, como todo psicodramatista sabe ou deveria saber, são necessárias periodicamente em qualquer grupo de qualquer natureza. Portanto, os terapeutas psicodramatistas também têm de treinar e desenvolver o papel de sociodramatistas como parte integrante e indissociável do seu papel base de psicodramatistas.

Ainda prefiro a subdivisão psicodrama clínico e não clínico. Por quê?

Muitas vezes, escuta-se falar que psicodrama clínico e não clínico (socioeducacional) é tudo a mesma coisa. Ou que, em um grupo processual de psicodrama terapêutico (ou clínico), quando não há protagonista, o trabalho é focado numa perspectiva socioeducacional. É como dizer que o psicodramatista é terapeuta (clínico) quando dirige protagonistas em um grupo e é não clínico quando, no mesmo grupo, não há protagonista e ele dirige esse grupo em uma vertente socioeducacional. Outras vezes se diz, equivocadamente, que, quando não há protagonista, o grupo é o protagonista. Vamos refletir um pouco sobre tais observações.

Ora, o que caracteriza um grupo terapêutico (ou clínico) de psicodrama é a possibilidade de aprofundamento por meio de qualquer papel até as últimas consequências. Não há limite para aquilo que pode ser *trabalhado*. Para isso, o diretor visa sempre a dramatização, mesmo que ela não ocorra.

Na situação em que o fenômeno da protagonização não ocorre, essa não ocorrência apenas evidencia que outro fenômeno está em jogo naquele momento. Na verdade, ou não estão surgindo emergentes grupais, ou dos emergentes grupais não se chega a um representante grupal que possa vir a ser protagonista na cena dramática. O grupo, afirmo mais uma vez, nunca pode ser protagonista. O conceito de protagonista é uno, um, alguém que representa o grupo e encarna em si o seu drama privado, os dramas privados dos demais integrantes do grupo e o drama coletivo grupal (vide capítulo com mais detalhes em meu livro *Psicodrama – O forro e o avesso*, no qual o assunto é mais amplamente discutido).

Assim, nessas circunstâncias da vida de um grupo de psicodrama, tais ocorrências (não protagonizações) são comuns e esperadas. Não significa, de maneira alguma, que o diretor-psicodramatista, nessa sessão específica de não protagonização, esteja *trabalhando* em uma perspectiva socioeducacional. Ele estará apenas diante de uma eventualidade comum num grupo processual de psicodrama, mais um fenômeno entre tantos que ele terá de ajudar a diagnosticar e resolver.

O grupo psicodramático terapêutico é terapêutico em si, como finalidade. Tudo pode ser aproveitado e aprofundado. O grupo psicodramático não clínico (socioeducacional) não tem por finalidade ser terapêutico – mas pode acontecer de sê-lo, como decorrência secundária.

Tomemos um grupo de role-playing, por exemplo. Nele, o foco de trabalho é a promoção do desenvolvimento de apenas um determinado papel social como ponto de partida. Assim, grupo de role-playing para professores numa escola, grupo de role-playing para residentes em ginecologia, para médicos intensivistas, para alunos de formação em psicodrama etc.

Sabemos, é claro, que uma dificuldade vivida em um papel social se propaga, pelo efeito cacho de papéis, para outros papéis sociais, tendo a transferência como sinalizadora. Portanto, *trabalhar* com apenas um papel social em um grupo de role-playing não impedirá que o protagonista se veja com suas dificuldades e resoluções em outros papéis. Consequentemente, um grupo não clínico, como é o caso do grupo de role-playing, será *terapêutico* como efeito secundário – e não como finalidade específica direcionada por uma técnica psicodramática voltada para o manejo terapêutico das situações apresentadas no grupo.

Imaginem que vamos ao cinema e o filme contenha uma cena impactante, que represente um espelho de um fragmento da minha vida, e que eu saia da sessão me sentindo transformado. Ninguém vai dizer que fui fazer terapia no cinema, mesmo que aquela cena valha para mim dez anos de terapia. Ninguém também dirá que o diretor fez o filme pensando em seu *efeito terapêutico* – um benefício secundário (que bom se todos os benefícios secundários fossem assim!) do qual o diretor de um psicodrama não clínico se aproveita, utilizando técnicas que protejam o protagonista e que lhe deem o acolhimento necessário. Eis, do meu ponto de vista, a diferença entre intervenção psicodramática clínica e não clínica.

O FENÔMENO DA PROTAGONIZAÇÃO

NADA ILUSTRA MELHOR O QUE É um grupo de psicodrama, seja qual for sua natureza, do que o fenômeno da protagonização – que resume em si uma especificidade não encontrada em nenhum outro tipo de abordagem grupal.

O psicodrama nasceu, cresceu e se firmou num palco teatral. No palco não convencional do que Moreno chamou de *teatro espontâneo.* Todas as formas de *fazer psicodrama* derivaram desse teatro de improviso e deram origem, mais tarde, a uma teoria da espontaneidade-criatividade, o ponto central da teoria do psicodrama. Daí o protagonista. Essencialmente, o conceito de protagonista contém a noção de representatividade e de convergência e difusão de emoções. Podemos dizer, seguramente, que o protagonista, em um grupo de psicodrama, é o resultado de uma escolha (passa por uma progressão de emergente grupal e representante grupal, sucessivamente, no contexto do grupo, até explodir como protagonista propriamente dito no contexto dramático) por meio da exposição e, depois, da atuação do seu drama privado. Essa escolha do representante pelo grupo só tem sentido porque ao seu drama privado aderem os dramas privados dos demais integrantes, coconsciente e coinconscientemente, e o drama coletivo grupal, vivenciado em seu tema protagônico.

Aliás, o que se entende por tema protagônico nunca pode ser visualizado em sua totalidade na etapa de aquecimento inespecífico, porque, na sua essência, ainda está mergulhado, nessa etapa, no coinconsciente do grupo – e, portanto, sua definição e seu aclaramento só se darão progressivamente durante a dramatização, com o desvelamento da trama oculta do protagonista.

Tais observações nos levam a refletir sobre o processo psicodramático da vida em grupos. A esse respeito, seguem algumas pontuações fundamentais:

- A representatividade do protagonista é o que garante a vida do grupo, de modo que, seja o grupo clínico (terapêutico) ou não clínico (socioeducacional), é possível *tratar* cada um de seus integrantes e o próprio grupo como um todo. Em psicodrama, não existe *tratar* um no grupo, mas sim *tratar* o grupo por meio de um. Consequentemente, o diretor de psicodrama precisará cuidar, todo o tempo, de facilitar e manter essa representatividade do grupo para que ele possa ser *tratado.*

PSICODRAMA GRUPAL

■ Essa representatividade protagônica só acontece quando as mínimas bases sociométricas do grupo fornecem o substrato para o acolhimento – primeiro, do emergente ou emergentes grupais, em seguida, do representante grupal e, depois, do protagonista, numa sequência natural que também depende do acolhimento do diretor e de sua habilidade técnica. Em psicodrama, embora exista explicitamente uma etapa de compartilhamento que se segue à dramatização, o psicodrama inteiro, em uma sessão ou momento clínico ou não clínico, tem de ser considerado um estado permanente de compartilhamento. Daí a necessidade de construir as bases sociométricas mínimas para que isso aconteça e se mantenha do começo ao fim de qualquer sessão ou ato de psicodrama.

■ O que determina a construção dessa base sociométrica que tece uma rede de acolhimento grupal é o interjogo dos conteúdos coconscientes e coinconscientes do grupo. Os membros de um grupo compartilham, o tempo todo, de maneira direta ou indireta, muda ou explícita, algo de seus dramas privados e algo de seu drama coletivo, em diversos níveis de consciência e de comprometimento. Assim, na etapa de aquecimento inespecífico (a primeira etapa de uma sessão de psicodrama), os integrantes do grupo trocam entre si a parcela coconsciente de seus dramas privados. À medida que o processo psicodramático caminha, surge um representante grupal, em meio aos emergentes grupais iniciais. É por intermédio desse representante, tornado protagonista na cena psicodramática, que as parcelas coinconscientes dos dramas privados e do drama coletivo do grupo tornam-se progressivamente coconscientes. Torna-se claro, assim, o drama coletivo grupal, a que se segue a explicitação final das particularidades e do todo desse coinconsciente tornado coconsciente na etapa formal de compartilhamento. Esse é o sentido do fenômeno da protagonização e a base da qual se parte para o agir técnico do psicodrama.

■ O momento em que tal junção do grupo se revela tem como ápice a catarse do protagonista. É por meio deste, e só aqui, que ocorre a catarse de integração (fenômeno exclusivamente grupal; não existe catarse de integração individual).

■ Como a catarse do protagonista, que se segue à catarse de integração, se dá, com muita frequência, com grande emoção, muitas vezes os psicodramatistas reduzem os efeitos do psicodrama a uma exteriorização de emoções. Param aqui, e é um dos motivos pelos quais se alimenta a confusão de que o psicodrama clínico e o não clínico são a mesma coisa. Os dois não produzem emoção? Entretanto, o ponto de partida e o ponto de chegada em psicodrama é sempre caminhar de uma situação na qual se caracteriza falta de espontaneidade e de criatividade até a catarse do protagonista, que representa uma recarga da espontaneidade e da criatividade perdidas ou não vividas. A emoção é um sinal de que isso aconteceu, uma consequência e não uma finalidade em si. A catarse de integração do grupo é uma soma de espontaneidades em que se multiplicam os recursos criativos de cada um e do grupo – tanto na intervenção dita terapêutica quanto na não terapêutica, com seus benefícios terapêuticos secundários. A diferença se faz visível quando fica evidenciado que a trajetória do psicodrama clínico se dirige ao *status nascendi* de uma falta de espontaneidade e de criatividade para ressuscitá-las na cena do psicodrama, enquanto o psicodrama não clínico apenas busca formas novas de atuação da espontaneidade com seus ganhos criativos, sem a necessidade de elucidação e decodificação do *status nascendi* (um *status nascendi* relacional que envolve uma dada forma de complementaridade de papéis sociais com as figuras primárias do átomo social do protagonista). Não é demais assinalar que, embora essa diferença seja fundamental para a compreensão do processo, não é a única diferença que podemos captar entre essas duas modalidades de aplicação do psicodrama, embora de importância relevante.

RATINHOS DE LABORATÓRIO: CÍRCULOS SOCIOMÉTRICOS MORDEM O PRÓPRIO RABO

FICA BEM EVIDENTE que a exposição dessas ideias, encadeadas dessa forma, procura compor um todo harmônico que engloba desde um estado de compartilhamento até o conceito de protagonização, passando pelos significados de catarse do protagonista, catarse de integração, coconsciente e coinconsciente. Ora, fica claro que esse conjunto de conceitos necessita de um berço que o acolha e viabilize na prática do atendimento de grupos, e tal berço nada mais é, e nada mais pode ser, que a estrutura sociométrica que sustenta e permite sua mobilidade.

O que quero dizer com isso?

É claro, nossa experiência nos demonstra, a todo instante, que um grupo se faz e se desfaz de acordo com as circunstâncias das escolhas efetuadas por seus membros entre si. Um misto de critérios de ordem racional (operativos) e de ordem afetiva sempre está presente na formação e na manutenção dos vínculos.

O diabo é que Moreno saiu de Viena, migrou para os Estados Unidos, trocando a realidade europeia pela norte-americana, fez parceria com uma socióloga americana, Helen Jennings, e bateu pernas por lá e por cá, nos anos 1930, arrotando um discurso de cientista social perfeitamente compatível com o momento e a época em que vivia. E lá fomos nós, psicodramatistas seus discípulos, deixando a espontaneidade de lado para vestir a fantasia da ciência pelo lado avesso, jogando no lixo a de teatrólogos espontâneos. Nosso dilema sempre foi o de como juntar uma coisa com a outra. *Hay que quedarse atentos!* E, aqui, todo cuidado é pouco, lá vou eu pisando em ovos porque me aproximo da areia movediça das suscetibilidades das contribuições teóricas.

São muito diversificadas as visões teóricas sobre a vida dos grupos psicodramáticos. Por isso mesmo, cada um escolhe uma ponta diferente do novelo para tentar desamarrar alguns nós que se cristalizaram por alguma razão. É impossível captar com total abrangência todas as implicações que esse tema fascinante desperta. Essa é a razão pela qual afirmo que não estou me dirigindo a ninguém em particular quando teço minhas considerações, pois sei muito bem (acredito nisso) que estamos no mesmo barco e com uma luneta de alcance limitado. A soma de nossas visões é que amplia um pouco mais o horizonte. Esse é o motivo pelo qual eu até me permito brincar com o Moreno mordido pela busca da respeitabilidade e exatidão em sua *fase científica* (nunca chegamos ou chegaremos a uma síntese de nós mesmos). Na verdade, confesso, esse é o Moreno de que menos gosto e que me parece menos carismático e menos espontâneo, quase servil àquilo que se convencionou chamar de ciência, um tanto perdido e sufocado num emaranhado de gráficos e tabelas de fácil esquecimento tabulando o nada, tão a gosto do furor das planilhas onipresentes (maldito cibernetiquês!) dos dias de hoje.

A serviço de quê me vem esse encadeamento de ideias de paladar crítico?

O grupo, para mim, é e não pode deixar de ser um organismo vivo e cambiante, que tem em seu diretor (psicodramatista) parte dele mesmo em todas as suas possibilidades existenciais (relacionais), mediado por um papel social específico.

Quando se diz que o psicodramatista é um pesquisador em ação, isso não significa colocar o grupo num *status* de ratinhos de laboratório, pregando rótulo atrás de rótulo das infindáveis classificações que inventamos a cada dia.

Qualquer referencial teórico, num grupo em andamento, tem de se amoldar às exigências e aos movimentos do próprio grupo, caso contrário estará fadado a ser reduzido a mero item de discussão intelectual sem qualquer efeito prático. O psicodramatista- -pesquisador-em-ação necessita sempre de agilidade técnica – que só é possível alcançar quando a teoria é visível no grupo e incorporada aos movimentos existenciais que o grupo (o psicodramatista incluído) realiza. Quanto mais estreita for essa margem entre, de um lado, captação e incorporação teórica e, de outro, ação no grupo, mais pronta será a capacidade de intervenção do psicodramatista, mais rápidas serão suas decisões, mais efetivo será o aquecimento que ele realiza e mantém em todas as situações de grupo, em todas as suas etapas. Enfim, maior e mais fluida será sua espontaneidade, fulcro efetivo que dispara e confirma a espontaneidade do grupo, do que depende sua vitalidade.

É aproximadamente isso que eu chamo de teoria útil e teoria inútil visível e invisível na prática de atendimento de grupos de psicodrama. Um bom exemplo disso é observar como um pressuposto teórico pode acabar impregnando o diretor de grupo de uma falsa sensação tranquilizadora.

Uma lei estabelecida teoricamente como lei não deixará nunca de ser lei (*dura lex sed lex* – provérbio latino, ao que, nos anos 1950, se acrescentava, nos anúncios de rádio: *no cabelo só Gumex*). Lei implacável; porém, lei. Vivemos, no psicodrama, a contradição de teorizarmos sobre a criatividade (um universo em aberto), combatermos as conservas culturais (beirando até certo anarquismo) e defendermos nossa posição permanente de pesquisadores em ação, ao mesmo tempo que aceitamos sem críticas, sem verificação na prática diária das *verdades* e possíveis *inverdades* de nossas leis teóricas (uma espécie de *lei Gumex*). Um determinismo indesculpável.

Como esse fenômeno é visível na nossa prática?

Quando Moreno criou as leis sociométricas, partiu da sua própria experiência com o trabalho de grupos. Suas leis sociométricas nunca foram suficientemente valorizadas fora do psicodrama. Apesar de terem sido formuladas antes da prática de grupos generalizada que se seguiu depois, a partir da Segunda Guerra Mundial, sua modernidade ultrapassou, e muito, o que a teoria psicanalítica veio a sistematizar mais tarde.

Em resumo, de suas leis sociométricas podemos deduzir seu princípio fundamental: quando as pessoas se agrupam, são estabelecidas leis específicas, leis de grupos, que se constituem como fenômenos diferentes de leis aplicadas no plano individual, inclusive em sua nomenclatura.

SERGIO PERAZZO

Exemplificando: os psicanalistas que se dedicaram ao atendimento de grupos, muito depois, inspirados em contribuições kleinianas, classificaram em fases o processo de um grupo, nomeando-as com designações de fenômenos individuais, como posição esquizoparanoide e posição depressiva de um grupo, tentação a que o próprio Bion sucumbiu com seus pressupostos básicos da dinâmica de grupos (posição de dependência, de luta e fuga etc.).

Mais tarde ainda, psicodramatistas brasileiros cometeram o mesmo equívoco (talvez pela inspiração psicanalítica inicial), também classificando o processo de um grupo em fases, dessa vez utilizando termos criados para descrever fenômenos individuais referentes à dita teoria da *matriz de identidade*: fase do duplo, do espelho etc.; dando um passo atrás, como Bion e seus pares, com relação à fina observação de Moreno, que acena para nós das entrelinhas, proferindo um discurso óbvio e talvez até parecendo ingênuo: leis de grupo são leis de grupo e não se constituem como uma soma de fenômenos individuais (a observação é minha, inferida de Moreno, pela qual me responsabilizo integralmente).

Mais recentemente, só em 1996, para ser mais exato, liderados por Anna Maria Knobel, que puxou o cordão, alguns psicodramatistas brasileiros começaram a olhar o grupo pelo viés das leis sociométricas de Moreno e de suas possíveis aplicações práticas, traçando mesmo uma estratégia de direção grupal baseada nelas.

Paradoxalmente, essa nova postura, que aparentemente deveria ser libertadora das amarras do vício do olhar psicanalítico – que nos impedia de operar numa perspectiva teórica efetivamente moreniana –, acaba, por outro lado, por nos lançar, de maneira inadvertida, em outro tipo de armadilha.

Se considerarmos que na vida de um grupo é possível surpreender situações em que seus integrantes podem se comportar de maneira isolada ou de uma maneira pela qual se fortaleçam parcerias ou se destaquem líderes e se definam funções, isso torna

86

possível a correlação de tais fenômenos com as leis sociométricas de Moreno, entre as quais se inclui a lei sociogenética, com suas etapas de isolamento orgânico, diferenciação horizontal e diferenciação vertical.

Essa correlação, no entanto, precisa ser vista, como a própria Anna Maria Knobel definiu, como *momentos* (destaque aqui para momentos) de isolamento, de diferenciação horizontal (simétrica) e de diferenciação vertical (assimétrica). Momentos que vêm e que vão, a duração podendo ser muito fugaz. Momentos que podem ser superados, mas que em outro ponto do processo grupal podem se reinstalar com outra roupagem. Para garantir a compreensão desses fenômenos, é necessária uma perspectiva teórica fluida.

Nossa tendência é cristalizar essa visão num processo grupal e definir como fase aquilo que é descrito como momento – e, como fase, dar a ideia de uma duração longa que imobilize o diretor de psicodrama na cadeira esperando a *fase* passar (como "a banda" do Chico Buarque) para poder operar psicodramaticamente.

Ora, lidar com tais ocorrências no cotidiano de um grupo permite uma intervenção mais pronta, capaz de desfazer o momento, se importante, possibilitando negociações com seus integrantes, até que se chegue a um ponto de convergência da estrutura sociométrica desse mesmo grupo. Em tal ponto, a rede de compartilhamento, amarrada pelos nós dos emergentes grupais, é reforçada, rompendo-se dessa maneira qualquer tendência ao isolamento ao se chegar, por meio deles, a um representante grupal que representa de fato e lidera o grupo na direção do fenômeno da protagonização, costurando um momento sociométrico no qual a diferenciação horizontal e a diferenciação vertical coexistem como funções complementares e produto do mesmo movimento coconsciente e coinconsciente do grupo.

Colocado de maneira mais simples, quando adotamos o termo fase, por exemplo, fase de isolamento orgânico sociométrico (primeira lei sociométrica de Moreno), nossa tendência é imaginar que, num processo grupal, tal fase persistirá durante dias ou semanas porque no conceito de fase está subentendido que há um tempo de que as pessoas necessitam para a mínima construção de vínculos que as tirem da sensação de isolamento, mesmo diante da realidade de estar fazendo parte de um grupo.

Nossa experiência mostra, no entanto, que procedimentos psicodramáticos, um jogo dramático, por exemplo, são capazes de desfazer tal isolamento, pulverizando-o, em alguns minutos.

Logo, a aplicabilidade das leis sociométricas de Moreno, mesmo levando em conta o processo grupal, se direciona mais apropriadamente a momentos, como a própria Anna Maria Knobel definiu, numa visão clara de que a estrutura sociométrica de um grupo é dotada de extraordinária mobilidade – a mesma mobilidade que caracteriza os movimentos existenciais possíveis e presentes em qualquer relação humana, num campo de percepções e de escolhas.

Tudo é relativo em se tratando de relações humanas. Nada é absoluto. Se persistirmos em chamar de ciência qualquer análise de ordem sociológica só porque trabalhamos com uma amostragem desse caldo de cultura relacional, correremos o risco das generalizações vazias e cegos andaremos em círculos de ilusões sociométricas, mordendo o próprio rabo sem sair do lugar.

A REALIDADE SUPLEMENTAR E O PERSONAGEM COMO MEIO E ARREMATE

NESSE NINHO DE TESSITURA sociométrica e de consequente acolhimento, que torna possível e realizável o fenômeno da protagonização, é necessário um veículo que possibilite e facilite o trânsito da imaginação e da fantasia, justamente o ponto central no qual se estrutura sempre todo psicodrama e seus desdobramentos criativos: a realidade suplementar e a ação dramática por meio do personagem.

Considero toda dramatização, qualquer que seja ela, em todos os seus pontos e momentos, a construção de uma realidade suplementar. Em se tratando de grupos, uma coconstrução da qual participam o protagonista, o diretor, os egos-auxiliares e a plateia. Considero, ainda, mais que isso, que a construção de uma realidade suplementar na ação dramática, por meio da atuação espontânea de personagens, é o modo de ação por excelência do psicodrama. Em que me baseio para ousar fazer tal afirmação?

- O objetivo do psicodrama, em síntese, é promover a busca e a incorporação da verdade psicodramática e poética de cada um.

- Moreno, quando formula esse conceito, especialmente valorizado por René Marineau, seu mais completo biógrafo, na verdade sintetiza uma filosofia que está na base dessa busca, que significa fornecer ao ser humano o acesso a todas as suas possibilidades criativas.

- Fornecer tais possibilidades significa, mais que possibilidades, a conquista de viver plenamente tudo aquilo que possa ser criado numa disposição permanente.

- Portanto, só mesmo derrubando a barreira que as conservas culturais levantam entre o mundo da realidade e o da fantasia é que é possível transitar de um plano a outro, em 3D. Dar asas à imaginação para atuar a fantasia, mantendo íntegra uma estrutura sociométrica que permita uma liberdade de escolhas tal que aumente cada vez mais a capacidade (relacional) de estabelecer vínculos de mutualidade de escolhas positivas – e diminua o estabelecimento de mutualidades negativas de escolhas e de vínculos incongruentes –, ativando, na prática, a potencialidade de estabelecer encontros.

- Tal clareza de trânsito em terreno tão sutil, que exige uma discriminação constante em campo relacional, em si mesmo tão cambiante, exige também do ser humano uma fonte constante de espontaneidade que mantenha em curso permanente tal disposição para a criação.

SERGIO PERAZZO

■ Para que tudo isso ocorra, necessitamos de um instrumento poderoso, capaz de enfeixar em si mesmo a atuação da imaginação por meio da fantasia. Tal instrumento, no psicodrama, é a realidade suplementar.

■ A realidade suplementar é, portanto, por si só, uma disposição criativa de vida, o livre trânsito da imaginação. A cena psicodramática, por sua vez, tem lugar como referência atuada dessa própria vida, em suas variações criativas, e por meio da atuação livre e espontânea de seus personagens, caldo de cultura vivo da espontaneidade e criatividade do ser humano em estado de protagonização. A cena psicodramática, toda ela, entendida assim, não passa de uma realidade suplementar em estado protagônico.

■ E mais: como a cena psicodramática contém outros instrumentos (diretor, egos-auxiliares e plateia), cada um desses elementos atua na cena ou fora dela (quem está sendo plateia nunca deixa de ser coprotagonista) com sua própria realidade suplementar de sua própria história. Assim, tudo que se passa na cena e fora dela, durante uma dramatização, é uma soma de realidades suplementares de diferentes pessoas, de diferentes histórias e, como tal, se constitui em uma soma de espontaneidades e de criatividades, impulsionando o protagonista para seu momento de catarse, que nada mais é que um momento de apoderamento de sua verdade psicodramática e poética. Nesse momento, o ciclo se fecha e se abre, o coinconsciente do grupo se torna coconsciente, cada um vivendo sua própria realidade suplementar e se apoderando da parcela de verdade psicodramática e poética a que tem direito, num movimento catártico de integração grupal.

■ Essa é a razão pela qual considero a realidade suplementar agida por meio de personagens o principal instrumento do psicodrama e que está na base das transformações que a cena psicodramática possibilita. Transformação em ação.

Quando o psicodrama se detém no simples *insight* dramático, a cena se imobiliza e se torna simples ilustração para uma reflexão sem a transformação de vivenciar até o fim as possibilidades de atuação da realidade suplementar.

Os *insights* dramáticos são necessários (várias vezes) na construção do percurso psicodramático até a catarse do protagonista e a catarse de integração (ou quando, por alguma razão, técnica ou pessoal, não se chega a ela, ficando o *insight* dramático como um ponto de reflexão utilíssimo, embora a ser completado na sequência do processo), mas não substituem, como modo de ação, a força da atuação e da coconstrução da realidade suplementar do protagonista, soberano na vivência criativa de seu drama privado, representante incontestável do grupo em seu emocionado acolhimento.

⌇

REFERÊNCIAS BIBLIOGRÁFICAS

AGUIAR, M. *Teatro espontâneo e psicodrama*. São Paulo: Ágora, 1998.

ALMEIDA, W. C. de. *Psicoterapia aberta*. São Paulo: Ágora, 1982.

ALVES, L. F. R. "O protagonista e o tema protagônico". In: ALMEIDA, W. C. de (org.). *Grupos – A proposta do psicodrama*. São Paulo: Ágora, 1999, p. 89-100.

BAPTISTA, T. T. "Psicodrama com grandes grupos". *Revista Brasileira de Psicodrama*, São Paulo, v. 11, n. 2, 2003, p. 159-64.

BOCCARDO, M. P. D. *O papel do diretor na psicoterapia psicodramática de grupo*. Monografia de credenciamento para didata nível 2. Sociedade de Psicodrama de São Paulo, 2004.

BUSTOS, D. M. *Psicoterapia psicodramática*. Buenos Aires: Editorial Paidós, 1975.

_____. *Novos rumos em psicodrama*. São Paulo: Ática, 1992.

CALVENTE, C. *O personagem na psicoterapia*. São Paulo: Ágora, 2002.

CARDIM, S. F. C. *Um encontro oportuno: Moreno e Bachelard – Em direção ao cosmodrama*. Monografia apresentada para obtenção do título de psicodramatista – Departamento de Psicodrama, Instituto Sedes Sapientiae, São Paulo, 2004.

CESARINO, A. C. "Brasil 70 – Psicodrama antes e depois". In: ALMEIDA, W. C. de (org.). *Grupos – A proposta do psicodrama*. São Paulo: Ágora, 1999, p. 35-48.

SERGIO PERAZZO

EVA, A. C. "Grupos terapêuticos psicodramáticos: uma tentativa de sistematização". *Psicodrama*, ano 2, n. 2, 1976-1978, p. 27-38.

FASANO, L. *Tejiendo redes: el papel de las redes sociales en la salud y el bienstar.* Buenos Aires: Gran Aldea, 2010.

FLEURY, H. J. "A dinâmica do grupo e suas leis". In: ALMEIDA, W. C. de (org.). *Grupos – A proposta do psicodrama.* São Paulo: Ágora, 1999, p. 49-57.

FONSECA, J. *Psicoterapia da relação.* São Paulo: Ágora, 1999.

GONÇALVES, C. S. "Pequeno comentário sobre metodologia psicodramática: o lugar da fantasia". *Anais do VI Congresso Brasileiro de Psicodrama*, v. 2, Salvador, 1998, p. 90-3.

GRINBERG, L.; LANGER, M.; RODRIGUÉ, E. *Psicoterapia de grupo.* Rio de Janeiro: Forense Universitária, 1957.

KNOBEL, A. M. "Estratégias de direção grupal". In: FONSECA, J. *Psicoterapia da relação.* São Paulo: Ágora, 1999, p. 338-5.

_____. *Moreno em ato: a construção do psicodrama a partir das práticas.* São Paulo: Ágora, 2004.

MARINEAU, R. F. J. L. *Moreno: sa vie, son oeuvre.* Montreal: Editions Saint Martin, 1990 [edição brasileira: *Jacob Levy Moreno 1889-1974: pai do psicodrama, da sociometria e da psicoterapia de grupo.* São Paulo: Ágora, 1992].

MARRA, M. M. "A sociometria na prática interventiva socioeducativa: a teoria espontânea do aprendizado". In: MARRA, M. M.; FLEURY, H. J. (orgs.). *Grupos: intervenção socioeducativa e método sociopsicodramático.* São Paulo: Ágora, 2008, p. 157-77.

MARTÍN, E. G. *Psicologia do encontro: J. L. Moreno.* São Paulo: Ágora, 1996.

MORAES NETO, A. V. "Unidade funcional". In: ALMEIDA, W. C. de (org.). *Grupos – A proposta do psicodrama.* São Paulo: Ágora, 1999, p. 59-67.

MORENO, J. L. *Fundamentos de la sociometria.* 2. ed. Buenos Aires: Paidós, 1972.

_____. *Psicoterapia de grupo e psicodrama.* São Paulo: Mestre Jou, 1974.

MORENO, Zerka T.; BLOMKVIST, L. D.; RÜTZEL, T. *A realidade suplementar e a arte de curar.* São Paulo: Ágora, 2001.

NAFFAH NETO, A. *Psicodrama: descolonizando o imaginário.* São Paulo: Brasiliense, 1979.

_____. *Psicodramatizar.* São Paulo: Ágora, 1980.

NERY, M. P. *Grupos e intervenção em conflitos.* São Paulo: Ágora, 2010.

PERAZZO, S. *Ainda e sempre psicodrama.* São Paulo: Ágora, 1994.

_____. *Fragmentos de um olhar psicodramático.* São Paulo: Ágora, 1999.

_____. "Dois momentos sociodramáticos". In: MARRA, M. M.; FLEURY, H. J. (orgs.). *Sociodrama: um método, diferentes procedimentos.* São Paulo: Ágora, 2010, p. 123-136.

_____. *Psicodrama: O forro e o avesso.* São Paulo: Ágora, 2010.

POBLACIÓN, P. *Manual de psicodrama diádico.* Bilbao: Editorial Desclée de Brower, 2010.

PSICODRAMA GRUPAL

RAMALHO, C. M. R. "O sociodrama e o role-playing na prática sociopsicodramática". In: MARRA, M. M.; FLEURY, H. J. (orgs.). *Grupos: intervenção socioeducativa e método sociopsicodramático*. São Paulo: Ágora, 2008, p. 125-39.

REÑONES, A. V. "Catarse de integração: uma pequena viagem etmológica-conceitual". *Revista Brasileira de Psicodrama*, v. 4, fascículo II, 1996, p. 36-48.

RODRIGUES, R. "Intervenções sociopsicodramáticas: atualização e sistematização de recursos, métodos e técnicas". In: MARRA, M. M.; FLEURY, H. J. (orgs.). *Grupos: intervenção socioeducativa e método sociopsicodramático*. São Paulo: Ágora, 2008, p. 101-23.

RUSSO, L. "Breve história dos grupos terapêuticos". In: ALMEIDA, W. C. de (org.). *Grupos – A proposta do psicodrama*. São Paulo: Ágora, 1999, p. 15-34.

SOLIANI, M. L. C. "Realização simbólica e realidade suplementar". In: MONTEIRO, R. F. (org.). *Técnicas fundamentais do psicodrama*. São Paulo: Ágora, 1998, p. 56-68.

SONENREICH, C. *Instrumentos para psicoterapia grupal*. São Paulo: Hospital do Servidor Público Estadual de São Paulo, 1969.

VOLPE, A. J. *Édipo: psicodrama do destino*. São Paulo: Ágora, 1990.

5. Sociodrama

MARIA DA PENHA NERY

> Um sonho que se sonha só, é só um sonho que se sonha só,
> mas sonho que se sonha junto é realidade.
>
> RAUL SEIXAS

A VIDA DO INDIVÍDUO EM GRUPO e a vida dos grupos têm sido objeto de estudo imprescindível para a luta em prol do bem-estar coletivo. A socionomia, como vimos no primeiro capítulo, é uma teoria que nos ajuda a observar, por exemplo, os papéis sociais, os aprendizados socioculturais, a sociometria, a afetividade grupal e intergrupal, o exercício de poder, a hierarquia socionômica, a expansividade afetiva, os processos identitários, os conflitos sociais e de classe, os mecanismos coletivos de defesa e de sobrevivência e os estados coinconscientes que se desvelam à medida que a interação grupal cresce.

Moreno (1984) desenvolveu, concomitantemente com a socionomia, a sociatria – um conjunto de métodos para tratamento dos grupos. O sociodrama é um dos métodos sociátricos. O autor afirma que "o verdadeiro sujeito do sociodrama é o grupo" (p. 413). Há conflitos nos quais estão envolvidos fatores coletivos ou supraindividuais, e que têm de ser compreendidos e controlados por meios diferentes, pois neles estão contidos a cultura e problemas relativos às identidades sociais.

E continua: "Pode-se, na forma de sociodrama, tanto explorar, como tratar, simultaneamente, os conflitos que surgem entre duas ordens culturais distintas e, ao mesmo tempo, pela mesma ação, empreender a mudança de atitude dos membros de uma cultura a respeito dos membros da outra" (p. 415).

O sociodrama proporciona ao grupo a vivência terapêutica de seus conflitos no espaço dramático. Nesse espaço, permite-se a fluência da imaginação, ou do "como se". Promove-se a dramatização das situações-problema, focando os papéis sociais e os sofrimentos coletivos.

O diretor segue as etapas do método de ação: aquecimento, dramatização e compartilhar, procurando ajudar as pessoas a interagirem e criarem conjuntamente as possíveis soluções para seus problemas, ou a ampliarem as compreensões dos fenômenos que vivem. Usa as técnicas fundamentais – duplo, solilóquio, espelho, inversão de papéis e interpolação de resistência – e suas derivadas, quando a ação dramática está bloqueada (veja o Capítulo 1). A cocriação é, portanto, o mote do encontro.

O sociodrama visa promover o bem-estar em diversos aspectos sociais; entre eles, a justiça, a dignidade, o respeito às diferenças, a consciência social crítica, a politicidade, a promoção da paz e da saúde, o desenvolvimento de equipes, a harmonia familiar, o desenvolvimento de redes sociais de apoio, a construção conjunta do saber, a democracia.

TIPOS DE SOCIODRAMA

NA PRÁTICA SOCIÁTRICA, predominam dois tipos de sociodrama: os temáticos e os relacionados aos conflitos em *status nascendi*, ou que surgem no momento do encontro. Os sociodramas temáticos produzem um preaquecimento nos participantes, pois expõem previamente as demandas da clientela por meio de temas que refletem seus dramas. Os sociodramas dos conflitos que surgem no momento do encontro com a clientela remetem o diretor e o grupo à busca do protagonista ou do tema protagônico durante o encontro.

Há possibilidade de realizar sociodramas mistos, por exemplo, iniciando com um tema e, por meio dele, deparar com o conflito que emerge do grupo.

SOCIODRAMA

Há alguns tipos de sociodramas temáticos já categorizados – por exemplo: axiodrama, que focaliza os valores socioculturais; jornal vivo, em que se dramatizam notícias de jornais; mitodrama, que trabalha os mitos, símbolos e arquétipos que falam de nossas dores e alegrias cotidianas (Maciel, 2000).

Kellerman (1998) também classifica os sociodramas em três tipos: o da crise, no qual se trabalham os conflitos grupais; o político, no qual o mote são questões, por exemplo, de cidadania, poder, corrupção; o da diversidade, cujo foco são os sofrimentos de minorias, as violências, as intolerâncias às diferenças.

Essas classificações e suas derivadas ajudam o profissional a delimitar sua intervenção, seus objetivos e procedimentos, conforme as demandas da clientela.

REALIZAÇÃO DE SOCIODRAMAS

O SITE DA FEDERAÇÃO BRASILEIRA DE PSICODRAMA (Febrap – www.febrap.org.br), a *Revista Brasileira de Psicodrama* e também os livros aqui citados nos apresentam artigos sobre a realização de sociodramas em comunidades, nas quais são trabalhados temas como drogas, doenças sexualmente transmissíveis, violência doméstica; em empresas, em que se trabalham, por exemplo, especificidades do papel profissional, exercício de poder, formação e manutenção de equipes; em escolas, em que são trabalhados conflitos entre membros do *staff*, relação professor e alunos, *bullying* e violência escolar, uso de métodos sociodramáticos de ensino/aprendizagem, entre outros temas; em organizações não governamentais, espaços políticos ou públicos, em que se realizam, por exemplo, sociodramas da corrupção, da diversidade, da violência social.

Há trabalhos sociodramáticos com famílias – de origem nuclear ou extensa – e para conflitos conjugais. É possível, ainda, realizar encontros multifamiliares, nos quais se intervém, por exemplo, nos conflitos de papéis familiares e na criação de redes sociais de apoio às famílias.

Em processos psicoterápicos, ocasionalmente, o diretor realiza sociodramas, em consonância com a demanda ou conflitos do grupo.

QUANDO O SOCIODRAMA ACONTECE

A BASE DO SOCIODRAMA é o encontro; e para que ele ocorra promovemos a interação, incentivamos a participação, reconhecemos o outro, procuramos o protagonista, respeitamos sua cultura e o saber local e priorizamos o compartilhar. A dramatização e o uso das técnicas de ação são decorrências do encontro; não são um fim em si, mas apenas meios para que o grupo crie.

Farei um solilóquio de diretora, apontando as especificidades das etapas do sociodrama por meio de dois exemplos da minha prática socioterapêutica.

O AQUECIMENTO DO DIRETOR (E DE SUA EQUIPE)

Quando somos contratados ou oferecemos a uma clientela um sociodrama, já iniciamos nosso próprio aquecimento. O aquecimento do diretor e de sua equipe (unidade funcional) ocorre, por exemplo, quando pensam na clientela, em si próprios em relação a ela e seus temas, pedem suportes ou supervisões se deles sentirem necessidade e se mobilizam emocional e estrategicamente em relação a ela.

A unidade funcional faz um plano ou mais de intervenção, ou seja, elabora procedimentos para o sociodrama, com base nos objetivos e nos possíveis conteúdos a ser trabalhados. O plano, porém, não será seguido de maneira rígida; será um apoio, pois o importante é a liberação da espontaneidade-criatividade.

Em maio de 2011, realizamos um sociodrama da família em Goiânia. O plano de intervenção se baseou na clientela: havia 60 pessoas adultas que trabalhavam com grupos e famílias ou se interessavam pelo tema. As áreas de atuação eram diversas – entre elas, psicologia, pedagogia, direito e engenharia.

Tínhamos três horas para o trabalho, com o objetivo de debater sobre tipos de família, sofrimentos familiares e relações familiares com grupos sociais. O plano sociodramático foi: aquecimento inespecífico com uma palestra sobre grupos e família, reflexões sobre a música "Morro Velho", de Milton Nascimento, e dois trechos do filme "Saindo do armário" – um em que os pais falam sobre o prêmio que o filho receberá na escola e outro no qual o filho, ao receber o prêmio, faz um discurso sobre sua homossexualidade.

Para iniciar a interação da plateia, pedimos para conversarem em pequenos grupos sobre a palestra. A dramatização começou com o pedido de que cada subgrupo apresentasse um personagem derivado de suas discussões. Os personagens ganhariam vida por meio do diálogo com a diretora e com a plateia.

Outro sociodrama ocorreu na Universidade de Brasília, em junho de 2011, com 27 alunos de psicologia – uma clientela jovem, com idade média de 23 anos, e participativa. O objetivo do evento foi lidar com diversidades e aprender com as diferenças. Teríamos duas horas para a atividade.

O plano de intervenção foi: no aquecimento, realizaríamos uma introspecção para pensar nas minorias, como lidamos com elas, nossas tolerâncias e intolerâncias.

Logo após, para iniciarmos a dramatização, aqueceríamos os alunos para participarem de um "fórum da diversidade". Eles escolheriam ser um personagem de grupos de minorias, sendo-lhes dadas as seguintes opções: ser negro, ser homossexual, ser portador de necessidades especiais, ser doente mental ou ser pobre. Diríamos que eles estavam em um grande fórum para trocar com iguais e reivindicar seus direitos.

Pediríamos para cada personagem encontrar seu subgrupo, apresentar-se, falar de seus problemas. Em seguida, escolheriam uma cena a ser apresentada para o grupo, que seria explorada com técnicas de ação pela diretora e sua equipe de egos-auxiliares.

Logo no início da atividade, o diretor se apresenta, fala sobre o tema ou trabalho que será realizado. Respeita a liberdade de expressão e as escolhas que ocorrem (por exemplo, onde os membros se sentam, posições na sala, proximidades e distanciamentos entre pessoas, posturas corporais, interações, falas e modos de dizer os conteúdos).

Até esse momento, o diretor e os egos-auxiliares já têm elementos importantes para fazer a leitura socionômica do grupo (Nery, 2003, 2010), porém sem profundidade. Há um início de desvendamento dos estados coconscientes e coinconscientes.

Nesses estados podemos encontrar, em diversas linguagens, temores, segredos e resistências que impedem o grupo de expressar conteúdos; dificuldades entre as pessoas (que são expostas, por exemplo, por meio de comportamentos, posições no ambiente ou atitudes); configurações sociométricas intergrupais relativas à afetividade; questões pessoais e sociais que se refletem nas interações entre os membros (subgrupos relacionados a vários critérios de escolha, entre eles tempo de trabalho, vizinhança, identificação com ideais, idade, funções laborais, interesses); defesas coletivas em relação ao "estrangeiro" (diretor e sua equipe) que está se inserindo no grupo.

É função do diretor contribuir para que o grupo se apresente em sua dinâmica, padrões, clima afetivo, exercícios de poder e configurações sociométricas (Moreno, 1972). Os conteúdos coconscientes e coinconscientes, ao ser enfrentados, dentro do momento e considerando a emocionalidade dos membros, reconstroem as interações.

O AQUECIMENTO DOS PARTICIPANTES PARA UM ENCONTRO ESPECIAL

Embora tenha um plano de intervenção para a produção do encontro e da dramatização, o diretor segue suas hipóteses terapêuticas, ou seja, faz uma síntese mental do que consegue ler do grupo e dele intuir (Nery, 2010). O diretor e sua equipe observam os sinais dos membros (verbais ou não verbais) que indicam caminhos técnicos. Esses caminhos exporão o drama (conflito ou tema grupal) e contribuirão para o surgimento do protagonista (ou tema protagônico).

O aquecimento dos participantes acontece aos poucos, à medida que a unidade funcional usa dos iniciadores mentais ou físicos. A principal função do aquecimento é o preparo para o encontro, o incentivo à fala das pessoas, à reflexão, à imaginação e à ação sobre um problema. É possível usar vários recursos, como objetos, textos, músicas, jogos dramáticos, trechos de filmes, sucatas; ou estratégias, como apresentar personagens ou cenas curtas, solicitar interações específicas ou expressão corporal para que o grupo expresse seus conflitos.

É fundamental que a unidade funcional demonstre sua sintonia com o grupo, usando principalmente o princípio do duplo. O diretor tenta se expressar, com respeito à clientela, usando linguagem e expectativas da própria clientela.

No sociodrama da família, oferecemos uma pequena palestra com recursos multimídia, na tentativa de atingir o público que não tem experiência prévia com métodos de ação, para promovermos, a partir daí, a interação. No sociodrama da diversidade, o aquecimento mental e corporal em personagens de minoria já pode ser feito no início da atividade, por se tratar de alunos que já participam de vivências.

Aos poucos, os membros do grupo adquirem confiança para ampliar a participação. Surge um momento no qual escolhem a situação-problema ou se inicia o maior compromisso em relação ao tema anteriormente definido.

A REVIVÊNCIA DOS PAPÉIS SOCIAIS NUM ESPAÇO ESPECIAL

A etapa da dramatização tem início quando o grupo se relaciona em torno de um protagonista, de um emergente grupal, de uma situação ou um tema escolhidos, aprofundando suas questões e emoções.

Delimitada a situação-problema, o diretor faz o convite para sua revivência no cenário sociodramático. O diretor, antes de fazer o convite para a ação, já se convidou. Ele se aquece e se antecipa ao drama, ao dar-lhe mentalmente uma concretização cênica – e, assim, contribui para que o protagonista dê vida à sua narrativa. O autoconvite do diretor para a ação resulta de suas hipóteses com base na leitura sociodinâmica e em sua mobilização corporal em relação à cena.

É importante que o diretor transmita, principalmente por meio de linguagem não verbal, sua crença na revivência liberadora. Isso o ajuda a se tornar um líder que influencia o fazer, interagir, imaginar e atuar, indo além do pensar e falar.

O diretor monta a cena ao delimitar com o protagonista o cenário e pedir a ele que convide membros da plateia para ser os personagens do drama. Aqui se explicita a transição do contexto grupal para o dramático.

No sociodrama da família mencionado anteriormente, surgiram seis personagens dos subgrupos da plateia para atuar no "como se". Esses personagens foram: Ana, senhora com problemas de saúde, sem poder caminhar, vai morar com a nora e o filho; queixa-se de que a nora não a trata bem. Bia, senhora que apanhava do marido e não sabia o que fazer; afinal, aprendeu a viver assim e a ser doméstica. Carlos, marido que se queixava porque a esposa queria fazer terapia de casal e ele não via problemas na relação. Diana, homossexual, queria ter um filho com a companheira e temia o que poderia acontecer com a família que queriam constituir. Eliana, moça de uma cidade do interior, não sabia como comunicar aos pais que era homossexual, pois eles eram muito tradicionais e preconceituosos. Fábio, pai que não aceitava de maneira alguma o filho que acabara de se declarar homossexual.

Entrevistamos os personagens e foi interessante a representação de muitos tipos familiares, seus sofrimentos e sua interação com grupos sociais.

Perguntamos à plateia qual personagem escolheriam para compreendermos melhor. Foi escolhido o pai que não aceitava o filho.

SOCIODRAMA

No sociodrama da diversidade, por sua vez, ocorreu a seguinte dinâmica:

O grupo dos negros retratou três cenas concomitantes: um adolescente sendo espancado por um policial; uma negra querendo entrar no vestibular pelo sistema de cotas e os colegas criticando isso; negros lutando por seus direitos e sendo questionados por pessoas da elite. Em cada cena, exploramos emoções dos personagens e sentimentos da plateia.

O grupo dos homossexuais foi formado por apenas duas participantes (do total de 27 alunos). Uma ego-auxiliar foi ajudá-las. A cena apresentada foi de duas pessoas criticando o homossexual (representado pela ego-auxiliar), que passeia num *shopping*. Ele se sente triste, sem direitos de ser como é, e fala que seu pai também o rejeitou.

Na cena dos pobres, todos estavam felizes fazendo churrasco "na laje". Um deles arrumara um emprego e pagaria as despesas.

Na cena do doente mental, ele estava perdido na rua, as pessoas brincavam com ele e o ridicularizavam.

A cena da pessoa com necessidades especiais (PNE) apresenta um aluno no momento em que está na escola e a professora não consegue ajudá-lo a acompanhar o conteúdo; a professora precisa dar conta de seu plano pedagógico e escolhe ignorá-lo para não acumular tarefas.

No cenário sociodramático, o conflito se aprofunda e a angústia cresce. Porém, os estados coinconscientes se desvelam com muitas interações, diálogos, expressões resultantes do momento de "ir ao fundo do poço". O grupo vive, por exemplo, a experiência do caos, do desassossego, da violência, da rejeição.

O diretor e sua equipe não podem temer o conflito, muito menos o aprofundamento nele. Paradoxalmente, é no momento intenso dos impasses, bloqueios e crises que a cocriação começa a se manifestar.

No sociodrama da família, o aprofundamento do conflito, que angustiou a todos, assim ocorreu:

Fizemos a entrevista com o pai. Ele se mostrou avesso à homossexualidade e rejeitava o filho. Falava que não queria isso e se perguntava a todo instante: "Por que isso aconteceu comigo?" Pedimos que alguém fizesse o papel de filho. Uma pessoa se prontificou a fazer o personagem e disse ao pai que era feliz e que havia enfrentado muitos preconceitos, mas que agora sofria ainda mais com o que o pai dizia.

O pai não se conformava, dizia que era um erro, culpava-se e acabou por expulsar o filho de casa. Então, pedi que o filho fosse embora.

O pai começou a falar do filho no passado, de seu quarto, das brincadeiras com ele, das diversões. Disse que não tinha culpa, provavelmente a esposa é quem tinha. E reiterava: "Meu filho morreu!"

Passei a confirmar que ele morrera. O pai, então, todo emocionado, pediu para eu não falar do filho daquela maneira.

No sociodrama do fórum da diversidade, o aprofundamento do conflito assim aconteceu:

Em cada uma das três cenas dos negros, surgiram várias manifestações de discriminação, abuso de poder, preconceitos. Apareceram sentimentos de medo, insegurança, tristeza e impotência.

Na cena dos pobres, o conflito se agravou entre os que estavam curtindo o churrasco e os que queriam aproveitar o fórum. Eles falavam que não era necessário se preocupar, que o governo ajudava com uma cesta básica. Um deles falou que não era o caso de ficarem passivos e que não deveriam depender mais de políticos e de assistencialismos. Era hora de lutar por seus direitos e bens sociais.

Na cena do doente mental, a angústia cresceu quando vários participantes fizeram duplos, imaginando-se no lugar dele, expressando a solidão e o abandono.

Na cena do homossexual, trouxemos o personagem "pai do homossexual" e ele falou quanto se sentia culpado por ter um filho assim, que aquilo era um absurdo, que era a grande decepção da

SOCIODRAMA

vida, que o filho morrera (considero que o coinconsciente atuou, ao trazer, uma semana depois, uma cena bastante parecida com a de Goiânia).

Pedi que cada um da plateia escolhesse um dos personagens, ficando ao lado do "pai que rejeita o filho homossexual" ou do "filho homossexual". Pedi que se imaginassem no lugar deles, expressassem os sentimentos. De ambos os lados, havia incompreensões, tristezas, dor, rejeições e desilusões. Na cena do PNE, há grande sofrimento. A professora pede que os alunos ajudem, mas a maioria diz que se sente prejudicada, que o recreio atrasa. Sentem-se chateados porque ela dá muita atenção a ele, ou fazem algazarra porque já fizeram a lição e estão ociosos. A professora se sente só. O aluno PNE se sente incompreendido e desprezado.

O auge do conflito desvela muitos conteúdos coinconscientes. A unidade funcional pode sofrer com o grupo e precisar de recursos internos ou externos para se recompor, como veremos.

A MONTAGEM DA CENA

Na montagem da cena, o aquecimento de todos os participantes é contínuo e crescente. O diretor faz pequenas entrevistas com os personagens, para efeito de aquecimento na tomada de papéis, incentiva as interações, o diálogo e o drama.

O diretor constantemente aquece os personagens – por exemplo: chamando-os pelo nome, trazendo-lhes o que ocorre na situação, fazendo duplos deles. Tenta explorar os conteúdos (atitudinais, corporais, emocionais) marcantes do personagem. O diretor aquece também a plateia: pergunta como as pessoas se sentem, o que pensam sobre o assunto, ou estimula diálogos com os personagens e contribuições em relação ao drama.

Ao fazer propostas de ação (dar consignas), o diretor precisa ser firme e terno. Poucos se animam com propostas ditas sem energia, como se o diretor estivesse pedindo "por favor" ou "licença". O aquecimento fica deficitário quando a timidez e o tom

105

baixo e inseguro aparecem – por exemplo: "Gostaria que vocês dissessem o que essa imagem lhes transmite"; "Gostaria que você convidasse alguém para ser sua mãe". A boa proposta de ação quase provoca a mesma ação no diretor, para que o grupo o acompanhe – por exemplo: "Digam o que essa imagem lhes transmite"; "Convide alguém para ser sua mãe" (em tom suave, porém seguro).

Quando o verbo da ação inicia a proposta e quase está nos gestos e na atitude do diretor, o incentivo é maior. Esse é um aspecto fundamental de aquecimento, para que as pessoas se disponibilizem para a vivência terapêutica.

É importante que o diretor defina claramente os personagens, quem é quem na cena, para que haja complementação de papéis. Por exemplo, o personagem "eu-observador", ao interagir com o personagem "eu na cena", deve travar *diálogos entre personagens complementares*. Assim, o "eu-observador" diz para o "eu na cena": "*Você* tem de erguer sua cabeça!", para que o "eu na cena" se expresse em relação a ele. Mas se o "eu-observador" disser: "Ah, *eu* tinha de erguer a cabeça!", o diretor precisa corrigi-lo e propiciar a diferenciação entre os personagens "eu em cena" e "eu-observador". Esse é o mote da interação direta que promove o drama.

Outro exemplo: o protagonista e a concretização de seu medo em personagem "medo de errar". Muitas vezes, o protagonista, ao fazer esse personagem, para interagir com o ego-auxiliar no seu papel, diz: "*Eu* tenho muito medo de ser criticado, de ser visto como idiota". Nesse instante, é importante o diretor corrigir a atuação, dizendo, por exemplo: "Medo, diga para fulano (protagonista, representado pelo ego-auxiliar) diretamente: *Você* vai ser criticado, vai ser visto como idiota", propiciando a interação entre "eu" e "personagem-medo".

O diretor deixa prevalecer a atuação livre dos personagens; porém, quando a cena está bloqueada, precisa usar as técnicas de ação, conforme sua leitura sociodinâmica.

SOCIODRAMA

É importante o diretor acreditar que os personagens e os objetos intermediários no "como se" presentificam as pessoas da vida do protagonista. A capacidade imaginativa do diretor incentiva a imaginação do grupo.

A CENA REPARATÓRIA

O processo cocriativo nos métodos de ação busca as cenas reparatórias (Perazzo, 1994). Nessas cenas, o protagonista e o grupo, com a continência do diretor, tentam, naquele momento e conforme a sociodinâmica, alguma resolução conjunta em relação ao conflito. Exemplos de ações reparatórias são: tentar fazer diferente, redimensionando condutas conservadas; fazer ou dizer aquilo de que sentem necessidade; ajustar expectativas; enfrentar cenas temidas; procurar ajuda ou redes sociais de apoio; expressar emoções reprimidas; lidar com os segredos expostos; refazer defesas que fazem sofrer; realizar fantasias e desejos; compreender necessidades e maneiras de satisfazê-las; reaprender exercícios de poder; assumir responsabilidades pessoais e sociais.

No sociodrama da família, a cena reparatória assim aconteceu: Tentei demonstrar, por meio de duplos, quanto compreendia o pai, seu choque, o que ele esperava e não se realizou, seu inconformismo. Pedi para a plateia conversar com o pai. A plateia começou a questionar sua rejeição e expulsão do filho, alegando que o filho é ser humano, que não merecia ser tratado assim, pois já estava sofrendo muito.

Percebi que o pai estava se sentindo pressionado. Fiz esse duplo. Ele confirmou. Disse-lhe que aquele era o seu momento, o de excluir o filho, e isso precisava ser respeitado. Em seguida, disse que cuidaria do filho, pois ele estava sofrendo. Dei apoio ao filho, perguntei se ele tinha onde procurar ajuda. Ele respondeu que compreendia o pai e que tinha ajuda de amigos.

De repente, da plateia, surge espontaneamente um personagem: a irmã. Dei-lhe autorização para participar do drama. Ela disse ao pai que o irmão era importante para ela, que o amava independentemente de qualquer coisa e que o apoiaria. Pedi-lhe para ir até o irmão, dizer-lhe isso. Ela vai, abraça-o e dá suporte a ele, com seu carinho. A plateia aplaude a ação da irmã.

Foram cenas reparatórias, construídas conjuntamente com a participação da platéia, que acolheu as dificuldades do pai, compreendendo seus limites, e conseguiu apoiar o filho, que mais uma vez vivia a dor da rejeição.

A cena reparatória do grupo dos pobres, no sociodrama do fórum da diversidade, assim aconteceu:

Pedi que a ego-auxiliar entrasse dizendo que tinham de aproveitar o fórum para reivindicar melhores salários, empregos, condições de moradia, saúde, educação e transporte. Todos ficaram sensibilizados e começaram a fazer as reivindicações.

Na cena reparatória do doente mental, alguém da plateia se prontificou a ser uma assistente social, que o levaria a um abrigo e averiguaria a existência de condições de tratamento para ele.

Na cena reparatória do grupo dos homossexuais com o pai, por ter dirigido uma cena parecida havia poucos dias, resolvi usar o que denomino técnica "pedagógica". Nesta, o diretor conversa com firmeza com algum personagem ou com o protagonista, demonstrando sua empatia, ao mesmo tempo que denuncia as consequências de suas escolhas e seus atos para ele, para o grupo ou a família. Após essa intervenção, pede que o protagonista tente novamente o que considera melhor para a cena.

Então, disse ao pai: "Sim, seu filho morreu para você, dentro de suas fantasias, por não corresponder a suas expectativas. Ele agora é quem ele é. Então essa realidade dói muito. Mas ele precisa lutar por sua felicidade. Compreendo que você está chocado. É difícil aceitar. Mas você tem dois caminhos: continuar culpando a si e aos outros – isso é um grande sofrimento para todos – ou procurar ajuda para compreender tudo isso, cuidar de si e cuidar de sua família. Seu filho é um corajoso, está sofrendo no mundo e em casa para ser ele mesmo e ser feliz".

O pai então diz: "Eu amo meu filho e escolho aprender a respeitá-lo". O filho responde: "Pai, sei o quanto é difícil tudo isso, mas te amo e iremos aprender muito".

Na cena da pessoa com necessidades especiais, a saída emerge da plateia, que propõe à professora pedir ajuda para a diretoria. No papel da professora, muitos argumentam que a diretoria e o *staff* precisam se especializar para atingir realmente a inclusão e construir redes de apoio.

Na cena reparatória dos negros, pedi para a plateia ajudá-los a enfrentar a elite, pois estavam fragilizados na luta por seus direitos. Alguns membros da plateia se aproximaram do grupo e o ajudaram a se unir, expressaram com intensidade, para a elite, a importância de ser vistos como sujeitos, de resgatar a história do país, de acabar com o racismo que discrimina pela cor e faz que os negros sejam 70% dos pobres do país.

As cenas reparatórias, relatadas de maneira sintética, expõem o que o protagonista e o grupo conseguiram perceber, propor e fazer de diferente, de modo a tentar possibilidades de resolução do conflito.

O sociodrama e o psicodrama têm cenas reparatórias específicas. No psicodrama, o protagonista tem maior margem para experimentar cenas imaginárias e viver suas fantasias. É dada ao protagonista a oportunidade de tentar novas respostas, com liberdade, para suas cenas sofridas. Embora sejam respostas criativas, elas estarão impregnadas de sua psicodinâmica e acompanharão seu momento de vida.

No sociodrama, porém, as cenas reparatórias se dão menos no campo do imaginário, e a perspectiva é de construção das possíveis mudanças pessoais e grupais em relação ao conflito. É dada a oportunidade ao protagonista de fazer diferente, mas ele está atrelado à legitimação do grupo ou aos limites coletivos e dos dados de realidade. Se alguém, por exemplo, na cena sociodramática, expressa o desejo de prender um corrupto, a vivência dessa cena tende a produzir pouco efeito socioterapêutico. Isso porque o sociodrama se prende mais à realidade e todos agirão conforme a cultura e as leis sociais. No Brasil, um cidadão não prende um corrupto. É preciso um processo judicial e, em muitos casos, também um movimento social ou instituições que lutem em prol da punibilidade. Essa especificidade em relação às cenas reparatórias tende a tornar o sociodrama mais angustiante que o psicodrama. Muitas vezes, o sociodrama promove, por exemplo, aprendizado de convívio em relação às diferenças, compreensão do sofrimento grupal, melhoria comunicacional, implicação dos membros em relação às questões institucionais/sociais, despertar da politicidade, melhoria do papel de cidadão, construção de estratégias em relação às violências, organização grupal ou institucional, criação de redes de apoio. Esses aprendizados, porém, podem não ser tão catárticos como os membros gostariam que fossem ou como usualmente ocorre no psicodrama.

As cenas reparatórias sociodramáticas buscam, geralmente, as responsabilidades pessoais e sociais em torno do conflito. As responsabilidades pessoais envolvem, por exemplo, como cada um está implicado em relação ao problema, como auxilia em seu surgimento ou sua manutenção e o que é possível fazer para diminuí-lo.

A responsabilidade social é a busca da compreensão de como o grupo contribui para o problema, o que pode fazer para gerenciá-lo e onde procurar ajuda para se fortalecer. Em muitos casos, é preciso ampliar o trabalho do grupo em conflito para as outras instâncias sociais que o envolvem, como os grupos a ele relacionados, a instituição, a comunidade e a sociedade.

Se as cenas reparatórias estão bloqueadas na dramatização, o diretor tenta vários recursos ou técnicas de ação – dentre elas, pede ajuda ao ego-auxiliar e à plateia, para fazerem duplos, novos personagens, sugerirem ou demonstrarem outras respostas; pede que os membros da plateia escolham um dos personagens ou o protagonista, posicionem-se ao seu lado, invistam-se desses papéis e reiniciem a vivência e o diálogo; explicita suas hi-

SOCIODRAMA

póteses e compreensões do que ocorre e, a partir daí, propõe a expansão do diálogo, usando as técnicas de ação, a "pedagógica" e suas derivadas.

O fechamento da dramatização ocorre quando todos os participantes conseguiram produzir uma saída, na medida do possível, para aquele conflito ou uma compreensão ampliada da situação-problema.

A APRENDIZAGEM DO COMPARTILHAR

O momento do compartilhar é para os participantes expressarem, principalmente, suas empatias e identificações com o protagonista e os personagens do drama. Os participantes também dizem o que viveram nos papéis e o que aprenderam com a vivência.

No sociodrama da família, na etapa do compartilhar, prevaleceram as emoções relacionadas com a adaptação às perdas, inclusive as perdas de ilusão. Os participantes se identificaram tanto com o pai quanto com o homossexual, no sentido de que as pessoas precisam de suportes específicos. Comentaram sobre evitar apontar problemas das partes e cobrar delas, e sobre a dificuldade em aceitar o tempo diferente de cada um para entender o que ocorre.

No sociodrama da diversidade, na etapa do compartilhar, os participantes ressaltaram a importância de se imaginar na pele de alguém que sofre preconceitos. Expressaram preconceitos e discriminações vividos como uma das maiores dores pessoais e afirmaram quanto precisavam aprender para ser mais tolerantes às diferenças.

Na etapa do compartilhar, é comum as pessoas fazerem o que costumam fazer socialmente: confundir o que sentem com o que percebem, criticar, julgar, analisar, aconselhar. Nessas ocasiões, o diretor usa a "pedagogia do compartilhar", ou seja, ajuda as pessoas a demonstrar sua empatia e identificações com os sentimentos ou com os comportamentos do protagonista e dos personagens.

O compartilhar é fundamental para a criação do espírito grupal, para a saída das sensações de exposição ou de solidão do protagonista, para o despertar da gratidão, da solidariedade, da ternura entre as pessoas e para a troca de *feedbacks* construtivos entre os participantes.

Após o compartilhar, Moreno (1974) diz que o diretor (e sua equipe) faz uma análise grupal, do grupo na sociedade e, se oportuno, dos indivíduos presentes. Para isso, é importante também ter conhecimentos sociológicos, antropológicos e filosóficos.

No sociodrama da família, entre outras análises, observamos que a plateia identificou e apresentou os vários tipos de família; a importância dos laços afetivos e de cuidado, independentemente da consanguinidade; a interligação dos sofrimentos familiares e dos pertencimentos a grupos sociais; as ideologias que mantêm privilégios em exercícios de poder; a dificuldade em respeitar, diante de um impacto sociocultural, a pessoa que não aceita diferenças.

No sociodrama da diversidade, refletimos sobre o porquê de a maioria escolher os pobres, e concluíram que foi para se proteger de outros tipos de preconceitos. Avaliaram as estereotipias em relação ao pobre: pessoa que quer se divertir, ter assistencialismo, que não desenvolve a consciência crítica e a luta social. Refletimos também sobre o sofrimento do homossexual em se expor e não ser aceito, e relacionado à heteronormatividade. Esse sofrimento ficou transparente quando apenas dois integrantes do grupo escolheram os personagens homossexuais, porém, na cena, quem representou o homossexual discriminado foi a ego-auxiliar. Foi notória a paralisação do grupo diante do doente mental, que refletiu a paralisação dos cuidados especiais necessários para ele, nos níveis governamental, social, familiar e clínico.

O PROCESSAMENTO TEÓRICO

É o momento em que o diretor e sua equipe conjugam a prática com a teoria – tanto as "teorias socionômicas amplas", tais como papéis e grupo (sociodinâmica), teletransferência (sociometria), espontaneidade-criatividade, quanto os conceitos e termos pertencentes a elas e questões socioculturais envolvidas (Nery, 2003, 2010). É fundamental que a consciência sociocrítica quanto ao nosso papel, às relações de poder relativas à clientela na sociedade, efetivamente nos ajude a fazer um trabalho libertário (Contro, 2011). Pode-se, no processamento, tentar ampliar a compreensão de um conceito ou até criar algum que contribua para a socionomia. Ainda é possível explicitar as especificidades relativas a um método de ação e às atuações do diretor e de sua equipe.

ESTRATÉGIAS SOCIODRAMÁTICAS

HÁ VÁRIAS ESTRATÉGIAS, dependendo da criatividade do diretor e da construção conjunta com o grupo. Dentre elas a da horizontalização, a da verticalização e as relativas aos momentos grupais.

A estratégia da horizontalização é quando o diretor tenta compreender o conflito presente ou o que surge, no aqui e agora, *in loco*. O diretor busca o "que" é o conflito e "como" é vivido; identificando e ampliando os processos interacionais, comunicacionais, tenta compreender as funções de todos os envolvidos no drama.

A estratégia da verticalização é a tentativa de compreender o histórico passado do conflito e as projeções futuras em relação a ele. Busca-se o porquê do conflito (o que o causou) ou o seu "para quê" na vida das pessoas.

A verticalização das cenas sociodramáticas da atual para as passadas tenta encontrar as origens do conflito grupal, institucional ou social. A estratégia da verticalização para o futuro ocorre quando o diretor busca cenas ou projetos futuros relacionados aos papéis sociais presentes, ou experiências de cenas temidas.

No sociodrama, a estratégia da horizontalização é mais comum. No psicodrama, a estratégia da verticalização em busca de cenas da origem dos conflitos do protagonista é mais frequente.

Para Knobel, no Capítulo 2 deste livro, o diretor também usa as estratégias de trabalho de acordo com o momento grupal. Elas podem ser centradas no protagonista, quando o objetivo é trabalhar os dramas coletivos por meio de um indivíduo ou temas que os representam; na espontaneidade-criatividade, quando o diretor busca métodos ou recursos do teatro espontâneo, dos jogos dramáticos, primando pelo desenvolvimento da criatividade pessoal e grupal; ou na sociometria, enfocando, principalmente, as relações e posições afetivas dos indivíduos no grupo, os confrontos, as dificuldades de comunicação, as complementaridades de papéis latentes e o exercício de poder.

Além das estratégias, o sociodramatista pode focar ou mesclar três níveis de atuação dramática: o real, o simbólico e o imaginário. No nível da realidade, os papéis sociais se transformam em papéis sociodramáticos na dramatização e os personagens são baseados em situações reais.

No nível simbólico, os papéis sociodramáticos concretizam símbolos ou personagens arquetípicos, tais como Cristo, cruz, estrela de Davi, fada, bruxa, anjo. São também utilizados para dramatizar metáforas – por exemplo: "estou com o freio de mão puxado"; "estamos morrendo na praia"; "nos sentimos acorrentados".

O nível imaginário prevalece quando os personagens possibilitam a experiência de fantasias, tais como as interações idealizadas numa sessão de trabalho, o chefe ideal; as vivências de cenas temidas, por exemplo, se todos forem demitidos; ou de cenas desejadas, como a aprovação de uma lei para um grupo de minorias, a qual está presa no Congresso Federal.

Quando predomina o trabalho dos níveis simbólicos e imaginários, é importante transpô-los para a realidade grupal ou social em que as pessoas vivem.

Estrategicamente, é importante, ao encerrar o evento, que o diretor instigue a aproximação das pessoas, por exemplo, ao verificar o aprendizado sociopsicodramático, perguntando como estão, o que estão levando, o que perceberam. Pode-se fazer um círculo com as pessoas e pedir uma chuva de palavras sobre como estão; ou usar uma música ou texto de mensagem final.

Estratégias dos métodos de ação

REFLEXÕES SOBRE OS AGENTES DA SEÇÃO SOCIODRAMÁTICA

O EGO-AUXILIAR TEM como principais funções: deixar fluir sua sensibilidade e intuição em relação aos sentimentos e desejos do protagonista e do antagonista; apresentar prontidão para desempenhar papéis sociodramáticos, dentro da psicodinâmica do protagonista e do antagonista.

O diretor e o ego-auxiliar desenvolvem pensamentos "sociodramáticos" ao se perguntarem como são os personagens, suas lógicas afetivas de conduta (Nery, 2003), condutas conservadas, ideologias, sua cultura, quais são suas resistências e bloqueios à criação, quais resgates seriam possíveis e para qual foco relacional/emocional deve ser direcionada a ação.

A unidade funcional dá vida às cenas ocultas, aos personagens reprimidos, às emoções contidas; atua no princípio do duplo e mantém sintonia com as identificações da plateia relacionadas ao que ocorre no encontro (Nery, 2010).

Por ser um método eivado de surpresas e bloqueios, no qual a troca intersubjetiva é intensa e com múltiplos caminhos a ser seguidos, o que exige rápida compreensão do que ocorre, é comum o diretor se desconcentrar, sentir-se ansioso, tenso, impotente e paralisado. O auge do drama pode dar-lhe a sensação de não ter saída, e ele corre o risco de propor respostas conforme sua visão de mundo.

Nesse momento, o diretor precisa aprender a se recompor psicologicamente. Para isso, ele pode, por exemplo: distanciar-se fisicamente do conflito, consultar-se sobre o que tem que ver com ele; tentar se diferenciar do outro; acalmar as emoções, respirando pausadamente; tentar falar em tonalidade ou ritmo diferente do que ocorre com os personagens; usar recursos e técnicas de ação que intuir e que possam ajudar a cena; procurar estimular a criação e o compromisso grupal.

As supervisões, os estudos e os treinos também contribuem para o socioterapeuta aprender a lidar com os momentos difíceis e as cotransferências que bloqueiam a criatividade no sociodrama (Nery, 2003).

ATO E PROCESSO SOCIODRAMÁTICO

O SOCIODRAMA PODE SER REALIZADO em apenas um encontro, constituindo-se um ato sociodramático, ou em vários encontros, constituindo-se um processo sociodramático. O ato é fechado em si, atendendo a clientela, com a delimitação de início, meio e fim. O sociodramatista busca um tempo adequado para seguir as etapas do método, tornando viável que todos saiam com algum aprendizado sociodramático resultante do viver para aprender.

Processo sociodramático é um conjunto de sociodramas, que podem ser usados com uma clientela, conforme contrato. Ao longo do processo, tenta-se aprofundar temas, questões, conflitos. É recomendável que, ao final de cada encontro, seja feita uma avaliação oral e escrita sobre ele, com *feedbacks*. Esses *feedbacks* ajudam o diretor a detectar o que ocorre no grupo e a necessidade ou não de novas intervenções.

Tanto o ato como o processo sociodramáticos têm um plano de intervenção, resultante do conhecimento da clientela e do contrato de trabalho. Busca-se definir objetivos e procedimentos, mas deve-se resguardar a espontaneidade-criatividade e a cocriação no momento da intervenção.

Os sociodramas da família e da diversidade foram atos socioterapêuticos. Um exemplo de processo sociodramático foi realizado em um órgão público, em 2010. Nessa intervenção, fizemos cinco *workshops*, de quatro horas de duração cada, para trabalhar formação e manutenção de equipes, fenômenos e processos grupais, papel de servidor, problemas comunicacionais, relação servidores e órgão, afetividade, relações de poder e insatisfações com colegas e gestores.

A cada encontro, fazíamos um aquecimento com a reflexão sobre uma parte teórica relacionada aos temas acima e, em seguida, os participantes traziam situações-problema. Foram trabalhadas sociodramaticamente, por exemplo, cenas relativas aos privilégios entre colegas servidores ou entre seções; sentimentos de impotência do servidor em relação às chefias autoritárias; sentimentos de angústia de gestores, que têm de cumprir expectativas de superiores e de subordinados; sentimentos de desvalorização ou falta de reconhecimento de servidores; sensações, tanto de servidores como de gestores, de não ter os potenciais usufruídos no trabalho; equipes que tinham dificuldades de comunicação, *feedbacks*, processos de trabalho, delimitação de papéis.

Nessas cenas, vivíamos o auge dos conflitos, e todos – plateia, personagem e ego-auxiliar – tentavam contribuir para que a voz fosse dada a todos os participantes e para que fossem encontradas cenas reparatórias. Muitas delas vinham por meio de respostas para maneiras mais democráticas de exercer poder, desenvolvimento de requisitos para mediação de conflitos e melhoria no investimento nos papéis profissionais, na busca de sua valorização.

PROCEDIMENTOS SOCIODRAMÁTICOS

Os PROCEDIMENTOS SOCIODRAMÁTICOS compõem os planos de intervenção, e muitos são abordados no livro de Marra e Fleury (2010). Observamos que há procedimentos e intervenções que caminham dos mais simples aos mais complexos.

O primeiro sociodrama realizado por Moreno foi bastante modesto. Ele usou a técnica da cadeira vazia, ao colocá-la no palco e pedir que alguém comandasse o país. Esse procedimento provocou comoção na plateia e produziu oportunas polêmicas e reflexões (Moreno, 1974).

No Brasil, são comuns os seguintes procedimentos sociodramáticos:

TRABALHO COM SUBGRUPOS E SUAS IMAGENS OU CENAS

Segue os seguintes passos: aquecer incentivando a fala, a interação, ou utilizando recursos (texto, música, filme, introspecção, interação com os colegas, expressão corporal, esquetes de cenas ou personagens, fotos etc.); pedir para o grupo debater sobre o tema/conflito em subgrupos; pedir para os subgrupos fazerem uma imagem ou cena sobre o tema; pedir que os subgrupos exponham a imagem ou dramatizem a cena; pedir o compartilhar.

Esse procedimento é um dos mais básicos. Traz a vantagem de observar como o grupo lida com o tema além da fala, usando a estética corporal e cênica. É possível ampliar a consciência do

SOCIODRAMA

grupo em suas interações e sobre o tema. Porém, tem a desvantagem de não aprofundar a cena ou imagem protagônica com as técnicas de ação, no sentido de dar a voz a protagonistas ou ajudar o grupo a cocriar em relação ao conflito ou tema.

A abordagem do diretor é menos diretiva. É recomendável que aproveite bastante o compartilhar para a aprendizagem grupal.

Se o diretor tem mais experiência, ele pode aprofundar as imagens/cenas com técnicas de ação e explorar a que percebe que ressoa mais no grupo. Nesse caso, ele se torna mais diretivo e tenta captar a sociometria e os protagonismos. Foi o que ocorreu no exemplo do sociodrama da diversidade.

TRABALHO COM SUBGRUPO E IMAGEM/CENA PROTAGÔNICA

Esse procedimento segue os passos: aquecimento semelhante ao anterior, porém, após a apresentação dos subgrupos, o grupo todo escolhe uma imagem ou cena protagônica; pede-se que a imagem ou cena escolhida seja repetida, usando técnicas de ação, e/ou pede-se que o ego-auxiliar ou plateia participem e interfiram criativamente no que está sendo apresentado; pede-se o compartilhar.

Esse procedimento também é básico, mas há mais complexidade em relação ao anterior. Podemos observar como a clientela se expressa nas interações, nas escolhas sociométricas das imagens ou cenas, e há possibilidade de aprofundamento da cena protagônica por meio das técnicas de ação. Isso amplia o desvelar o coinconsciente do grupo e as possibilidades de cocriação. Tem a desvantagem da dificuldade do manejo do tempo, pois pressupõe a apresentação de todas as imagens e cenas antes da escolha da protagônica.

Na dramatização, o diretor é mais diretivo, visando aprofundar a imagem ou a cena protagônica e a busca da cocriação.

TRABALHO COM SUBGRUPOS, CENAS RELATADAS E UMA CENA PROTAGÔNICA

Esse procedimento se compõe dos passos: fazer o mesmo procedimento anterior, mas sem apresentação da imagem ou cena;

cada subgrupo apenas relata a cena escolhida; pede-se que o grupo escolha uma das cenas relatadas para ser dramatizada e aprofundada, por meio das técnicas de ação e interação com a plateia; pede-se o compartilhar.

A complexidade desse procedimento é notória, pois é necessário maior construção com o grupo, manejo de protagonistas, montagem de cena e maior diretividade do diretor ao ler e acompanhar os fenômenos grupais.

Uma grande vantagem é que todos os participantes se envolvem na cena escolhida, melhorando o nível do compartilhar.

TRABALHO COM O GRUPO, SEM SUBDIVISÃO GRUPAL, RELATO DE CENAS POR ALGUMAS PESSOAS E ESCOLHA GRUPAL DO PROTAGONISTA

Esse procedimento segue os passos: após o aquecimento, solicita-se que quatro ou cinco pessoas relatem sua cena relacionada ao tema; pede-se para a plateia escolher uma pessoa (a segunda mais votada, dependendo do tempo, também poderá ser trabalhada); o diretor monta, com o protagonista, a cena escolhida, seguindo, com sua criatividade, o que descrevemos anteriormente; pede-se o compartilhar.

No sociodrama, a cena escolhida é a que retrata o conflito ou o tema grupal, mesmo que seja dramatizada por um indivíduo, como protagonista. Os personagens são os representantes do grupo. Quando necessário, o diretor diz, por exemplo: "Esta cena é de todos nós, estes são os papéis da comunidade, 'o pai', 'a filha drogadita', 'o filho tímido', que representam os conflitos deste grupo".

Esse procedimento tem a vantagem de procurar o protagonista ou a cena protagônica do grupo. Todos enriquecem a dramatização criativamente. Isso amplia o desvelar do coinconsciente do grupo e favorece a cocriação. Porém, é preciso lidar com o risco de o diretor se encaminhar para um psicodrama, que tem finalidades diferentes do sociodrama, conforme vimos nos Capítulos 3 e 4.

Nesse trabalho, o diretor é mais diretivo ao tentar aprofundar a cena protagônica e o objetivo sociodramático.

SOCIODRAMA

INTERAÇÃO PLATEIA-PERSONAGENS

Esse procedimento tem os seguintes passos: após o aquecimento sobre o tema/conflito, o diretor apresenta os egos-auxiliares em personagens relacionados ao tema (os personagens são resultantes de estudos realizados anteriormente sobre o assunto); pede-se para a plateia dialogar, trazer novos personagens ou interagir com eles. Em nosso exemplo do sociodrama da família, participantes da plateia se tornaram personagens.

Os egos-auxiliares ou participantes, na qualidade de personagens estratégicos relacionados ao tema coletivo, ajudam o grupo a se aquecer para o drama e incentivam a cocriação.

Os procedimentos acima podem ser recriados e diversificados. Ao longo desse capítulo e no livro de Marra e Fleury (2010), apontamos muitos procedimentos sociodramáticos. Porém, o procedimento é apenas um norte, pois o diretor primeiro precisa encontrar o grupo, sua dinâmica, suas necessidades e o protagonista para possibilitar a cocriação.

PESQUISAS SOCIONÔMICAS

A pesquisa socionômica conjuga-se com o enquadre epistemológico da pesquisa qualitativa e da pesquisa-ação, no que se refere à coleta e análise de informações ou conteúdos relacionados, por exemplo, à fala, ao diálogo, à interação, à ação, ao movimento e à imagem (Marra; Costa, 2004; Nery, 2010; Seixas, 1992).

No sociodrama há a análise específica dos personagens e de seus papéis sociodramáticos, que têm vida no espaço do "como se" (Zampieri, 1996; Monteiro, Merengué e Brito, 2006; Nery, 2008).

Uma leitura rica e aprofundada sobre a pesquisa socionômica pode ser encontrada no último capítulo de Contro (2011).

SOBRE O RESULTADO SOCIOTERAPÊUTICO DO SOCIODRAMA

O EFEITO SOCIOTERAPÊUTICO é detectado por vários indicadores ao longo do sociodrama. O grupo demonstra, por exemplo, por meio de falas, expressões corporais e interações, a ampliação da compreensão do problema, do nível do compartilhar e os aprendizados sociodramáticos. Ocorrem, por exemplo, falas relativas ao autoconhecimento; à expressão de desejos e emoções contidas; às percepções das motivações do outro; ao lidar com os não ditos; às inovações nas negociações de impasses; às tentativas coletivas de saídas para o conflito.

SOBRE A APRENDIZAGEM DO MÉTODO SOCIODRAMA

O SOCIOTERAPEUTA FAZ uma especialização e um treinamento em sociodrama. No *site* da Federação Brasileira de Psicodrama (Febrap), é possível se informar sobre cursos no Brasil. Este capítulo não tem a pretensão de esgotar o tema, é apenas um guia para orientar os estudos, os quais devem ser aprofundados e acompanhados de treinamento com especialistas – sempre complementado com vivências, práticas e supervisões.

⸺

REFERÊNCIAS BIBLIOGRÁFICAS

CONTRO, L. *Psicossociologia crítica: a intervenção psicodramática.* Curitiba: CRV, 2011.

KELLERMAN, P. F. "Sociodrama". *Revista Brasileira de Psicodrama,* v. 6, n. 2, 1998, p. 51-68.

MACIEL, C. *Mitodrama – O universo mítico e seu poder de cura.* São Paulo: Ágora, 2000.

MARRA, M. M.; FLEURY H. J. (orgs.). *Sociodrama: um método, diferentes procedimentos.* São Paulo: Ágora, 2010.

MARRA, M. M.; COSTA, L. F. "A pesquisa-ação e o sociodrama: uma conexão possível?" *Revista Brasileira de Psicodrama*, v. 12, n. 1, 2004, p. 99-116.

MONTEIRO, A. M.; MERENGUÉ, D.; BRITO, V. (orgs.). *Pesquisa qualitativa e psicodrama*. São Paulo: Ágora, 2006.

MORENO, J. L. *Fundamentos de la sociometria*. Buenos Aires: Paidós, 1972.

_____. *Psicoterapia de grupo e psicodrama: introdução à teoria e à práxis*. (1959). São Paulo: Mestre Jou, 1974.

_____. *Psicodrama*. 3. ed. Trad. A. Cabral. São Paulo: Cultrix, 1984.

NERY, M. P. *Vínculo e afetividade*. São Paulo: Ágora, 2003.

_____. *Afetividade intergrupal, política afirmativa e sistema de cotas para negros*. Tese (Doutorado em Psicologia Clínica e Cultura) – Instituto de Psicologia, Universidade de Brasília, 2008.

_____. *Grupos e intervenção em conflitos*. São Paulo: Ágora, 2010.

NERY, M. P.; COSTA L. F.; CONCEIÇÃO, M. I. G. "O sociodrama como método de pesquisa qualitativa". *Paideia – Cadernos de Psicologia e Educação*, v. 16, n. 35, 2006, p. 305-14.

PERAZZO, S. *Ainda e sempre psicodrama*. São Paulo: Ágora, 1994.

SEIXAS, M. R. D. *Sociodrama familiar sistêmico*. São Paulo: Aleph, 1992.

ZAMPIERI, A. M. F. *Sociodrama construtivista da aids*. Campinas: Psy, 1996.

Referência musical:
"Morro Velho", de Milton Nascimento.

Referência cinematográfica:
"Saindo do armário" ["Get Real"], direção: Simon Shore, Inglaterra, 1998.

6. Introdução ao teatro espontâneo

MOYSÉS AGUIAR

O TEATRO ESPONTÂNEO (TE) é uma modalidade muito especial de teatro. Caracteriza-se por:

- não ter um texto prévio;
- representações improvisadas ao mesmo tempo que se cria o texto;
- ser construído com intensa participação do público.

Não deve ser confundido com:

- jogos de improvisação como técnica de treinamento de atores;
- espetáculos improvisados, nos quais o público apenas dá o tema e os atores constroem as cenas;
- jogos dramáticos, em que não há público, somente atores;
- técnicas de ação, como relaxamento, expressão corporal, esculturas e imagens que utilizam o corpo, nas quais não se "conta uma história".

Dependendo da finalidade para a qual se faz o teatro espontâneo, ele pode receber novos nomes e, naturalmente, alguns ajustes técnicos de adequação:

- psicodrama, quando utilizado com objetivo de psicoterapia e/ou de desenvolvimento pessoal;

- sociodrama, quando utilizado como recurso para desenvolvimento de grupos preexistentes e que devem seguir existindo (equipes, famílias etc.);
- axiodrama, no caso de intervenção comunitária, quando o grupo com o qual se trabalha é uma amostra da comunidade mais ampla que se quer atingir;
- role-playing, ou jogo de papéis, em contextos educativos, quando se pretende desenvolver papéis específicos ou transmitir conhecimentos.

Quando praticado como terapia (os três primeiros casos citados anteriormente), o teatro espontâneo pode ser considerado uma modalidade de arteterapia. No entanto, podemos ter o TE como mera produção cultural, sem objetivos outros que não a criação artística em si, quando então leva o nome original: teatro espontâneo (ou algum sinônimo).

Não existe apenas uma maneira de fazer teatro espontâneo. Alguns formatos são mais conhecidos:

- o teatro de plateia (o texto é criado e representado pelo público, com ajuda ou não de atores profissionais);
- o teatro debate (o público inicia um debate verbal tradicional e aos poucos este passa a ser cênico, ou seja, as ideias são expressadas por meio de encenação teatral);
- o *playback theater* (o público conta histórias ou expressa sentimentos, que são transformados em cena por atores profissionais);
- o teatro de multiplicação (com base em uma história interrompida estrategicamente, são criadas e representadas novas pequenas histórias);
- a dramaterapia (parte-se de um texto que é representado da maneira convencional e, então, suscita recriações pelo público); e muitos outros.

INTRODUÇÃO AO TEATRO ESPONTÂNEO

Todos esses formatos comportam modificações pontuais, a partir de um modelo básico, de acordo com o estilo e as concepções artísticas, sociais e filosóficas de cada diretor ou companhia. Algumas companhias se especializam num determinado formato; outras trabalham de maneira mais eclética, variando o formato de acordo com as circunstâncias.

Pelo acima exposto, podemos concluir que o termo "teatro espontâneo" é um enorme guarda-chuva sob o qual se abrigam muitos dispositivos cênicos, inclusive alguns que, por razões diversas, recusam esse enquadramento. Entre eles, por exemplo, as propostas do teatro do oprimido, os *happenings*, o *living theater* etc.

Entre essas inúmeras alternativas (que se multiplicam como prole de coelho, uma vez que é da essência do TE o estímulo à criatividade), escolhemos uma para ser aqui apresentada: o teatro de plateia.

Essa escolha se justifica pelo fato de ser um dispositivo de execução relativamente simples, não exigindo uma estrutura de equipe e recursos materiais demasiadamente complexa. No extremo, pode ser realizado com apenas um diretor, sem necessidade de "elementos" – ou seja, figurino, objetos, cenários etc. Tanto melhor será, entretanto, se o diretor puder estar acompanhado de um ou mais atores auxiliares.

O ESPAÇO FÍSICO

DE PREFERÊNCIA, DEVE SER UMA SALA AMPLA, na qual as cadeiras possam ser colocadas em círculo, reservando-se o centro para constituir o "espaço cênico" (o espaço cênico é a área destacada para as encenações).

O ideal é dispor de tantas cadeiras quantos sejam os participantes, empilhando num canto eventuais excedentes. Também os objetos de uso pessoal devem ser armazenados num lugar apropriado, à parte, não sendo aconselhável mantê-las junto com seus respectivos proprietários.

O palco pode ser um tablado em relevo de aproximadamente 10 cm ou um tapete firme, de superfície macia (2m × 3m, ambos). Não havendo nenhum deles disponível, pode-se delimitar o espaço cênico marcando o solo com giz ou fita crepe. Se nem isso for possível, o recurso é conveniar com o público uma linha imaginária como diferenciação de contextos.

É interessante cuidar desse detalhe, porque ele estrutura a essência do teatro: de um lado, um lugar onde alguém conta uma história, representando-a cenicamente (universo do "como se", do "faz de conta", no qual atuam "personagens"); de outro lado, alguém que vê, assiste (universo da "realidade", onde quem atua é a própria pessoa do espectador).

Outro detalhe que faz diferença é a proposta de que todos os participantes fiquem descalços, guardando seus calçados num lugar à parte. Tirar os sapatos pode ter a conotação simbólica de "despir-se", colocando-se mais à vontade numa relação mais íntima com os companheiros. Esse gesto afetivo pode potencializar os relacionamentos e o entrosamento entre os membros do grupo, favorecendo a criatividade coletiva.

Como sempre, rigidez excessiva na aplicação de qualquer regra não é adequado. O que é importante, quando se flexibiliza, é atentar para o caráter simbólico de qualquer alteração que se faça (mesmo o simples desleixo veicula uma mensagem).

A EQUIPE TÉCNICA

EM PRINCÍPIO, A EQUIPE deve ser composta de um diretor e alguns atores auxiliares treinados para essa função. Não existindo esses atores, é possível, como mencionamos anteriormente, que o diretor trabalhe sozinho. Em cada uma dessas situações, os pro-

INTRODUÇÃO AO TEATRO ESPONTÂNEO

cedimentos vão variar, para adequar-se às condições daquele momento específico[1].

Para melhor compreensão do que acontece no grupo – a dinâmica das inter-relações –, é importante levar em conta, sempre, que o diretor, da mesma maneira que os outros membros da equipe técnica, também faz parte do grupo, diferenciando-se dos demais integrantes apenas pela especificidade de sua tarefa. A principal característica do papel do diretor é que a ele cabe facilitar o processo criativo do público. Do ponto de vista formal, é ele quem coordena as atividades, desde a abertura até o encerramento.

Como parte da tarefa de estimular a criação coletiva, o diretor tem de garantir a qualidade estética do espetáculo. É evidente que os critérios estéticos do teatro espontâneo diferem daqueles que se aplicam ao teatro convencional. No TE, o que conta é a espontaneidade na expressão dos sentimentos, que se traduz em criatividade. Seu pressuposto é que a espontaneidade não é uma atuação desreferenciada, um agir por puro impulso ou puro desejo. Pelo contrário, a espontaneidade só se caracteriza quando é levada em conta a realidade do momento: as demais pessoas, o contexto sócio-histórico, as condições materiais, tempo e espaço.

Porque o teatro é, em essência, uma forma de comunicação, um dos aspectos mais importantes na definição da estética (que vale para todas as modalidades artísticas) é o potencial comunicativo da obra. Esta possui melhor qualidade estética quanto mais direta e profundamente afete tanto quem produz quanto quem aprecia[2].

---

1. A melhor estratégia para desenvolver o papel de diretor é participar regularmente de uma trupe ou companhia de TE, espaço no qual as atuações são treinadas e revisadas.
2. Por exemplo, os diálogos entre os personagens têm de ser audíveis para o público. Cuidando do volume da voz, estimula-se, ao mesmo tempo, a circulação emocional (voz contida equivale a emoção contida), com reflexos evidentes sobre o fluxo criativo e a profundidade do texto.

Existindo os atores auxiliares, a estes cabe entrar em cena, quando necessário, para:

- ajudar o ator que saiu do público a incorporar o personagem que está representando;
- fazer um papel requerido pela história do protagonista;
- problematizar o que está sendo cenicamente relatado, estimulando a emergência do conflito implícito na proposta dramática.

Para fazer isso, o ator assume um personagem complementar ao do protagonista, de preferência o principal antagonista, e passa a dar sua contribuição sempre por meio desse personagem. Por exemplo, se o protagonista se propõe desempenhar o papel de "filho", o ator auxiliar representa o "pai" e, sem sair desse papel, ajuda o protagonista a se firmar no personagem "filho".

O ator auxiliar deve ter toda liberdade para fazer o personagem como queira, respeitando e expressando seus verdadeiros sentimentos no aqui e agora.[3] É essa verdade que constitui a matéria-prima da criação. É o que fará a riqueza (qualidade estética) da cena.

Assim liberado, ele poderá estar mais sensível aos sentimentos do protagonista e cumprir melhor sua missão em cena. Essa sensibilidade é essencial, pois é ela que vai captar o fluxo dos sentimentos que motivam a criação.

Eventualmente, mediante acordo prévio, os membros da equipe técnica podem assumir outros papéis que não o de atores auxiliares. Podem funcionar como assistentes de direção (dando informações preciosas para o diretor ou dirigindo alguma fase específica) ou mesmo como codiretores (em igualdade de condições quanto a essa tarefa). Nesses casos, abre-se mão de sua participação nas cenas, porque atuar no palco exige um aquecimento diferente e é preciso estar aquecido durante todo o tempo para a função escolhida.

---

3. Em geral, a caracterização do personagem obedece as linhas gerais definidas pelo protagonista e, a partir dessa "matriz", ele é desenvolvido pelo ator que o representa.

INTRODUÇÃO AO TEATRO ESPONTÂNEO

O PROTAGONISTA

A DRAMATIZAÇÃO TEM INÍCIO com a escolha do ator principal, aquele que fará o papel do personagem central da história a ser criada, o "protagonista". (Por extensão, o termo protagonista costuma ser aplicado ao próprio ator que desempenha esse personagem. Nesse caso, é preciso cuidado para evitar confusões decorrentes da imprecisão terminológica). A escolha desse ator pode ser feita de distintas maneiras:

- respondendo a um apelo do diretor, uma pessoa da plateia se apresenta, voluntariamente, para dar início à dramatização;
- o diretor designa um dos participantes, convidando-o a passar ao palco; para orientar sua escolha, o diretor aproveita algum "incidente crítico", uma fala, um "destaque" significativo, ou simplesmente aposta na pessoa que aparenta maior facilidade para atuar;
- promove-se uma escolha grupal, com base em histórias ou temas trazidos pela plateia, diretamente ou por meio de subgrupos, podendo-se adotar como critério a maioria ou a minoria de votos (valorizando a dissidência como porta-voz de conflitos).

Escolhido o ator, passa-se à escolha do personagem protagônico. Quando se parte de uma história pessoal trazida pelo ator escolhido, é possível que o personagem protagônico seja ele mesmo. Essa alternativa costuma ser a preferida quando se faz psicodrama (teatro espontâneo aplicado à psicoterapia).

É possível, entretanto, que o personagem seja assumidamente ficcional. Sua definição pode ser feita:

- por meio de uma pergunta direta, dirigida ao ator principal ou à plateia (por exemplo: "Que personagem vai dar início à nossa história?");

- por meio de imagens, falas ou movimentos aleatórios, que vão delineando o personagem (tanto o ator principal quanto a plateia podem "identificar" um personagem nessas imagens, falas ou movimentos);
- por meio da imaginação progressiva, partindo do contexto ("onde acontece a história?", "em que momento, época, dia ou parte do dia?") e chegando gradualmente à configuração do personagem.

A partir daí, toda a construção da história que se vai representando no palco está centralizada nesse personagem, o protagonista. Ele é considerado representante do grupo todo, partindo-se da hipótese de que a "sua" história manifesta analogicamente a "história comum".

Por "história comum" não se entende que todas as pessoas do grupo tenham uma história parecida. A história é "comum" no sentido de que ela revela tanto a dinâmica das relações internas do grupo quanto a cultura subjacente, com seus conflitos, contradições e peculiaridades (fenômeno denominado "coinconsciente").

No decorrer da sessão de TE, se o desenrolar das cenas assim recomendar, é possível ocorrer mudança de protagonista. Essa alteração pode ser feita de várias maneiras:

- transformando um personagem complementar em personagem protagônico;
- mudando apenas o ator que faz esse personagem (a história e o personagem continuam os mesmos, porém este é representado por outra pessoa);
- substituindo, pura e simplesmente, a história que vinha sendo construída por uma nova história que surge espontaneamente e ganha força durante a dramatização;
- alterando o curso da história original, dando origem, assim, a uma nova história, dela desdobrada;
- inúmeras combinações dessas maneiras aqui mencionadas.

INTRODUÇÃO AO TEATRO ESPONTÂNEO

OS DEMAIS PERSONAGENS

TODA HISTÓRIA TEATRAL pressupõe a interação de vários personagens. Mesmo o "monólogo" tem esse pressuposto, que aparece na fala do único ator que o recita.

Os personagens complementares vão surgindo em função dos "acontecimentos" em torno do protagonista:

■ da própria história contada cenicamente pelo ator principal/protagonista, que faz menção a esses outros personagens ("eu estava fazendo tal coisa e cruzei com tal pessoa" – essa pessoa é o próximo personagem a ser introduzido em cena);

■ por iniciativa do diretor, que cria, ele mesmo, personagens que serão desempenhados por um ator auxiliar ou por alguém da plateia, sempre com o objetivo de estimular a cena;

■ por iniciativa do diretor, que chama pessoas da plateia para desempenhar papéis que elas mesmas sugerem direta ou indiretamente;

■ por iniciativa de membros da plateia, que pedem para fazer determinados papéis, sejam eles novos personagens ou personagens já em cena (substituição de atores).

A entrada de atores no palco é sempre coordenada pelo diretor, que busca, assim, garantir inteligibilidade à criação em curso.

O PROCESSO CRIATIVO

TODOS OS ATORES, sejam eles o protagonista ou os coadjuvantes, são estimulados a deixar fluir sua imaginação, suas fantasias, seus sentimentos, expressando-os por meio dos personagens que estão representando. A única exigência que se faz é que se mantenham nos respectivos papéis. Essa proposta pressupõe que os

133

atores cedam, por empréstimo, aos personagens, seu corpo físico, sua história, suas emoções, seu imaginário.

Deve-se ter cuidado para que a história criada coletivamente tenha começo, meio e fim, além de uma sequência de fatos que se desdobrem, cada um dando origem a seu subsequente.

Essa continuidade é estimulada o tempo todo, tendo como hipótese de trabalho que quanto mais longe for o relato cênico, mais se aprofundará a história e mais reveladora ela será.

Em tese, seguindo esse raciocínio, as histórias nunca teriam um fim, pois sempre que se chega a um ponto é possível imaginar o momento seguinte. O critério para encerrar uma dramatização acaba sendo outro: o esgotamento do tempo disponível ou algum outro sinal (cansaço da plateia, esvaziamento do conteúdo, desmotivação dos atores, falta de novas ideias, desmanche da estrutura cênica etc.). É muito importante que o diretor obedeça a sua intuição quando esta lhe diz que está na hora de parar. Nesse momento, o diretor pode dar a cena por terminada quando ela se desfaz por si mesma, ou quando acontece um gesto ou uma fala que sugiram um bom desfecho (uma boa estratégia é fazer repetir com mais força esse gesto ou essa fala, dando-lhe um caráter apoteótico).

Acontece com alguma frequência de os atores darem por terminada a história, abortando-a em algum ponto, por razões diversas:

- por não haver entendido a tarefa, supondo que se trata de uma demonstração pura e simples;
- para defender da emergência de emoções das quais sentem que não dariam conta;
- para evitar a explicitação de algum pensamento, fantasia ou sentimento, por não sentirem segurança no contexto que está sendo vivenciado;
- por achar que não sabem fazer o que foi pedido.

Cabe ao diretor estimular o não término antecipado. Ele pode solicitar ao protagonista que imagine o que acontecerá depois daquele momento, dando, assim, continuidade aos fatos imaginados, ou então escalar um ator auxiliar para, em cena, fazer essa estimulação.

Em nenhuma hipótese, entretanto, o ator deve ser constrangido a fazer aquilo que não deseja. O respeito aos limites pessoais é fundamental para garantir uma relação de confiança, sem a qual não se alcança a criação coletiva.

ATÉ ANTES DE COMEÇAR

É PRECISO, ANTES DE MAIS NADA, que o grupo esteja aquecido. Entendemos aquecimento como o concentrar-se coletivamente na proposta de criar um espetáculo teatral improvisado. Isso significa desligar-se de tudo que se estava fazendo antes para ligar-se no momento atual.

A primeira tarefa é, pois, preparar os corpos para a ação: corpo tenso, inativo, apenas a mente funcionando, significa emoções contidas, que não fluem. É necessário movimentar-se.

Esse movimento permite alcançar outro objetivo, também de fundamental importância, que é a apropriação do espaço onde se vai trabalhar. É preciso conhecer esse espaço e testar suas potencialidades: movimentos possíveis, acústica, visibilidade, obstáculos e limites, segurança etc.

É sempre bom introduzir, nesse momento, alguma atividade de familiarização com o espaço cênico: estar num plano mais alto ou simplesmente diferenciado, ver e ser visto, o volume de voz necessário para garantir audibilidade, a experiência de estar em destaque.

Esse processo implica alcançar uma terceira condição para que o TE seja bem sucedido: a grupalização. As pessoas adentram o recinto como indivíduos e precisam passar a sentir-se parte de um grupo. Precisam conhecer-se (ou, se já se conheciam previamente, re-conhecer-se nesse momento) e incorporar a grupalidade. Precisam misturar-se aos desconhecidos, recém-

-conhecidos, desligando-se de seus acompanhantes prévios. Espera-se, com isso, criar um clima de solidariedade e cumplicidade, o qual é indispensável.

A MATÉRIA-PRIMA

A CRIAÇÃO COLETIVA do espetáculo teatral improvisado precisa de um material básico com que trabalhar. Constituem esse material:

- emoções realmente vivenciadas no momento;
- histórias de experiências pessoais trazidas do contexto social ou retiradas do baú de recordações;
- queixas, críticas, preocupações, sintomas;
- histórias ficcionais já conhecidas;
- material artístico (literatura, pintura, música, folclore);
- notícias;
- sonhos;
- fantasias e histórias imaginárias produzidas no momento;
- problemas explícitos da comunidade (crises, catástrofes etc.).

A ideia é que esse material sirva apenas como disparador da criação, ou seja, não se pretende "reproduzi-lo" no palco, no sentido de transformá-lo pura e simplesmente em cena teatral, e sim "re--produzi-lo", no sentido de produzir algo novo com base nele.

Ao ator que vai fazer o papel protagônico, pede-se que:

- construa o cenário, o qual pode ser marcado com objetos e/ou móveis existentes na sala (almofadas, cadeiras, bolsas etc.) ou simplesmente imaginado (a explicitação do que o protagonista imagina favorece que a plateia possa acompanhar o processo criativo e integrar-se nele, posteriormente);
- defina as linhas gerais da história que será criada;
- defina os personagens iniciais.

INTRODUÇÃO AO TEATRO ESPONTÂNEO

Esse procedimento, em geral denominado aquecimento específico, deve ser muito rápido; aliás, como deve ser o ritmo de todo o trabalho. Não há necessidade de detalhar em demasia nenhum desses itens anteriormente citados, apenas ter uma referência mais ou menos genérica, com o objetivo único de dar o enquadramento inicial do enredo.

Eventualmente, pode-se definir, também nessa fase, quem vai fazer que papel. Há alternativas:

■ pode-se pedir ao ator principal que escolha, entre os demais membros do grupo, quem ele gostaria que fizesse esse ou aquele personagem;
■ pode-se pedir apresentação voluntária de candidatos;
■ se a equipe técnica contar com atores auxiliares disponíveis, pode ser interessante que a cena comece com um deles no contrapapel, para ajudar a estruturá-la, sendo posteriormente substituído por um membro da plateia.

Na hipótese vista anteriormente, quando o ator principal começa a atuar, obedecendo aos seus impulsos de movimento e/ou de palavra, abre-se a possibilidade de que o contrapapel surja também de maneira totalmente improvisada, com outro ator passando ao palco para interagir com ele. Essa interação leva a uma definição em conjunto dos personagens e constitui o embrião do texto a ser desenvolvido.

COMO O PÚBLICO PARTICIPA

ANTES DE COMEÇAR A ENCENAÇÃO, o diretor deve instruir a plateia a respeito dos procedimentos que caracterizam a participação do público na elaboração do texto:

■ a possibilidade de introduzir novos personagens;

- a possibilidade de substituir atores que estão em cena, mantendo os respectivos personagens;

Como regra, o único ator que não deveria ser substituído seria o que faz o personagem protagônico. No entanto, em condições excepcionais, a juízo do diretor, até mesmo esse ator pode dar lugar a um companheiro de grupo, mantendo-se, entretanto, a centralidade do personagem na construção da história.

- a possibilidade de fazer sugestões quanto ao andamento da cena;

Se alguém deseja manifestar-se nesse sentido, a encenação é interrompida temporariamente até que a nova ideia seja apresentada, sempre de maneira aberta, plenamente audível para todo o grupo.

Em princípio, vale a pena acatar as sugestões, ainda que, experimentando-as, chegue-se à conclusão de que o novo caminho não é produtivo, decidindo-se por retomar o curso da história de outra maneira, voltar à que foi interrompida ou adotar nova sugestão.

Uma estratégia que pode ser interessante é solicitar a quem faz a sugestão que suba ao palco para executá-la.

- a possibilidade de o diretor interromper a encenação e solicitar sugestões;
- a possibilidade de o diretor interromper a encenação para substituir atores.

Essa explicação, como tudo que se faz no TE, não deve ser muito demorada, ainda que deva ser esclarecedora. Quando o público já tem alguma experiência de TE, ou em circunstâncias especiais, pode-se inclusive prescindir desse alerta prévio.

DRAMATURGIA

A ELABORAÇÃO DO TEXTO é uma tarefa coletiva, na qual todo o grupo deve estar envolvido.

INTRODUÇÃO AO TEATRO ESPONTÂNEO

Conferindo-se aos atores que estão no palco liberdade para atuar, em geral, a história ganha corpo e ritmo, sem necessidade de que o diretor intervenha.

Alguns momentos sugerem, entretanto, a necessidade de uma ação facilitadora da parte do diretor:

- a cena se torna repetitiva, o mesmo fato é relatado cenicamente de diferentes maneiras, mas a história não evolui, não se desenrola;
- um personagem insiste numa atuação estereotipada, não se modificando diante da reação do outro;
- um ator sai do seu papel, deixando de lado o personagem que está representando, confundindo-se;
- a plateia dá sinais de inquietação, com pessoas se distraindo em conversas paralelas, sonolentas, desatentas, movimentando-se em demasia, algumas até saindo da sala sob vários pretextos;
- um dos personagens superatua, desequilibrando o ritmo da encenação;
- um dos personagens "desaparece" de cena;
- a cena extrapola o espaço cênico, com as pessoas do público sendo tratadas como personagens, com perda dos limites entre a ficção do palco e a realidade da plateia;
- a encenação ameaça a segurança pessoal dos atores envolvidos, com cenas agressivas ou eróticas extrapolando o admissível e razoável.

Esse inventário de ocorrências possíveis se refere ao que é mais comum; é apenas uma ideia do que pode ser encontrado na prática. De qualquer maneira, é suficiente para caracterizar alguns tipos de demanda relacionados à atuação do diretor:

- estimular a produção dramatúrgica;
- detectar momentos críticos e agir no sentido de restabelecer o curso da produção;
- fazer contenção de possíveis excessos eventualmente prejudiciais.

Na condição de facilitador do processo coletivo, o diretor pode adotar alguns procedimentos:

- Consultar o ator principal sobre os rumos da história que está sendo criada: qual o passo seguinte? quais as consequências ou desdobramentos do que acaba de acontecer?

- Utilizar uma das técnicas de identificação de sentimentos, pensamentos e fantasias, pedindo:

  - ao protagonista que faça um solilóquio, uma fala que não se dirija a ninguém especificamente, de si para si, expressando o que se passa em seu plano mais subjetivo;
  - a alguém, sintonizado emocionalmente com o protagonista, que faça uma dublagem dele, expressando aquilo que ele eventualmente possa estar sentindo mas não consegue explicitar;
  - ao protagonista que inverta papéis com seu interlocutor, experimentando ver a situação com os olhos do outro;
  - ao público sugestões sobre os possíveis desdobramentos do enredo;
  - que alguém se ofereça para substituir algum dos atores em papéis complementares aos do protagonista;
  - ao público a introdução de um novo personagem, capaz de redefinir os rumos da encenação;
  - ao público que explicite os sentimentos que circulam pela plateia, e sugerindo que esses sentimentos se expressem por meio da história que está sendo criada no palco;
  - ao público que execute alguma tarefa "em coro" – um cântico, um ruído, aplausos, vaias, torcidas, cantos de guerra etc.

Os sucessivos desdobramentos da história têm um desfecho. "Como termina a história?" – é a pergunta que tanto pode ser feita ao ator protagônico como ao público.

Quando o ator/protagonista apresenta sua versão, ela é encenada de imediato, com a colaboração dos demais atores.

As sugestões do público podem ser:

INTRODUÇÃO AO TEATRO ESPONTÂNEO

■ encenadas, cada uma delas, se não forem muitas, de maneira bastante sintética;

■ levantadas pura e simplesmente, sem ser levadas ao palco, apontando para a multiplicidade de soluções, sem que se tenha de optar por nenhuma delas;

■ tomadas pelo ator protagônico como base para que ele apresente uma versão final, inspirada nesse conjunto de contribuições – versão essa que será representada e que encerrará o trabalho.

O CONFLITO

NA ELABORAÇÃO DO TEXTO/ENREDO, o conflito tem importância fundamental. Sem ele, a história não apenas perde esteticamente como se faz inócua do ponto de vista do potencial de mobilização emocional coletiva.

Entender o sentido do conflito nem sempre é muito fácil, o que limita as possibilidades da produção teatral.

De modo geral, podemos pensar em dois tipos de conflito:

■ o interno, quando duas forças – como desejos, necessidades, valores – se opõem, cada qual impulsionando o indivíduo a atuar de maneira distinta;

■ o externo, quando o movimento do protagonista numa dada direção é obstaculizado por um entrave ou uma força oposta.

A história que se constrói deve, em tese, mostrar qual é esse conflito, assim como as tentativas feitas no sentido de superá-lo. Não se pretende que desse esforço saia uma solução a ser aplicada na vida real. O objetivo é apenas aprofundar a compreensão do problema, observando-o desde ângulos diferentes, inventariando alternativas, aprofundando a vivência emocional a ele vinculada, liberando sentimentos contidos.

141

MOYSÉS AGUIAR

Mais que isso, a história criada se constitui numa problematização de valores, práticas tradicionais, soluções enlatadas, preconceitos, ideologias, sendo, portanto, um instrumento de liberação e estímulo da espontaneidade.

Há conflitos insolúveis, porque vinculados a contradições essenciais, em que determinado fato conduz necessariamente ao seu oposto. A consciência da contradição, nesse caso, é o grande avanço, liberando o sujeito do aprisionamento a um dos polos, da negação tanto do conflito quanto da contradição – esse é, grosso modo, o conceito de alienação. Nesse sentido, a história que se constrói teria um potencial desalienante.

DEPOIS DA DRAMATIZAÇÃO

ENCERRADA A CENA FINAL, OS aplausos. Todos os atores que participaram em algum momento da encenação são chamados ao palco para o ritual das palmas.

Os aplausos, ao final dos espetáculos teatrais, são tomados, em geral, como manifestação de entusiasmo do público pela qualidade do trabalho apresentado. Além disso, porém, têm um sentido bastante específico, que é demarcar a diferença entre ator e personagem.

É muito comum que se faça essa confusão, atribuindo-se ao ator as qualidades e defeitos do personagem representado, com todas as reações emocionais que isso envolve. O próprio ator, muitas vezes, acaba impactado pelo papel que desempenhou, com dificuldades para se desvencilhar dele.

As palmas têm, nesse contexto, o sentido de "exorcizar" o personagem, devolver ao ator sua condição normal, ajudá-lo a retornar ao mundo real, deixando para trás a ficção vivenciada.

Em muitos casos, após os aplausos, pode-se considerar encerrado o trabalho. Algumas situações, entretanto, exigem um passo a mais, que é o compartilhamento. Essa é uma fase ao mesmo tempo rica e delicada.

INTRODUÇÃO AO TEATRO ESPONTÂNEO

A riqueza reside em dois aspectos:

- a possibilidade de expressar as emoções vivenciadas;
- a possibilidade de iniciar uma elaboração intelectual, passando da emoção à cognição.

O risco:

- desfazer o impacto emocional, na tentativa de traduzir a experiência para outra linguagem, o que em geral se designa, com certa ironia, como a tentativa de explicar uma piada;
- facilitar um discurso moralista, com reflexões a respeito de quais seriam a melhor atitude e o melhor comportamento diante das situações trazidas pela cena.

Quando se constata a necessidade do compartilhamento, há duas possibilidades:

- incentivar o compartilhamento sem palavras (as pessoas se procuram e se cumprimentam espontaneamente; pede-se uma "escultura humana" que expresse o impacto emocional do acontecido; propõe-se algum tipo de jogo expressivo de curta duração);
- direcionar as falas para depoimentos a respeito do que se sentiu durante a dramatização, tendo o ator principal/protagonista como interlocutor, cortando discursos que "analisem", teorizem, deem conselhos etc.

De qualquer maneira, o compartilhamento deve ter duração apenas suficiente para permitir o extravasamento do que não pode deixar de ser manifestado no momento, cuidando-se para que o impacto artístico não seja esvaziado.

Uma maneira interessante de terminar, sem ser um mero "muito obrigado" depois dos aplausos, é propor um "abraço coletivo". Seja como for, é importante que o diretor seja criativo também nesse

143

momento, aproveitando as deixas oferecidas pelo comportamento do grupo para propor uma atividade "apoteótica".

CONCLUSÃO

O QUE ACABAMOS DE APRESENTAR é um esboço bastante genérico. O teatro espontâneo é, por sua própria natureza, essencialmente criativo. Com base nessas ideias mais amplas, é possível desenvolver formas alternativas de trabalho, as quais devem se ajustar ao estilo pessoal de cada um.

E não só nesse plano: cada sessão é uma sessão. Imprevisível. O coordenador tem de estar atento ao que acontece e agir criativamente, fazendo propostas e intervenções, guiado por sua intuição, por sua sensibilidade. Qualquer procedimento estereotipado, padronizado, planejado com antecedência, compromete visceralmente o teatro espontâneo.

LEITURAS RECOMENDADAS

AGUIAR, M. *Teatro espontâneo e psicodrama*. São Paulo: Ágora, 1998.
BOAL, A. *Técnicas latino-americanas de teatro popular*. São Paulo: Hucitec, 1988.
BRAIT, B. *A personagem*. São Paulo: Ática, 1987.
CHACRA, S. *Natureza e sentido da improvisação teatral*. São Paulo: Perspectiva, 1983.
GROTOWSKI, J. *Em busca de um teatro pobre*. Rio de Janeiro: Civilização Brasileira, 1987.
JANUZELLI, A. *A aprendizagem do ator*. São Paulo: Ática, 1992.
MAGALDI, S. *Iniciação ao teatro*. São Paulo: Ática, 1986.
MARCHAND, P. (dir.). *O teatro no mundo*. São Paulo: Melhoramentos, 1995.
MESQUITA, S. N. *O enredo*. São Paulo: Ática, 1987.
MORENO, J. L. *Teatro da espontaneidade*. São Paulo: Summus, 1984.
PALLOTTINI, R. *Introdução à dramaturgia*. São Paulo: Ática, 1988.
PAVIS, P. *Dicionário de teatro*. São Paulo: Perspectiva, 1999.
STANISLAVSKI, C. *A criação de um papel*. Rio de Janeiro: Civilização Brasileira, 1984.
_____. *A preparação do ator*. Rio de Janeiro: Civilização Brasileira, 1984.

7. Jogos dramáticos

MARIA INÊS GANDOLFO CONCEIÇÃO

É possível descobrir mais sobre uma pessoa em uma
hora de brincadeira do que em um ano de conversa.

(PLATÃO)

NESTE CAPÍTULO, ABORDAREMOS O TEMA dos jogos dramáticos,
por meio da teoria e de alguns exemplos práticos. Para isso, primeiro situaremos tal recurso na teoria socionômica, tratando de
identificar seu lugar no conjunto da obra e sua importância para o
psicodrama. Em seguida, traçaremos uma definição e abordaremos aspectos conceituais sobre os jogos dramáticos, com base em
referências de importantes psicodramatistas brasileiros que enriqueceram nosso acervo sobre o tema, por meio de suas reconhecidas obras – dos quais cabe destacar Regina Monteiro (1998, 1994),
Júlia Motta (1995, 2002), Ronaldo Yozo (1996), dentre outros.
Veremos os diferentes critérios construídos no campo teórico para
classificar a grande diversidade de jogos dramáticos existentes.
Neste capítulo, também deixaremos clara a distinção entre jogos
dramáticos e outras modalidades de jogos, dinâmicas de grupo e a
dramatização propriamente dita. Por fim, ilustraremos as aplicações dos jogos dramáticos com exemplos práticos.

Dentro da estrutura teórica da socionomia, que comporta as
três grandes ramificações – a sociodinâmica, a sociometria e a
sociatria –, podemos situar os jogos dramáticos como um dos
instrumentos da sociodinâmica. Esta se ocupa da dinâmica das
relações interpessoais, ou seja,

funciona como um elo de ligação entre a sociometria e a sociatria, na medida em que [...] transporta a pesquisa do nível mais estrutural e estático [...]

para o nível dinâmico da interação, onde se explora a dinâmica dos vários vínculos grupais nas formas dos diversos papéis que ela pressupõe e através dos quais se realiza. (Naffah Neto, 1979, p. 127)

Os jogos dramáticos são os instrumentos mais antigos da história do psicodrama. Pode-se afirmar que foi por meio deles que toda a teoria socionômica germinou. Os jogos não só estão na gênese da criação do psicodrama, constituindo as experiências primordiais da abordagem, como também forneceram a inspiração para a concepção dos diversos componentes teóricos, metodológicos, instrumentais e técnicos do método de ação. Vejamos por quê. É possível afirmar que a história do psicodrama se confunde com a biografia de seu criador, Moreno. Desse modo, no que tange aos jogos dramáticos, estes também constituem as experiências mais remotas da autobiografia de seu genial criador, as quais se relacionam ao berço do psicodrama (Moreno, 1979). Ele conta que, desde a mais tenra idade, gostava de brincar de ser Deus. Embora essa brincadeira tenha se estendido ao longo de toda a vida de Moreno, a experiência emblemática, levada a cabo quando ele tinha apenas 4 anos de idade e brincava no porão de sua casa, na companhia de seus coleguinhas, teve um impacto indelével sobre a criação de sua obra, constituindo-se no embrião de diversos de seus aspectos conceituais e técnicos.

Dentre tais aspectos, podemos destacar alguns:

- a concepção espacial dos diferentes níveis do palco psicodramático, inspirada nos degraus do firmamento construído por Moreno e seus coleguinhas durante o fatídico jogo dramático, que contou com a ajuda de uma mesa e várias cadeiras encontradas no porão;
- a concepção de unidade funcional – a qual, na brincadeira de ser Deus, atribuiu a Moreno o papel de diretor e aos coleguinhas o de egos-auxiliares;

JOGOS DRAMÁTICOS

■ a delimitação conceitual dos contextos grupal, social e psico-dramático, cuja inspiração definitiva derivou do instante em que Moreno experimentou na pele a inexorável concretude da força gravitacional do contexto do "como se" da brincadeira de ser Deus, que lhe rendeu uma fratura no braço e a eterna reminiscência de tal experiência dramática.

Prosseguindo com a cronologia autobiográfica de Moreno, constatamos uma vez mais a presença dos jogos dramáticos nos marcos precursores do psicodrama, agora retratados na forma de brincadeiras desenvolvidas por ele com crianças nos parques de Viena, quando ainda era um jovem estudante. Dessas experiências, repontam principalmente os aspectos referentes à espontaneidade e à criatividade.

Com tais brincadeiras, Moreno constata a importância da liberação do fator *e*, pedra angular de sua teoria. Essa constatação o levou a apregoar a necessidade de promover no ser humano a libertação das amarras culturais por meio do "treino" da espontaneidade e da criatividade, cujas propriedades encontram-se deliberadamente adormecidas pela força do condicionamento social e pela lógica mecanicista prevalente na concepção de homem moderno.

Desse modo, Moreno assume que, em suas brincadeiras com as crianças, perseguia o frescor da novidade em cada estória, sem jamais repetir os epílogos durante suas narrativas e dramatizações. Em suma, passa a propor o caminho da espontaneidade como forma de obter maior saúde mental.

O jogo foi por nós, progressivamente, libertado de suas ligações metafísicas, metabiológicas e metapsicológicas e transformado em um princípio metódico e sistemático. Como tal, a ideia de jogo conduziu a uma unidade nova e totalmente abrangente. Essa ideia nos levou ao "teatro de improvisação" e mais tarde ao teatro terapêutico, que atingiu seu ponto mais alto, em nossos dias, na inversão de papéis, no psicodrama e no sociodrama. (Cukier, 2002, p. 161)

Moreno notou diferenças importantes entre o agir espontâneo de crianças e adultos. Aquelas prescindiam de preparação preliminar, ao passo que o agir espontâneo do adulto costumava demandar aquecimento prévio e eficaz para sua produção. Tais diferenças, segundo Moreno, davam-se, sobretudo, graças à influência nefasta das conservas culturais na liberdade de ação e de criação. São as amarras das conservas culturais a que os adultos estão sujeitos que se encarregam de tolher e cercear sua espontaneidade. Portanto, ao criar o psicodrama, Moreno parece convidar, primeiro, a sociedade vienense e, depois, o resto do mundo a reaprender com as crianças como se brinca e como se recupera a liberdade por meio da ação espontânea e criativa.

Nota-se que os jogos dramáticos aparecem, aqui, como sinônimo de brincadeira e ludismo. Embora os aspectos lúdico e fantástico das experiências desenvolvidas por Moreno com as crianças nos parques de Viena sejam mais adequados ao universo infantil, a transposição do valor heurístico desses achados para as demais fases do ciclo de desenvolvimento humano deu-se por meio da generalização dos resultados de observações sistemáticas, conduzidas por Moreno ao longo de sua vida, de interações grupais de diferentes faixas etárias. Com base em seus estudos sobre as configurações sociométricas, Moreno formula a teoria de estágios evolutivos grupais e as leis sociogenéticas das interações grupais:

> Durante esses estágios evolutivos os grupos passam por quatro etapas de organização da sociabilidade individual e grupal, descritos por Moreno como: pré-socialização (fase amorfa ou de indiferenciação para contato grupal), primeira socialização (interação em díades), segunda socialização (fracionamento e organização de subgrupos) e socialização (integração grupal e socioafetiva). (Guimarães, 2006, p. 107)

No manejo de jogos dramáticos para grupos, portanto, torna-se importante considerar os momentos que o grupo atravessa para que a escolha do jogo respeite o estágio de organização grupal. É

JOGOS DRAMÁTICOS

preciso ter em mente a contínua leitura sociométrica e sociodinâmica grupal, além da perspectiva da participação de cada indivíduo no grupo, num incansável olhar inter e intragrupal.

Concordamos com Guimarães (2006), quando diz que devemos compreender os estágios evolutivos dos grupos em termos de estruturas grupais que se apresentam a cada momento de integração e organização da sociabilidade grupal e individual, independentemente do amadurecimento biológico do indivíduo e/ou do grupo. No entanto, há quem, como Yozo (1996), trace um paralelo entre esses estágios de integração grupal e o desenvolvimento da Matriz de Identidade do Desenvolvimento Infantil, tendo em vista a estreita proximidade entre as fases de ambos os processos, obviamente que guardadas as devidas idiossincrasias. Essa não é, no entanto, uma postura unânime, pois há críticas em relação a transpor a leitura do que é individual para algo que é grupal.

Entendemos os estágios da interação grupal como uma demarcação didática dos momentos atravessados pelo grupo e que podem variar, avançar, retroceder ou estagnar-se de um momento a outro, imprimindo diferentes *timings* às vezes num só encontro. Nessa esteira, Ronaldo Yozo (1996) leva em consideração as fases da matriz de identidade e não as fases evolutivas das interações grupais para a escolha do jogo. Em seu livro *100 jogos para grupos: uma abordagem psicodramática para empresas, escolas e clínicas*, Yozo não só nos brinda com um excelente acervo de jogos, como também os relaciona às três fases da matriz de identidade, adequando sua utilização precisa. Dessa forma, o autor propõe como uma das possíveis formas de classificação dos jogos dramáticos sua adequação às fases da matriz de identidade.

Castanho (1995, p. 27) afirma que "todo jogo dramático inicia-se com um aquecimento" e consiste em alguma atividade que "permita ao grupo preparar-se para a nova situação, alcançando um ponto ótimo de tensão; não tão alta que desestruture o grupo, nem tão baixa que as pessoas permaneçam em estado de não compromisso com a proposta".

Algumas das ocasiões mais referidas do uso de jogos dramáticos são:

- em início de grupo de psicodrama;
- como aquecimento em uma sessão de psicodrama;
- como aquecimento para futura sessão de psicodrama;
- depois de uma sessão de psicodrama;
- para trabalhar uma sessão grupal específica.

O uso do jogo dramático também pode ser importante quando se pretende trazer conteúdos do coinconsciente aos quais o grupo está resistindo, ou para trabalhar conflitos que não devem ser abordados diretamente por causar muita ansiedade. O jogo, por si, pode ajudar os participantes a encontrar saídas para situações semelhantes às que vivem. Depois da vivência, se for o momento do grupo, ele pode transpor o que viveu para sua realidade. Caso contrário, a realidade suplementar produzida pelo jogo contribuirá para as relações, nos futuros encontros.

Ao conceituar jogos, Motta (2002) afirma que o ser humano é capaz de dois tipos de brincar: o jogar ligado à criação e à espontaneidade-criadora, como uma possibilidade de interação do homem com o ecossistema; e o jogar ligado à conserva, à tradição cristalizada, ao repetir circular que adoece.

A autora propõe a seguinte classificação para os jogos:

- JOGOS DE PERCEPÇÃO, nos quais o indivíduo separa o eu do tu e reconhece os limites dessa separação;
- JOGOS DE INICIAÇÃO, que são as tentativas do ser humano de começar comportamentos novos;
- JOGOS DE IMPROVISO, como teatro espontâneo ou jornal vivo, sem a necessidade de aprofundamento psicodramático do tema;
- JOGOS DRAMÁTICOS, que são, por exemplo, o teatro espontâneo e o jornal vivo, que encerram em si uma resolução dramática do tema, ou a ação lúdica que pressupõe personagens simbólicos.

Além disso, Motta sintetiza didaticamente um esquema de jogos dramáticos correlacionando o primeiro universo, a passagem do primeiro para o segundo universo e o segundo universo com jogos de percepção, de improviso e dramáticos. Para isso, utiliza elementos simbólicos sobre o desenvolvimento e a evolução do homem, desde a infância até a idade adulta, situando-os na teoria de papéis de Moreno (1979).

Castanho (1995), por sua vez, defende uma classificação dos jogos alinhada à perspectiva desenvolvimentista atinente às fases da matriz de identidade, nas seguintes categorias:

- **Jogos para integração.** São aqueles em que as pessoas interagem em bloco, buscando criar uma identidade, nos quais devem ser respeitados os três momentos: eu comigo, eu com o outro e eu com todos.
- **Jogos de pesquisa do ambiente.** São utilizados para o grupo se situar em seu ambiente, se apossar de um espaço físico.
- **Jogos de reconhecimento do eu.** Propõem a interação consigo mesmo por meio de atividades de imaginação, relaxamento, pesquisa interior.
- **Jogos utilizando objeto intermediário.** São recomendados quando o contato direto com o tema suscita tensão e bloqueia a espontaneidade. O objeto intermediário propicia relaxamento do campo e favorece o enriquecimento das relações.
- **Jogos de reconhecimento do outro.** São jogos de interação direta com o outro; permitem que as pessoas se conheçam mais e se diferenciem umas das outras.
- **Jogos de personagens.** Neles, experimenta-se a construção de um personagem e o desempenho de um papel imaginário.

Também é possível arriscar uma diferenciação dos jogos dramáticos em sociométricos, comunicacionais e metacomunicacionais:

MARIA INÊS GANDOLFO CONCEIÇÃO

■ **Jogos sociométricos.** Relacionam-se às escolhas feitas entre as pessoas por algum critério sociométrico de agrupamento – por exemplo: o grupo cria uma fila de quem será o escolhido para falar com uma autoridade importante para todos; ou o grupo se subdivide em duas filas, uns de frente para os outros, os participantes da fila 1 escolhem com quem querem conversar, os participantes da fila 2 aceitam ou rejeitam quem os escolhe; a divisão do grupo em subgrupos dá também uma ótima dimensão sociométrica.

■ **Jogos de comunicação.** São úteis para refletir sobre a necessidade de melhorias na comunicação e nos processos laborais – por exemplo: dois participantes ficam fora da sala; o diretor passa uma mensagem com expressão corporal contraditória para uma pessoa que está dentro da sala e essa pessoa tem de passar a mesma mensagem para o primeiro participante de fora; depois, este deve passá-la para o outro que estava fora.

■ **Jogos metacomunicacionais.** Por meio deles, propicia-se uma visão mais distanciada do grupo ou das relações grupais, e a intervenção é realizada, então, dessa perspectiva – por exemplo: os participantes montam um corpo, escolhendo órgãos ou partes para compô-lo; os participantes fazem uma montagem com massa, sucata, sobre o grupo, individual ou coletiva e, então, são usados alguns elementos como personagens ou técnicas de ação.

Levar em consideração o momento de organização grupal, o contexto e a história do grupo é de fundamental importância para a escolha bem-sucedida de um jogo dramático. Por exemplo, um grupo de adultos sentenciados com penas alternativas, atendidos pelo serviço psicossocial no contexto da justiça, cujos participantes ainda não se conhecem, pode não receber muito bem a proposta de um jogo dramático que convide à exposição e ao contato corporal entre os participantes. Nesses grupos, o estigma de "criminoso" que perpassa o imaginário grupal, os delírios

152

persecutórios, a obrigatoriedade de participação imposta pela justiça e a ausência de confiança mútua inibem o agir espontâneo dos participantes nos momentos iniciais.

Com isso, não queremos afirmar que sejam contraindicados jogos dramáticos para intervenções psicossociais em situações como essa, mas que o tipo de jogo para momentos iniciais deve ter por objetivo a integração, a redução da tensão do campo grupal e a construção de vínculos de confiança entre os membros e a equipe. Jogos que se utilizem de objetos intermediários são muito bem-vindos e eficazes em momentos como esses, tendo em vista o efeito protetor e atenuador do campo tenso que esses objetos criam, prevenindo a indesejável superexposição.

Segundo Monteiro (1994, p. 21), "o jogo é uma atividade que propicia ao indivíduo expressar livremente as criações de seu mundo interno, realizando-as na forma de representação de um papel, pela produção mental de uma fantasia ou por determinada atividade corporal". De acordo com a autora, o jogo dramático obedece aos mesmos princípios e etapas de uma sessão psicodramática: aquecimento, dramatização e compartilhar.

Há quem defenda que o jogo no psicodrama surgiu da necessidade de uma terapia de baixo nível de tensão, em situação preservada, na qual o indivíduo não está trabalhando diretamente seu conflito. Dessa forma, o jogo tem por finalidade levar o indivíduo a alcançar um campo relaxado de conduta, no qual possa criar respostas novas, criativas e espontâneas para as mais diversas situações (Castanho, 1995).

É fato que, em muitas ocasiões, a recomendação do uso de jogos tem o propósito de criar um campo grupal relaxado. No entanto, isso não exclui a possibilidade de fazer uso de jogos dramáticos justamente com a intenção oposta, ou seja, para criar um clima de tensão na dramatização. Por exemplo, quando se tem um grupo em treino de determinados papéis que demandam respostas criativas dos participantes em situações de grande pressão, a criação de um campo tenso é indicada para o role-playing desses papéis.

MARIA INÊS GANDOLFO CONCEIÇÃO

Alguns processos seletivos de grandes organizações se utilizam de situações-problema na forma de jogos dramáticos para aferir a espontaneidade e a criatividade de candidatos para vagas que requerem tais habilidades. A tensão também é bem-vinda em algumas ocasiões do contexto clínico, nas quais pode ser usada como ferramenta para interpolar as resistências do paciente. Isso se traduz no manejo que cria uma situação nova ou inesperada para provocar uma resposta igualmente nova ou inesperada. Trocando em miúdos: propicia-se a ocasião para dar chance ao aparecimento da espontaneidade, por meio do clímax criado pelo jogo dramático. A seguir, ilustraremos um exemplo de jogo dramático, o qual denominamos "Construir/Destruir", que pode ser utilizado em diferentes contextos e que apresenta essa característica. Esse jogo pode ser realizado como aquecimento ou, dependendo da ocasião, como o próprio recurso dramático da sessão.

O jogo dramático "Construir/Destruir", relatado a seguir, tem sido usado como aquecimento para uma atividade que é realizada sistematicamente, no contexto de encontros vivenciais semanais de grupos compostos por alunos do último ano do curso de graduação em psicologia, que ocorre sob a coordenação de uma unidade funcional (Maria da Penha Nery e Maria Inês Gandolfo Conceição), no espaço de uma ampla sala destinada a atendimentos clínicos grupais da clínica-escola da Universidade de Brasília. As turmas são compostas em média por 25 alunos. Passamos a ilustrar o manejo desse jogo dramático com dados gerais obtidos dos grupos já realizados e também com dados específicos de uma das experiências levadas a cabo com uma das turmas.

Para a realização desse jogo, procede-se da seguinte maneira: a turma é dividida em dois subgrupos, grupo 1 e grupo 2, os quais são dispostos em lados opostos da sala. A cada grupo são oferecidos materiais diversos, tais como sucata, brinquedos e outros objetos. As instruções são dadas separadamente, cuidando para que um grupo não ouça as instruções dadas ao outro. Ao

154

JOGOS DRAMÁTICOS

grupo 1 pede-se que faça uma construção coletiva com o material oferecido. Enquanto o grupo 1 trabalha nessa tarefa, pede-se ao grupo 2 que inicialmente apenas observe. Ao grupo observador é oferecida a seguinte instrução:

Diretor – *Quando eles terminarem a construção, quero que vocês se aproximem dela e a destruam, cada um do seu jeito.*

Como de costume, tal comando gera uma reação de perplexidade e dúvida entre os membros.

Diretor – *É isso mesmo que ouviram. Vão lá!*

Invariavelmente, o grupo 2 aproxima-se da construção e não encontra qualquer resistência. Pelo contrário, o grupo 1 mostra-se totalmente receptivo aos visitantes. Porém, quando iniciam a destruição, encontram as mais diversas reações dos opositores, que variam de revolta, inconformismo e resistência a paralisação, impotência e perplexidade.

Ainda sob impacto da desagradável surpresa, o grupo 1, que teve sua construção destruída, vai se recompondo. Enquanto isso, sob comando do diretor, o grupo 2 é instruído a montar sua construção com os objetos fornecidos. Paralelamente à execução da tarefa de construção pelo grupo 2, e sem que este perceba, solicita-se ao grupo 1 que observe o grupo opositor e que, aos poucos, aproxime-se amigavelmente, aprecie a construção e ofereça ajuda e sugestões.

O grupo 1 acolhe a instrução sem muita simpatia. O desejo de vingança é resmungado por alguns membros, sendo a primeira reação esboçada, embora nem sempre unânime. Após o comando do diretor, o grupo 1 se aproxima da construção e encontra o grupo 2 fechado, resistente e totalmente defensivo, imaginando que será atacado como retribuição ao que fez.

Aos poucos, o grupo 2 abre a guarda e, embora ainda com muita desconfiança, cede às ofertas de ajuda e acolhe algumas sugestões. É curioso observar a reação de alguns membros do grupo ofensor, que verbalizam desconforto por não terem recebido o troco na mesma moeda e que se dizem envergonhados.

Alguns dos comentários dos participantes, expressos em seus processamentos, foram:

– *Foi interessante notar que o segundo grupo que foi montar as pecinhas já esperou os outros se protegendo, não confiando e não acreditando quando os outros falavam que queriam ajudar, o que pareceu ser de fato o que eles queriam.*

– *Enquanto nós planejávamos cuidadosamente nossa vingança, como destruir a construção deles, a diretora deu-nos a instrução de ir até o grupo 2 e ajudá-los a continuar o que estavam fazendo. Foi curioso ver como foram resistentes aos nossos conselhos e oferecimentos de ajuda. As pessoas seguravam os objetos com força, além de se debruçarem sobre as coisas para que não nos aproximássemos.*

– *Importante notar como esse tipo de situação ocorre na vida cotidiana, uma vez que tendemos a nos fechar para as outras pessoas quando somos magoados por alguém.*

– *As pessoas que estavam brincando relutaram um pouco para acreditar que o outro grupo estava disposto a ajudar, e somente depois de algum tempo cederam às sugestões.*

– *Comigo, por exemplo, ao tentar proteger o que eu havia construído, me entreguei tanto ao papel que uma de minhas colegas do outro grupo dizia: "Tá bom, tá bom, pode sair de cima do brinquedo, por que você tá protegendo tanto?" Isso denotou pra mim, naquele momento, o quanto muitas vezes ficamos nos protegendo contra tudo e todos, com receio de que ao nos entregarmos sejamos feridos, destruídos.*

– *Foi um tanto desconfortável estar no papel de destruir, achei curioso a passividade dos construtores ao verem seu trabalho desaparecer e o fato de que não tentaram reconstruir sua montagem.*

– *Meu grupo ficou paralisado ao vê-los destruindo tudo, comentamos que nos sentimos impotentes com a situação.*

– *A prática de hoje foi revoltante! Particularmente me evocou sentimentos de raiva e indignação intensas! Foi horrível! Quando a Penha disse que deveríamos inverter papéis, já estávamos plane-*

JOGOS DRAMÁTICOS

jando nossa vingança e a Penha disse pra gente ir lá e tentar ajudar a montar com eles, mas o grupo já estava totalmente na defensiva. Foi fundamental a ação do diretor nessa passagem toda, ao passar as consignas de modo a nos fazer trabalhar de maneira diferente do que seria a reação imediata da inversão. Essa inversão não apenas dos papéis, mas também das atitudes esperadas, abriu espaço para a reflexão de atitudes envolvendo destruição em nossas vidas de qualquer coisa relevante para nós.

Concluída a etapa de aquecimento propiciada pelo jogo dramático relatado, a diretora solicitou aos membros de ambos os grupos que pensassem em cenas nas quais experimentaram sentimentos semelhantes aos evocados pela experiência do jogo Construir/Destruir em suas vidas. Foram relatadas e dramatizadas as cenas com maior número de escolhas pelo grupo. Portanto, a atividade relatada contou com o referido jogo dramático como aquecimento para a etapa seguinte de dramatização.

A escolha do jogo dramático, para o grupo em questão, levou em consideração o momento que o grupo atravessava. Aquele era o terceiro encontro da turma e, com base na leitura sociodinâmica e sociométrica grupal, a unidade funcional apostou na continência grupal, em seu potencial de resolutividade e em sua capacidade de suportar experiências ou sensações desagradáveis. Desse modo, foi possível enveredar por cenas que conduzissem a um psicodrama e explorar as inúmeras surpresas desveladas com a liberação da espontaneidade.

Dependendo do objetivo da vivência, esse mesmo jogo dramático poderia ser conduzido sem essa etapa da dramatização, tendo como desfecho o compartilhar dos sentimentos experimentados. Nesse sentido, um dos possíveis objetivos seria semelhante ao de um axiodrama, no qual se proporia trabalhar valores humanos vinculados ao experimentar a superação de impulsos irrefreáveis ligados ao desejo de vingança, surpreender favoravelmente ao agir de modo diferente do que se espera, sentir na pele a frustração de ser alvo de violência gratuita, experimentar ver sua obra ser destruída sem motivo aparente e, com isso, solidarizar-se com quem sofre maldades semelhantes...

Em suma, vimos que os jogos dramáticos levam em conta três contextos (social, grupal e psicodramático), cinco instrumentos (diretor, ego, palco, plateia e protagonista), cinco técnicas (duplo, espelho, solilóquio, interpolação e inversão de papéis), três etapas (aquecimento, dramatização e compartilhar) e as três ramificações da teoria socionômica (sociodinâmica, sociometria e sociatria). Além disso, podem ser utilizados como aquecimento, dramatização ou compartilhamento, podem envolver dramatização e ser utilizados em diversas modalidades e nos mais variados contextos. São essas as características que os diferenciam das demais modalidades de jogos.

Por outro lado, o jogo dramático prioriza a vivência espontânea e criativa em detrimento da possibilidade reflexiva e racional, embora esta possa decorrer naturalmente de uma vivência impactante. Finalmente, enquanto as dinâmicas de grupo nos convidam a refletir sobre determinados aspectos da vivência de alguns papéis nas relações interpessoais, estimulando-nos ao exercício racional, os jogos dramáticos nos convidam a viver as múltiplas possibilidades de papéis nas nossas relações intra e interpessoais, isto é, são um estímulo ao exercício emocional.

Por comportar aspectos tão cruciais da teoria, conduzir de maneira apropriada um jogo dramático pressupõe conhecimento consistente e amplo domínio sobre os aspectos sociodinâmicos, sociátricos e sociométricos da teoria socionômica. Porém, assim como ocorre com tantos outros recursos socionômicos, os jogos dramáticos também têm sido utilizados por profissionais em ocasiões distintas, sem que essas pessoas sejam necessariamente psicodramatistas ou sequer conheçam minimamente a teoria. Ainda que eu não professe aqui a defesa do monopólio do manejo grupal para os psicodramatistas, considero que abusos de recursos socionômicos como esses resultam em intervenções superficiais ou infecundas, que rendem desmerecidamente ao psicodrama a fama de técnica de fazer "teatrinho".

Embora o efeito estético muitas vezes reluza mais do que seu desdobramento terapêutico, o "teatro" (vejam que não está no diminutivo) psicodramático imita a vida e nos convida a viver. Às vezes, no entanto, a realidade é tão dura que o convite a encará-la não é aceito com entusiasmo. Nesses casos, o jogo dramático pode ser uma excelente maneira de brincar de coisa séria, que ajuda a tornar a dor menos doída, a tristeza menos triste, a solidão menos só, o mundo menos cruel e o peso menos pesado. Dado esse caráter paradoxal e complexo do jogo dramático, sua condução exige preparo, competência e sensibilidade de seu coordenador.

REFERÊNCIAS BIBLIOGRÁFICAS

CASTANHO, G. "Jogos dramáticos com adolescentes". In: MOTTA, J. M. C. (org.). *O jogo no psicodrama*. São Paulo: Ágora, 1995.

CUKIER, R. *Palavras de Jacob Levy Moreno*. São Paulo: Ágora, 2002.

GUIMARÃES, L. "Teoria evolutiva dos grupos e metodologia sociodinâmica". *Revista Brasileira de Psicodrama*, v. 14, n. 2, 2006, p. 103-18.

MONTEIRO, R. F. *Jogos dramáticos*. São Paulo: Ágora, 1994.

MONTEIRO, R. F. (org.). *Técnicas fundamentais do psicodrama*. São Paulo: Ágora, 1998.

NAFFAH NETO, A. *Psicodrama: descolonizando o imaginário*. São Paulo: Brasiliense, 1979.

MORENO, J. L. *Psicodrama*. São Paulo: Cultrix, 1979.

MOTTA, J. M. C. *O jogo no psicodrama*. São Paulo: Ágora, 1995.

_____. *Jogos: repetição ou criação*. São Paulo: Ágora, 2002.

YOZO, R. Y. K. *100 jogos para grupos – Uma abordagem psicodramática para empresas, escolas e clínicas*. São Paulo: Ágora, 1996.

8. Role-Playing – Um método socionômico
Nas empresas, instituições, organizações e no social

YVETTE DATNER

O ROLE-PLAYING É UM DOS MÉTODOS da socionomia que têm oferecido ótimos resultados quando se trata de desenvolvimento de papéis nas áreas socioeducacionais e organizacionais. Para sua realização, reúne indicadores e conhecimentos da sociometria, da sociodinâmica e da sociatria. Muitas vezes, por desconhecimento, é erroneamente definido na literatura educacional e organizacional como simples e banal simulação de uma solução discutida ou como simulacro de teatro, servindo apenas para animar, despertar ou entreter um grupo. Essa inadequada interpretação reducionista não define corretamente seu valor metodológico e seu processo transformador, atribuindo-lhe uma conotação de técnica superficial e não de método. O role-playing tem ao seu dispor várias técnicas e é fundamentado nos três eixos da socionomia – a ciência do psicodrama de J. L. Moreno.

O conceito de role-playing gira em torno da concepção de "treino" de papel ou de "desenvolvimento" de papel. O "*play*" do role-playing é "jogar" a ação de um "*role*", um papel, isto é, desempenhar um papel no palco psicodramático, numa cena, pôr em ação um papel, vivenciá-lo e poder arriscar e experimentar possibilidades até então desconhecidas. Quando a cena é trazida da realidade por um grupo e é vivida no palco pela complementaridade em rede dos papéis que lhe dão vida, temos a nosso dispor a complexidade e a intensidade da realidade no aqui e agora.

Ao longo dos anos, ouvi depoimentos sobre a intensidade da emoção de vivenciar a cena e sobre o quanto o pensar, a per-

YVETTE DATNER

cepção do assunto, torna-se diferente. Quer estejamos na escola, na instituição ou numa empresa, o role-playing é um método que aprofunda as questões existenciais das relações, e o diretor envereda por essas profundezas ao trabalhar os papéis sociais e sua rede, de acordo com a classificação de Moreno.

PONTOS DE APOIO AO PSICODRAMATISTA

O PRIMEIRO PONTO FUNDAMENTAL do role-playing é o psicodramatista diretor conhecer bem a teoria de papéis, a sociometria e a teoria de grupos de Jacob Levy Moreno e de seus contemporâneos. Um papel somente poderá ser desenvolvido e desempenhado adequadamente se houver pelo menos um complementar, e o conjunto de papéis complementares deve estar reunido numa rede de relações. Os indicadores de entendimento das questões grupais em jogo e as intervenções possíveis vêm da sociometria.

Cada pessoa possui uma plêiade de papéis que vão se formando desde o nascimento e vão sendo denominados conforme a fase da vida. Assim, os primeiros papéis são os psicossomáticos. Numa segunda fase, nascem os papéis sociais e os psicodramáticos. Os sociais são os mais numerosos, em geral, e são observáveis por sua ação. É o caso do papel profissional, um dos papéis sociais do nosso eu.

Os papéis sociais são o foco do role-playing nos grupos socioeducacionais e organizacionais. No caso das empresas, organizações, instituições, são os papéis vinculados ao trabalho, isto é, o papel profissional de cada indivíduo, que nutrem o desempenho dos papéis funcionais. Citando Datner (2006, p. 25):

A palavra papel, por ser abrangente, coloca na mesma definição o papel profissional e o papel funcional. Na definição moreniana de papel, temos que, em cada papel que se vai desenvolvendo, há uma área privada – vinculada diretamente ao eu – e uma área externa vinculada ao social, realidade externa do papel que é da ação-desempenho. Profissão é um acervo de conhecimentos específicos e técnicos de um determinado saber fazer acrescido das vivências e situações vividas durante o percurso, não só de formação deste profissional como de tudo que antecedeu a entrada na profissão.

Tendo como ponto de partida as seguintes citações de Moreno (1992, v. 3): "O papel pode ser definido como uma unidade de experiência sintética em que se fundiram elementos privados, sociais e culturais" e "Todo papel é fusão de elementos particulares e coletivos; é composto de duas partes – seus denominadores coletivos e seus diferenciais individuais", podemos entender que há, portanto, duas dimensões ou duas partes em cada um de nossos papéis.

Tratando apenas do papel que possibilita à pessoa produzir e trabalhar, ele também apresentará esses mesmos dois aspectos:

- Uma parte privativa, pertencente exclusivamente ao indivíduo, da qual ele é autor reunindo a elaboração pessoal do percurso de vida, a de sua carreira e experiência de trabalho, o acervo de sentimentos, as aprendizagens (incluindo educação em qualquer grau e quaisquer títulos) e as inúmeras situações de trabalho, compondo uma memória de caráter íntimo e único, não acessível a olho nu, entendendo que são os *diferenciais individuais* citados acima. A essa parte, por sua singularidade, é que atribuí a denominação **papel profissional**. É essa dimensão do privativo que fornece todos os elementos para o indivíduo assumir um cargo e desempenhar uma função produtiva numa organização.
- A outra parte é a do papel agora em ação, no desempenho. Conforme a citação acima, é formada pelos *denominadores coletivos*. Expressa parte do saber do papel profissional somada aos elementos sociais e culturais. É a parte visível e observável à qual denomino **papel funcional**, pois corresponde ao que as organizações definem. É um papel com um *script* dado pelo externo – e, portanto, nem sempre haverá espaço para

que ele seja caracterizado pela espontaneidade e criatividade. Como nos diz Moreno: "Exige-se de cada um que viva segundo seu papel oficial na vida – um professor deve agir como professor, um aluno como aluno e assim por diante". Quando uma pessoa muda de empresa ou instituição, seu papel profissional não fica na organização, pois é da pessoa. O que é deixado é um cargo, um papel funcional.

Nos programas de role-playing, trabalho estas duas dimensões: o papel profissional, privado, e o papel funcional perante a exigência organizacional. Ambas dimensões são destacadas, proporcionando uma abordagem dos componentes de ordem privativa e de ordem social e cultural, isto é, coletiva, ampliando sobremaneira o autoconhecimento, o reconhecimento de si, a autoestima e as possibilidades de fazer diferente, com espontaneidade e criatividade, quando há valorização por parte da gestão.

Papel profissional, então, como defino, é um papel pessoal composto desse jogo interno e externo e com o qual se exerce uma função numa organização. Assim, papel de gerente é funcional. Para desempenhar o papel de gerente, para poder assumi-lo a contento, seu titular precisa de um papel profissional desenvolvido no que diz respeito às competências.

NA EMPRESA

Como vamos trabalhar esse papel? Será treinamento? Desenvolvimento? Ensaio? Tem de ser treinado a fazer como a empresa quer? Quando será capacitação? Quando será desenvolvimento profissional? Como isso é definido? A cultura e os valores da organização darão o tom. E o psicodramatista responderá se aceita ou não a demanda e a maneira de trabalhar. Negocia-se ou declina-se do convite; ou, então, há encontro e a intervenção e implantação de um projeto é possível pelo alinhamento da socionomia.

ROLE-PLAYING – UM MÉTODO SOCIONÔMICO

Como treinamento de papel, seria apenas um treinamento de função, ou seja, aprender a fazer algo, mecânico e repetitivo, de fora para dentro. Como desenvolvimento de papel, leva em conta conhecimentos, habilidades e atitudes (CHA), ou competências, para aquele cargo ou função. O role-playing leva em conta:

- o **"saber fazer"**: conhecimentos necessários para adequar-se ao trabalho e poder assumir um cargo ou função e desenvolver o papel;
- o **"saber ser"**: características pessoais relacionadas à qualidade das atitudes e dos relacionamentos;
- o **"saber agir"**: mobilização de conhecimentos, habilidades e atitudes para o trabalho.

Mesmo para o "saber fazer" no sentido de capacitação técnica, o role-playing pode ser um método de aquisição de conhecimentos e de sequências de procedimentos por meio de cenas em que os papéis são simbolizados como partes vivas de um processo. Pode-se criar um jogo dramático, por exemplo, que trate do acionamento de uma máquina ou da utilização de um novo sistema de tecnologia da informação – comumente conhecido pela sigla TI. Nos jogos, as partes inanimadas ganham vida e fornecem uma dimensão de significado ampliado.

Quando a temática de conhecimento é da ordem das atitudes (comportamental, como comumente denominado), mas requer habilidades específicas como comunicação, liderança ou outros, o role-playing trabalha papéis em ação, com protagonista, tema protagônico, cena e técnicas em cena, aliados à aprendizagem e elaboração desse saber.

Quanto ao "saber ser" e ao "saber agir", eles são o amplo conteúdo desse método socionômico, pois saber ser e saber agir num papel levam o indivíduo a ter recursos pessoais para o trabalho em organizações – compor equipes, trabalhar em grupo, ser criativo e espontâneo, tomar decisões, agir com confiança, comunicar-se adequadamente, perceber e resolver problemas etc. O role-playing proporciona a percepção de outras formas de *poder ser* e *poder agir*, aumentando a autoestima e a crença em si próprio, no grupo e nas relações. Estamos falando de espontaneidade e criatividade.

O role-playing é profundo, pois, por meio de uma cena, o método nos dá condições de aprofundar questões que aparecem na dinâmica das relações que acontece no aqui e agora da cena. É nossa responsabilidade ir além da cena em si, até porque não trabalhamos com simulações e simples apresentações que se encerram depois de feitas, e sim com a realidade vivida no aqui e agora. Para desdobrar, aprofundar, ir além do apresentado dependerá da adequação e da pertinência ao propósito inicial. O diretor não poderá, de repente, quebrar o contrato e decidir mudar o rumo do combinado. O que ele pode é consultar o grupo – mas, mesmo assim, dependendo do assunto subjacente, não deverá fazer nada. Às vezes, desdobramos cenas; noutras, propomos os comentários e o compartilhar.

Qual é o direito de um diretor de aprofundar uma questão em cena? Que tipo de assunto ele pode abrir para uma intervenção psicodramática? Para quê? Qual a ética do psicodramatista no contexto do seu trabalho nas organizações? Respondendo: não são trabalhados assuntos que estão fora do objetivo definido tanto pelo contrato com a organização quanto com o grupo; não são abordados temas da vida privada dos participantes, questões que possam expô-los a alguma situação constrangedora. Estamos trabalhando na área socioeducacional e não na área da psicoterapia, e esse limite ético é fundamental. Afinal, uma empresa não é o lócus de qualquer procedimento de cunho psicoterápico.

Finalmente, a fundamentação – teoria de papéis, sociometria e evolução de grupos (Moreno, 1987, 1992) – é inevitável e absolutamente imprescindível para poder identificar fenômenos e realidades.

Assim, na formação e no desenvolvimento de grupos e equipes, a sociometria e o conceito de rede sistêmica somados à teoria de papéis nutrem a direção do role-playing. Certamente, é imprescindível ter domínio do processo de uma sessão de psicodrama.

COMO DIRIGIR ROLE-PLAYING

FALTA, AINDA, O PLANEJAMENTO. Não se dirige role-playing sem levantamento de informações e dados e sem planejamento (pode ser que mude, mas será a linha mestra). Antes de estar frente a frente com um grupo e dirigir um role-playing, algumas ações são necessárias:

- visitar e conhecer a organização;
- ouvir, sem julgar, a demanda, as necessidades e expectativas relacionadas à sua intervenção;
- conhecer o(s) grupo(s), pesquisar, entrevistar, enfim, ter dados de realidade; mapear os dados;
- com os dados e as informações reunidos, traçar um planejamento.

Seguindo os itens do planejamento (Fleury; Marra, 2008), definir o número de encontros, a carga horária total, os intervalos entre cada encontro, o prazo de finalização e os resultados pretendidos. Escrever, então, o programa, balanceando as diversas etapas. O processo e o andamento de cada encontro são iguais aos de uma sessão de psicodrama, como criada por Moreno: aquecimento inespecífico, aquecimento específico (em cena, com protagonista e demais papéis da cena), dramatização (ação vivenciada) e compartilhar. Acrescentamos o processamento. A forma de comunicação do diretor é importantíssima, isto é, saber o tipo de linguagem mais adequado para cada grupo.

O AQUECIMENTO INESPECÍFICO

A importância do aquecimento inespecífico está em trazer o grupo para o *aqui e agora* e facilitar o estabelecimento do campo relaxado, para que a espontaneidade e a criatividade se expressem. Esse também é o momento para conversar com o grupo sobre o tema do trabalho, seus objetivos e como será o programa, além de alguns "combinados" como horários, refeições etc. Isso porque nas organizações trabalhamos, muitas vezes, um dia inteiro, uma carga de oito horas, com frequência semanal ou quinzenal, ou meio período semanal ou quinzenal. O grupo ali está, pois foram identificadas algumas dificuldades grupais de trabalho ou a necessidade de desenvolvimento do papel profissional ou funcional.

A parceria entre diretor e grupo é fundamental, diante de sentimentos de desconfiança, medo, resistência, mal-estar por sentir-se convocado e demais sentimentos comuns e normais. O grupo pode até se conhecer do dia a dia, mas pode não constituir um grupo. Podem até estar na mesma sala, mas suas relações não serem complementares. Naquele espaço-sala, estarão avizinhados e serão o que chamo grupo "temporário". Ao final do programa, terão vivido o ser grupo, mas não necessariamente continuarão a sê-lo. Certo é que as relações entre eles terão se modificado. Essa leitura e essa avaliação podem ser feitas no aquecimento, com atividades e jogos (adultos) que ofereçam a experiência de perceberem não ser um grupo e isso tornar-se tema a ser trabalhado inicialmente.

Atenção para não fazer um aquecimento inespecífico de longa duração. Recomendo sempre atividades mais curtas e objetivas em relação ao tema/título e uma parte para ouvir o grupo. A escolha do aquecimento inespecífico é muito importante, pois, se for um jogo ou atividade pueril, superficial e infantil, o grupo se sentirá desprestigiado, desrespeitado e tratado como criança, o que levará as pessoas a reações pouco favoráveis ao trabalho proposto.

O aquecimento inespecífico pode ser original, instigante, criativo e diferenciado, mas nunca complicado e muito abstrato. As pessoas estão chegando no tempo e no espaço! Em organizações, as pessoas já se viram no trabalho, algumas já se conhecem um pouco. Mas nem por isso deverão ser trabalhadas questões de ordem privada e particular: quando se trata de trabalhos socioeducacionais, desenvolver um grupo não é *vincular intimidades*. Ao contrário, faz-se um contrato ético, de acordo com o qual serão trabalhados o papel profissional e o papel funcional, que são papéis sociais com visibilidade real no dia a dia, e não os demais papéis do universo individual de cada um.

O aquecimento inespecífico poderá ser uma atividade de movimento corporal ou uma apresentação, um bate-papo, um jogo adaptado que cumpra a função de criar clima e ambiente propícios para a grupalidade. A escolha do tipo de aquecimento/preparação para essa sessão, ou várias, e do tempo de duração é de responsabilidade do diretor, cuidando sempre do grupo/cliente. Nada de "querer surpreender ou deixar o grupo no ar". Nada de complicar achando que, assim, a atividade parecerá séria. Nada que faça as pessoas se sentirem ridículas e fazendo algo estranho e que as desvalorize. Nada de propor situações constrangedoras como aproximações físicas obrigatórias ou outras.

A provocação de determinadas reações agressivas ou invasivas não é adequada ao ambiente das organizações, empresas e instituições. O aquecimento do role-playing tem por fim proporcionar ao grupo a possibilidade de um encontro (Moreno, 1987) por meio do qual ele poderá cocriar e coconstruir novos desempenhos de papel e de relacionamentos, novas formas de trabalho e relações produtivas.

Quanto às senhas ou consignas para as atividades, recomendo que não sejam usados diminutivos como "vamos agora fazer um "joguinho" ou "vamos fazer uma brincadeirinha", quando o tema da tal brincadeirinha é sério e profundo.

Outro ponto é que as pessoas não são vazias de conhecimento. Ao contrário: sabem muito e já têm seu papel – às vezes pouco desenvolvido, quando estão no início do desenvolvimento daquele papel (role-taking) (Moreno, 1987). A fase seguinte ao desenvolvimento de papel recebe o mesmo nome do método: role-playing (Moreno, 1987). É o momento em que a pessoa ensaia, experimenta e estrutura a dinâmica do seu papel no grupo. A última etapa é o role-creating (Moreno, 1987), a recriação permanente do papel – um dia diferente do outro, mas espontâneo, criativo e adequado.

Todo programa tem um objetivo representado por seu título – por exemplo: Liderança, Comunicação, Relacionamento –, o qual será enfocado, desenvolvido e ampliado na etapa da dramatização.

A DRAMATIZAÇÃO

Na dramatização, a temática será apresentada em formato de cena-acontecimento, cujo conteúdo será um problema ou um impasse relacionado ao assunto tratado pelo grupo no contrato. Será a cena de um problema, impasse ou conflito. Uma observação muito importante: a resolução ou solução encenada após uma discussão em grupo não é do psicodrama, e sim de outras abordagens. No psicodrama – e, portanto, no role-playing –, o foco é o trabalho dos subgrupos que se formam, com base em um levantamento de questões relacionadas ao tema.

Desse levantamento, o grupo todo escolhe de três a quatro itens aos quais dá prioridade como questões consideradas problemas, incômodos ou que atrapalham o trabalho ou a cada um no seu desempenho. Para cada um desses itens, convido quem quiser, por livre escolha, a compor o subgrupo daquele subtema, para trocar e compartilhar experiências. O subgrupo deve ter de quatro a cinco pessoas, e é formado, portanto, por critério de escolha de um subtema e não por preferência pessoal. Isso desafia as pessoas do grupo, mas é exatamente a realidade do cotidiano das organizações.

Outra possibilidade é trabalhar apenas um tema do dia, aberto e confirmado pelo grupo todo. O arranjo em subgrupos poderá ser feito por diversos critérios. Os subgrupos não mais trabalharão temas diferentes, como anteriormente descrito, mas somente um – o que produzirá várias abordagens dramatizadas e olhares dramáticos sobre o mesmo assunto, proporcionando a cocriação de resoluções, mudanças ou outras ações.

Depois de formar os subgrupos, determinar um tempo para trocar e compartilhar com os demais participantes do grupo o subtema escolhido – por exemplo: comunicação. Nessa troca, encontrar uma cena comum. Localizada a cena, o momento e o local do acontecido como problema, conflito ou tensão, cada subgrupo deverá dramatizar a cena que expresse aquele problema ou conflito real (sem envolver nomes de ausentes, sem acusações ou fofocas – essas regras fazem parte dos combinados/contrato do início). Todos os componentes do subgrupo participam assumindo um papel. Os demais subgrupos são plateia nesse momento; ao final da cena, propõem soluções que são experimentadas por eles mesmos, pela técnica da inversão de papéis, por solilóquios e demais técnicas adequadamente utilizadas. O subgrupo que trouxe o problema ou a questão pode, ao final, expressar-se, apresentar também propostas de solução ou apreciar uma das propostas trazidas pelos demais subgrupos. Então, o subgrupo que encerrou sua cena será doravante plateia e cocriador dos demais subgrupos que se apresentarão. Algumas vezes, há o processamento logo após uma cena. Outras vezes, somente ao final de todas as cenas. Dependerá de uma decisão do diretor, da pertinência ou não do procedimento.

O COMPARTILHAR

O compartilhar se dá naturalmente, com trocas e *feedbacks* produtivos. Solicita-se que não haja julgamentos ou críticas destrutivas. Às vezes há. O diretor então intervém, media a situação. Espera-se que o grupo esteja relaxado, sem tensões, mas sempre muito reflexivo, elaborando o vivenciado.

O PROCESSAMENTO

É da competência do diretor, ao fechar um módulo de trabalho, dar as devolutivas necessárias para a elaboração cognitiva e conceitual da temática trabalhada. Em vez de uma palestra solitária do diretor, uma elaboração compartilhada e realizada de maneira espontânea será mais produtiva. Geralmente, há muitas perguntas sobre os vários desempenhos nas cenas e parece que a discussão sobre novas saídas ou maneiras de responder a um problema continua. E deverá, sim, continuar, pois pensar sobre, levantar possibilidades ou hipóteses novas, assumir um papel psicodramático (uma fantasia ou um vir a ser) são excelentes recursos para a criatividade e a espontaneidade e para o encaminhamento do role-creating.

Cada módulo de duas horas, numa jornada de oito horas, é encerrado abrindo-se o próximo com novo aquecimento.

CONSIDERAÇÕES FINAIS

O ROLE-PLAYING NOS PERMITE proporcionar a cocriação de mudanças e transformações pessoais e grupais nas organizações. Todo desenvolvimento envolve mudanças no *pensar, sentir* e *agir*. Os resultados colhidos ao longo de anos me asseguram o valor do psicodrama e de seus métodos. Inúmeros participantes, quando eventualmente me reencontram, contam o que mudou em suas vidas: trabalho, família, valores praticados e melhor qualidade de vida, já que os papéis tornaram-se mais claros, definidos e saudáveis.

E o mais significativo são os depoimentos do tipo:

– *Aquele seu "teatro" (como é o nome que a sra. fala?), eu não esqueço... a cada cena no meu dia a dia, eu lembro dele e me pergunto: se fosse lá na sala, o que eu faria?*

‿ᴧ

REFERÊNCIAS BIBLIOGRÁFICAS

DATNER, Y. *Jogos para educação empresarial*. São Paulo: Ágora, 2006.
CUKIER, R. *Palavras de J. L. Moreno: vocabulário de citações do psicodrama, da psicoterapia de grupo, do sociodrama e da sociometria*. São Paulo: Ágora, 2002.
FLEURY H. J.; MARRA M. M. (orgs.). *Intervenções grupais nas organizações*. São Paulo: Ágora, 2005.
FLEURY H. J.; MARRA M. M. (orgs.). *Grupos*. São Paulo: Ágora, 2008.
MORENO, J. L. *Psicodrama*. São Paulo: Cultrix, 1987.
_____. *Quem sobreviverá? Fundamentos da sociometria, psicoterapia de grupo e sociodrama*. Goiânia: Dimensão, 1992. 3 v.

9. Psicodrama público e direção de grandes grupos

CIDA DAVOLI
MARCIA ALMEIDA BATISTA
SHE NILSON

> Se não se cria a noção de que a cidade pertence aos seus
> habitantes, e não aos donos do poder, que sentido faz governar?
>
> ANTÔNIO CESARINO

PSICODRAMA PÚBLICO NO CENTRO CULTURAL SÃO PAULO

PARA REFLETIR SOBRE *psicodrama público e direção de grandes grupos*, vamos nos valer da experiência de psicodrama público realizada no Centro Cultural São Paulo (CCSP)[1].

Há alguns anos, um extenso número de psicodramatistas brasileiros vem dando mais atenção à função sociopolítica do psicodrama, sendo para eles uma questão ética manter este compromisso: contribuir para que as pessoas se reconheçam cada vez mais como sujeitos sociais, políticos e históricos, como agentes e criadores da realidade em que vivem (Chauí, 1997). Em nosso entendimento, essa função é realizada predominantemente nos psicodramas públicos.

Desde agosto de 2003, os psicodramas públicos do CCSP são realizados todos os sábados, ininterruptamente, das 10h30 às 13h, com uma média de público de 60 a 70 pessoas. Os mais diferentes temas são trabalhados sob diversificadas direções psicodramáticas[2]. Desde o princípio, montamos uma equipe de

---

1. <http://psicodramaccsp.wordpress.com>.
2. No *site* <http://psicodramaccsp.wordpress.com>, o leitor encontrará relatos de psicodramas públicos realizados no Centro Cultural São Paulo (CCSP), fotos e referências de outras publicações sobre essa atividade.

profissionais[3] que se incumbe de dirigir e convidar psicodramatistas para coordenar o grupo a cada sábado. Essa equipe garantiu a assiduidade semanal e a diversidade do trabalho. Para que haja ampliação da rede sociométrica, o convidado é imediatamente aceito por todos. A única exigência é que ele seja psicodramatista e tenha experiência com grupos.

O método moreniano é usado e muitas vezes ressignificado por todos os diretores que ali trabalham. O que temos percebido é que dirigir naquele espaço passou a representar uma reciclagem para os psicodramatistas já formados e uma extensão para a formação de novos psicodramatistas.

Uma das qualidades do CCSP é que, por ser um local aberto, de fácil acesso, coloca em relação pessoas vindas de diferentes estratos sociais e que, de outra forma, pela rigidez da estrutura social, dificilmente dialogariam. O psicodrama público inicialmente pretendia incluir os moradores de rua que circulavam e moravam nas redondezas do CCSP – essa era a demanda do diretor do centro cultural. Algumas dessas pessoas hoje participam. Apesar de a arquitetura da sala Adoniran Barbosa ser absolutamente aberta ao "mundo", e de algumas tentativas por parte de alguns diretores de trazê-los para "dentro", alguns se mantêm "fora" – talvez por considerar aquele espaço privado, ou por outro tipo de impedimento que percebam. Outros, eventualmente, criam coragem, ultrapassam o limite imaginário e participam.

Em um psicodrama público cujo tema era alimentação, por exemplo, falava-se sobre uma família comendo sardinhas e ovos. Enquanto a maioria do grupo presente rejeitava essa "mistura", quatro meninos de rua, muito timidamente, rindo muito, talvez

---

3. A coordenação dos trabalhos de sustentação do Psicodrama Público no Centro Cultural São Paulo é composta por: Ana Maria Niemeyer, Antonio Carlos Cesarino, Cida Davoli (coordenadora), Claudia Fernandes, Georgia Vassimon, Marcia Almeida Batista, Mariangela Wechsler, Milene De Stefano Féo, Pedro Mascarenhas, Regina Monteiro, Rosane Rodrigues.

"turbinados" por alguma droga, expressavam que comer sardinha com ovo era muito bom!!!!

No entanto, diferentemente do que aconteceu com estes meninos, nem sempre os moradores de rua se autorizam a entrar e participar do que ocorre, e muito menos com a liberdade de dizer o que pensam diante da crítica dos outros.

OBJETIVOS DO PSICODRAMA PÚBLICO

PENSANDO NAS CONCEPÇÕES de pobreza política trazidas por Pedro Demo (1991) e de proletariado psicoterápico ou socioterápico trazidas por J. L. Moreno (1974), entendemos que essa seja a população a quem mais se destina o psicodrama público. O primeiro conceito refere-se à ideia de que pobreza não implica apenas estar privado de bens materiais, mas, sobretudo, de construir suas próprias oportunidades. Implica ignorar seu próprio estado de pobreza, ou seja, ter escassa consciência crítica e pouca capacidade de confronto sociopolítico. O segundo termo refere-se à pobreza de relações de uma pessoa, ao pequeno número de papéis por ela desempenhados, uma rede social escassa e frouxa.

No CCSP, o grupo que coordena o psicodrama público propõe os seguintes objetivos para o trabalho:

- Criar espaços públicos que possam acolher diferentes subjetividades, nos quais seja possível a troca de ideias, valores e experiências de vida por meio da construção coletiva de histórias dramatizadas.
- Possibilitar a vivência psicodramática de vários papéis. Tanto de novos papéis, alheios à experiência cotidiana, como de velhos papéis sociais vistos de novas perspectivas.
- Contar e, na medida do possível, criar a história de cada um como indivíduo e cidadão.

CIDA DAVOLI • MARCIA ALMEIDA BATISTA • SHE NILSON

■ Expandir possibilidades de expressão e defesa de projetos individuais e coletivos, assim como de identificação de aliados e colaboradores para intervenção na vida pública e privada.

■ Facilitar reflexões éticas a partir de experiências cotidianas.

Com esses objetivos e com a metodologia psicodramática, constrói-se:

■ Um inventário de afetos.
■ Um mapa de São Paulo.
■ Uma cartografia psicodramática.
■ Um laboratório de vidas.

Esse projeto, que vai ao encontro da utopia moreniana, tem sido reconhecido pelo público que o frequenta, pela direção do CCSP e por toda a comunidade psicodramática, nacional e internacional.

MORENO E O PSICODRAMA PÚBLICO

O TERMO PSICODRAMA PÚBLICO não consta da literatura moreniana, foi introduzido por seus seguidores. Mesmo quando Moreno dirige um grande público no Komödienhaus, em abril de 1922, buscando respostas ao impasse sobre o futuro da liderança do Império Austro-húngaro, seu principal biógrafo – Marineau (1992) – define o evento como o primeiro sociodrama e não como psicodrama público.

Apesar de ter sido nomeado mais recentemente, no entanto, o psicodrama público tem sido uma prática desde o surgimento do psicodrama. As sessões de Moreno denominadas teatro da espontaneidade – e, mais tarde, teatro terapêutico –, realizadas ainda em Viena, guardam muitas características em comum com o que se atribui ao termo psicodrama público. Eram práticas que traziam o desejo de escapar das quatro paredes do consultório e realizar uma proposta de cunho fortemente social, fundamenta-da em seus princípios éticos e religiosos de corresponsabilidade. No entendimento de Marilena Chauí, no posfácio do livro *Descolonizando o imaginário* (1979, p. 264):

Se a função terapêutica do psicodrama tem sentido, este consiste em abrir a porta para fora do recinto do consultório, em colocar uma escada para que se possa descer do palco e viver o drama dos homens na companhia deles. Toda a questão consiste em saber se o psicodrama e, sobretudo, o sociodrama são capazes de tal ação.

Para Menegazzo (1995, p. 180), o psicodrama público é:

Técnica originalmente utilizada por Moreno em Beacon e em Nova York. Os grupos eram abertos e amplos. Eram compostos circunstancialmente, de modo espontâneo. O critério sociométrico era o de participar de uma experiência psicodramática pública. O protagonista que atuava em cada sessão devia resguardar dados de sua própria identidade, para manter o anonimato necessário.

Esse tipo de atividade era decorrente de uma cultura religiosa predominante nos EUA – cristãos protestantes – e de suas éticas de confissões públicas, que coincidiam com a cultura hassídica, base da teoria Moreniana. Segundo Fonseca (2011):

O psicodrama público é o verdadeiro psicodrama de J. L. Moreno. Dirigir uma sessão aberta em que não se conhece o grupo, nem o protagonista, nem os egos-auxiliares (originados do grupo), é o supremo desafio para o psicodramatista. Ele não conta como trabalha, ele demonstra. O psicodra-ma público não tem *script* previsível, é novo a cada apresentação. O ritual se repete, mas o produto é sempre inesperado. Quem e como será o protago-nista? Como será a direção? Qual será a ressonância do grupo? Nada é previsível, tudo é novidade! A sociodinâmica do psicodrama público não se insere na dinâmica dos pequenos grupos, tampouco na psicologia das massas. Os cinco instrumentos (diretor, protagonista, egos-auxiliares, palco e plateia), as três etapas da sessão (aquecimento, dramatização e compartilhamento) e as técnicas (desempenho de papéis, inversão de papéis, duplo, espelho, etc.) do psicodrama são os trilhos por onde corre o trem da espontaneidade. A "espontaneidade" no psicodrama é diferente do "espontaneísmo" do happening, que é anárquico e narcísico.

Outras denominações para essa mesma prática têm sido usadas: sessão aberta, ato socionômico, ato psicodramático, sociodrama público e mesmo axiodrama. Junto com a denominação, variam também seu entendimento e a prática do profissional que coordena. Essa diversidade nas modalidades de direção é abordada por Rodrigues em artigo na *Revista Brasileira de Psicodrama* (2008).

Para nós, o adjetivo *público* dado ao psicodrama refere-se ao *lugar* onde este é realizado e à *liberdade* para entrada e saída no trabalho de quem quer que seja. Diante dessas duas características, são necessários alguns novos procedimentos psicodramáticos, equipes de trabalho diferenciadas, éticas revistas; a metodologia, porém, seria a mesma. No entanto, a **maneira** como ela pode ser instrumentada pelo diretor faz toda a diferença para a reconstrução de **modos de ser**.

O INDIVÍDUO E O GRUPO NO PSICODRAMA E NO SOCIODRAMA

Uma terapia tem que conter toda uma multidão.[4]

APESAR DA DIFERENCIAÇÃO TEÓRICA que Moreno ou seus seguidores fazem entre sociodrama e psicodrama – o primeiro tem como foco o grupo; o segundo, o indivíduo –, pode-se confirmar, nas palavras de Moreno (1975, p. 413):

4. Moreno, 2008.

O verdadeiro sujeito do sociodrama é o grupo. É o grupo como um todo que deve ser colocado no palco para resolver seus problemas. Mas como o grupo é apenas uma metáfora e não existe *per se*, o seu conteúdo real são as pessoas inter-relacionadas que o compõem, não como indivíduos privados, mas como representantes da mesma cultura.

Entendemos que não se pode pensar numa direção sociopsicodramática, seja ela pública ou não, em que indivíduo e grupo estejam desarticulados – "todo e qualquer papel consiste numa fusão de elementos privados e coletivos" (Moreno, 1975, p. 410). O grupo, como representante de uma sociedade e de uma cultura, é a matriz dos papéis desempenhados pelos indivíduos – os quais, por sua vez, constituem um grupo, uma sociedade, uma cultura. Lembrando Moreno: "o **eu** advém dos papéis; não existe papel sem contrapapel; o papel é a menor unidade social, cultural" (Moreno, 1975, p. 410).

Um frequentador bastante assíduo dos psicodramas públicos no CCSP disse, jocosamente, que fazíamos "propaganda enganosa", porque o que fazíamos era, na verdade, sociodrama e não psicodrama público. Esse frequentador estava coberto de razão, pois o nome psicodrama foi adotado sem rigor terminológico, apenas por ser mais consagrado. Muitos psicodramatistas já tentaram mudá-lo para outros mais condizentes com a obra de Moreno, mas psicodrama é a denominação que ainda predomina.

Tanto o psicodrama como o sociodrama são desenvolvidos por meio do jogo de papéis em cenas sociopsicodramáticas coconstruídas pelos elementos do grupo, que revelam e modificam os conflitos e as tramas inter-relacionais. Na medida em que mudam as inter-relações, os papéis em jogo também são modificados.

O que se vê na cena sociopsicodramática é a fusão entre o coletivo e o privado. Portanto, o que se pode "ler" nessa dinâmica grupal são tanto as questões individuais como as coletivas. Para o diretor, o protagonista deverá sempre ser considerado e tratado como um emergente grupal, um porta-voz do grupo em seu sofrimento; um representante que fala, ainda que em primeira pessoa, sobre um sofrimento grupal. A história pessoal está a serviço da dinâmica grupal. Pela própria definição de protagonista, não se pode ter um protagonista desarticulado do grupo, de sua sociometria e sociodinâmica.

Certa vez, em uma sessão do CCSP, estava em foco a relação entre um casal. Na situação, a protagonista trouxe uma história vivida com seu marido. Na cena, disse: "Você tem que acreditar em mim, você não pode ficar olhando sempre para a mesma cena do passado"; e o marido respondeu: "Não confio. Não posso acreditar em você".

Essa relação protagônica de desconfiança entre o casal revelava algo da dinâmica desse grupo. Poderia referir-se, talvez, a uma senhora que frequentava o CCSP há pouco tempo e que exibia um comportamento bastante intempestivo. Esse comportamento provocava no grupo algum rechaço por ela. No dia da cena desse casal, tal senhora mostrou um comportamento mais adequado – menos invasivo. Mesmo assim, o grupo permanecia reagindo a ela como no passado recente, não podendo ver sua mudança. Da mesma maneira que o marido da cena não podia ver a mudança de sua mulher. O próprio grupo fez essa correlação durante o compartilhar.

De maneira geral, podemos considerar que fazer psicodrama seria a construção e criação de uma ou mais histórias por um grupo, em que cada um e todos se responsabilizam e estão implicados pelo todo e não só por sua parte. História essa que é sempre autobiográfica (desse grupo), revelando tensões, tramas, conflitos, *modus operandi*, atrações e rejeições.

Como o grupo é parte de uma sociedade, essa história construída nos revela também a anatomia e a fisiologia socioculturais: a placenta social e os funcionamentos e gêneses dos papéis e contrapapéis. Identificamos diferentes estruturas e funcionamentos dos grupos: grupos autoritários, grupos democráticos, grupos nos quais poucos falam, nos quais poucos escutam etc. Aposta-se na ideia de que pessoas mais saudáveis têm mais possibilidade de criar vínculos, redes, sociedades mais saudáveis, seja na escola, no consultório, nos centros culturais, nas praças públicas. Como nos diz Marilena Chauí (1979, p. 264): "A loucura não é patologia nem anormalidade, mas impossibilidade da convivência como coexistência de seres diferenciados".

Não compartilhamos dessa diferenciação entre sociodrama e psicodrama que toma como base o foco no grupo ou no indivíduo. Para nós, ambas as modalidades têm o mesmo objeto de estudo: a inter-relação entre grupo e indivíduos. O que confere sua diferenciação encontra-se em outros aspectos de sua prática. Pode haver variação quanto ao lugar (espaço público ou privado), quanto ao tempo, com relação à constituição da atividade como ato ou processo, com ou sem tema predefinido, inspirada em histórias individuais ou coletivas, realizada com grupos instituídos ou espontâneos, tematizados ou não. As abordagens usadas para esse trabalho diferem muito entre os diretores, mas o objeto – grupo – é sempre o mesmo.

O PÚBLICO E O PRIVADO NO PSICODRAMA PÚBLICO

O PSICODRAMA PÚBLICO **integra o indivíduo e o grupo na mesma cena dramática.** A cena, ainda muito pouco teorizada na teoria psicodramática, dá conta da intersecção entre o binômio grupo e indivíduo. A cena inclui todas as ações dramáticas presentes num grupo. O palco psicodramático, diferente do palco teatral estabelecido previamente e por seus atores profissionais, está em todos os lugares onde ocorre uma ação dramática que compõe a narrativa desse grupo.

Como definição de *público*, temos: "o que pertence a uma comunidade, a todos, o que é aberto a qualquer um, sem caráter secreto, transparente, universalmente conhecido" (Houaiss, 2009, p. 1.574).

Muitos diretores de psicodrama têm inúmeras preocupações sobre essa prática no que se refere a ética, segurança, confidencialidade ou como lidar com as dificuldades e necessidades particulares de algum de seus membros.

Na definição de Menegazzo (1995, p. 180), por exemplo, fica clara essa preocupação: "O protagonista que atuava em cada sessão devia resguardar dados de sua própria identidade, para manter o anonimato necessário". Como se pode resguardar uma identidade numa ação que é pública?

Essas preocupações tão importantes, no entanto, precisariam ser reequacionadas. Mascarenhas (2008) diz que nada é mais equivocado que confundir a intimidade trazida pelos psicodramas públicos com as cenas dos *reality shows*: "Nestes programas é incentivada a exclusão e a sobrevivência dos mais aptos. A imagem é obscena, pois a observação é fora da cena, isto é, pelo buraco da fechadura, devassando sua intimidade".

Todas essas tendências atuais de exposição da intimidade vão ao encontro e prometem satisfazer uma vontade geral do público: a avidez de bisbilhotar e "consumir" vidas alheias.

Continua Mascarenhas (2008): "Talvez esta questão da intimidade não obscena seja uma das mais relevantes num psicodrama público". A necessidade de ocultar essas tramas entre quatro paredes é muitas vezes o que traz o adoecimento e a patologização de determinados comportamentos, alienando os indivíduos. Complementa Mascarenhas (2008): "No psicodrama, ao contrário, trabalhamos com a inclusão de pessoas sociometricamente periféricas, e sempre por meio da implicação, isto é, da coexperiência, coexistência e cocriação".

A ética da direção de um psicodrama público está muito mais na preocupação em propiciar relações complementares, inclusivas e implicadas no grupo, por meio da coexperiência, coexistência e cocriação, do que na exibição "espetacular" de alguma individualidade.

Devanir Merengué, em um texto questionador sobre a atualidade do psicodrama, intitulado "Fronteirar" (2011), apresenta um novo conceito criado por um teórico francês chamado Serge

Tisseron – a *extimidade* (*extimité*) –, que pretende dar conta do fenômeno da privacidade constantemente exibida nas telas, e se pergunta: de que modo toda essa extimidade pode afetar a maneira como fazemos psicodrama? O íntimo é tudo que se aproxima do que sou, me conhece e se dá a conhecer. Já o privado é o não publicado – privado dos outros. O outro é um estranho a mim e à forma como sou.

> Aquilo que o indivíduo sofre na chamada intimidade muito possivelmente é sofrido, de algum modo, por tantos outros indivíduos dentro de uma mesma cultura e de uma sociedade. O espaço grupal sempre funcionou como o *locus* privilegiado para o encontro destas "privacidades". No experimento sociopsicodramático, a fronteira entre o público e o privado é derrubada para que possamos reconhecer a humanidade que nos aproxima. (Merengué, 2011)

Este é o caráter público de todo psicodrama:

> A busca por aquilo que nos oprime, a partir das constatações de que todos nós sofremos com isso, é concretizada no palco psicodramático. [...] Por outro lado, cada vez menos os relacionamentos acontecem no campo da intimidade. Existe um desejo de exibir aquilo que já chamamos de privado. Ou seja, a intimidade passou a ser mostrada de modo indiscriminado. (Merengué, 2011)

No texto citado, Merengué faz confusão entre o que sejam intimidade e privado. Essa cena pretensamente íntima, que se mostra fartamente em todas as mídias, parece ser mais a imagem espetacular do mundo privado – portanto, não público – olhado pelo buraco da fechadura do que cenas de intimidade como a entendemos, com todos os prazeres, as angústias, alegrias, surgindo paulatinamente entre os participantes.

É no psicodrama que se pode dar ao público, espectador e ativo, a possibilidade de ver e entender a cena íntima compartilhada e cocriada. Entendemos que o psicodrama público deve criar espaços de intimidade entre duplas, trios e, se possível, entre todo o grupo, para que diferentes olhares de um mesmo *script* público possam ser vistos, vividos e questionados corresponsavelmente. Reforça-se a ideia do cuidado do diretor para que o grupo participe dessa exposição implicado e responsável por ela.

Uma situação que pode ser correlacionada é a do sigilo médico que se refere ao atendimento entre quatro paredes com contrato privado entre médico e paciente. Isso não é o que ocorre num psicodrama, no qual não existem paredes para resguardar o privado do público. Achar que é possível controlar o que se fará com o que foi vivido no psicodrama público é uma fantasia. No entanto, acreditamos que constituir o grupo e aquecê-lo para o trabalho é também permitir que cada um veja com quem e para quê participará naquele momento. Ou seja, entender com quem está naquele momento e avaliar o que pode ou não realizar com aquele grupo. Não se trata de se desvestir indiscriminadamente.

MÚLTIPLAS CENAS, MÚLTIPLOS ÂNGULOS

Retomando a ideia da cena psicodramática: a **cena** é composta pelas ações do palco e pela plateia. Não é um espetáculo que vemos já pronto, mas uma oportunidade na qual existe o convite para a participação. A **ação** da plateia – quietos, participantes, omissos – faz parte da **cena** do grupo. Não existe separação, mas diferenças de papel. A **cena** não é o *reality show* exibido na tela da TV ou do computador; a cena psicodramática inclui ator e espectador, ambos responsáveis pelo que está sendo realizado. A cena é sempre múltipla e pode ser vista de diferentes ângulos. O diretor precisa se desfocar do *ator principal* – entendido como o protagonista.

Muitas vezes, a cena se desenvolve em outros *palcos*. Essa mirada "cubista" para as cenas nos permite identificar com mais clareza tensões existentes. As tensões podem existir entre cenas, não apenas entre papéis. Como afirma Moreno (1975, p. 410): "A cena põe em cheque o poder e controle do diretor, uma vez que este se dá conta de que há mais coisas em jogo do que ele pode conter ou perceber".

Cabe ao diretor, portanto, colocar em *evidência* diferentes perspectivas do que se passa no grupo. Alguns diretores entendem algumas ocorrências como *interferências*, que muitas vezes são sentidas ou relatadas pelo psicodramatista como problemas no desenvolvimento das cenas. Isso porque acreditam em cenas lineares. No entanto, a natureza não tem linhas retas. A vida não é feita de uma só cena a cada momento.

Novamente, o olhar global é importante para o diretor poder "orquestrar" todas as cenas que o grupo produz e, então, procurar soluções estéticas e psicodramáticas para incluir todas elas, a fim de criar a narrativa grupal.

Em um sábado no CCSP, a cena, dirigida por Cida Davoli, era a de um protagonista que faria aniversário e não sabia se gostaria de festejar ou não, por conta de se lembrar de muitos outros aniversários nos quais seus pais "esqueciam" de parabenizá-lo, o que lhe causava grande mágoa. Existia um foco de atenção importante nessa cena entre os presentes. Na plateia, porém, ocorria outra cena ao mesmo tempo: uma senhora gritava com um frequentador porque ele não parava de falar ao celular. Duas cenas. Uma no contexto psicodramático e outra no contexto grupal. Ou seriam dois contextos psicodramáticos?

Além de "passar um pito" no frequentador, a senhora também dizia: "Com coisas tão importantes acontecendo com X (o protagonista), você fica falando no celular!" Duas cenas em dois palcos. O que fazer com a "cena fora da cena"? Excluir? Mas qual delas? Não haveria uma concomitância, uma sobreposição, alguma articulação entre elas recompondo a narrativa? Será que uma não complementava ou decorria da outra? Nessa ocasião, a proposta apresentada pela direção foi intercalar as duas cenas, considerando uma como linha cruzada da outra.

O PAPEL DO DIRETOR

O DIRETOR DEVE PROCURAR a organicidade da cena e não sua homogeneidade. Deve cuidar para que cada elemento/sujeito da cena se entenda e entenda o movimento desta, responsabilizando--se e jogando seu papel nela e por ela. O diretor precisa levar cada um dos atores a eleger e apropriar-se do papel por meio do qual falará e agirá. Em alguns momentos, a cena entra em crise, pois há novos papéis que querem surgir da plateia ou dos atores em cena. Sua explicitação, e não sua eliminação, pode auxiliar a continuidade da cena.

Moreno (1975) acreditava que a saúde mental encontrava-se nas relações complementares e satisfatórias que poderíamos estabelecer com nossos pares. A construção de projetos comuns – tele – deveria ser o tempero para a saúde das relações e, portanto, do desempenho dos papéis.

A direção de um psicodrama público tem de se preocupar em propiciar relações complementares, inclusivas e corresponsáveis dentro de um grupo. Criar uma atitude de continência entre seus participantes. Essa atenção necessária do diretor de psicodrama público, de incluir e implicar, inviabiliza quaisquer caminhos prontos que alguns profissionais optam por utilizar no trabalho.

Pensamos que a história construída pelo grupo é importante; porém, a forma de construí-la revela e engendra modos de ser. A dramaturgia de um grupo não só se revela pelos diálogos, mas por toda a movimentação grupal – seja de inclusão, seja de exclusão, ou ambas.

A direção de psicodrama deve ser capaz de ler nas linhas e nas entrelinhas, nas linhas cruzadas, nas subcenas, seja em qual palco estiver. A polissemia complexifica a história e a enriquece, de maneira que perca a linearidade, inexistente em qualquer forma de vida. É o caráter público que permite o desvelamento das tramas que se tecem entre os indivíduos e as forças presentes na sociedade.

PSICODRAMA PÚBLICO E DIREÇÃO DE GRANDES GRUPOS

Temos visto a direção psicodramática resvalar, muitas vezes, mais para a compreensão do que se passa com determinado indivíduo do que para a explicitação das forças grupais e/ou sociais presentes. É nesse momento que a preocupação ética com comportamentos individuais, desvinculados do projeto dramático coletivo, ganha força. Ressalta-se, nesse tipo de direção, o afastamento dos princípios psicodramáticos. Portanto, não nos cabe cuidar ou descuidar do anonimato do protagonista, como quer Menegazzo em sua definição, e sim incluir e implicar a todos.

Stella Fava (2003), em comunicação verbal num grupo de estudos[5], ressalta que devemos ter clareza de que as ações são individuais, mas suas consequências nunca o são.

Ainda que realizemos um ato isolado na privacidade de nossa casa, este tem consequência social. No trabalho público, essa verdade surge de modo ainda mais explícito se lidamos com a tensão existente. Se pensarmos, como nos diz Moreno (2008), que a realidade externa, a matriz sociométrica e a realidade são estruturas em permanente tensão, essa tensão, ao ser revelada, abre caminhos para novos posicionamentos individuais.

Em uma atividade que abre espaço para a matriz sociométrica, saberes são confrontados e lidera quem tem respaldo sociométrico para isso. Em outras palavras: é fundamental aquecer os presentes para o trabalho, criando possibilidades de reconhecimento do grupo, dando espaço e palavra para os que desejem utilizá-los. A partir daí, temos a possibilidade da coconstrução de um trabalho dramático que, pela suspensão das regras "do que é" em favor das múltiplas possibilidades do "como se", permite a conexão com as forças espontâneas e criativas existentes em cada um, e muitas vezes cortadas pelas exigências das conservas culturais que, na maioria das vezes, predominam em nossas ações.

Nas palavras de Fuganti (2001):

---

5. Grupo de Estudos de Moreno (GEM), do Daimon – Centro de Estudos do Relacionamento.

Chamamos ética não a um dever para com a Lei ou o Bem, nem tampouco a um poder de segregar ou distinguir o puro do impuro, o joio do trigo, o Bem do Mal, mas a uma capacidade da vida e do pensamento que nos atravessa em selecionar, nos encontros que produzimos, algo que nos faça ultrapassar as próprias condições da experiência condicionada pelo social ou pelo poder, na direção de uma experiência liberadora, como num aprendizado contínuo.

As mudanças somente ocorrem quando conseguimos mudar as referências que as impedem. O resto são mudanças superficiais. Algumas direções psicodramáticas podem fomentar homens criativos, participantes; outras, homens disciplinados. Moreno quer um homem espontâneo e criador. Ele luta contra homens obedientes e subservientes.

UMA HISTÓRIA ÚNICA?

No teatro e no psicodrama, a história é contada por quem? Pelos atores? Ou são os espectadores que, vendo um diálogo, uma cena, fazem suas narrativas? A vida não tem sentido. Nós criamos sentido para ela.

É possível construir uma história única? Essa é uma pergunta interessante que os diretores de psicodrama podem ter em mente ao dirigir no CCSP, onde o grupo é diversificado e traz informações do seu *background* social de múltiplas maneiras. Como poderíamos pensar a construção de uma história num grupo com tal diversidade étnica, pedagógica, psicoterapêutica, cultural, social e econômica? Um caos, uma diversidade grande, um acordo de início impensável.

Por exemplo, vamos construir uma família. Quais os inúmeros modelos de família que podemos encontrar nessa população tão diversificada?

Tanto o cinema como o teatro e a literatura têm usado a fragmentação como linguagem. As "histórias" que o autor conta se tecem na fragmentação e na (des)continuidade. *Babel* (2006), filme com direção de Alejandro González Iñárritu e roteiro de Guillermo Arriaga, é composto por três histórias. Uma se passa no Marrocos, outra no Japão e outra na divisa entre EUA e México. Os recortes entre uma história e outra nos fazem perguntar se são três histórias ou uma só história, contada de maneira descontínua.

Forçar a construção de uma história linear e única por meio de um suposto protagonista tende a eliminar – e não a compreender – as tensões existentes entre a realidade externa, a matriz sociométrica e a realidade. Aplainar a permanente tensão dessas estruturas não permite mudanças nas maneiras como nos relacionamos. Revelá-las publicamente é, a nosso ver, um modo de favorecer a mudança, tanto do indivíduo como do grupo social.

Se temos, entretanto, mais de uma história no grupo, quais os instrumentos oferecidos pela socionomia para que não exista uma parede entre a história x e a história y – como costuma ser em nossa sociedade tão dividida entre classes –, aparentemente desarticuladas, mas que sabemos estarem profundamente relacionadas?

Às vezes, esses impasses provocam nos diretores a necessidade de criação de novos procedimentos psicodramáticos. A *forma* como se instrumenta a construção coletiva de uma história pelo diretor faz toda a diferença para a reconstrução de *modos de ser*, tanto no público como nos diretores de psicodrama.

As referências que sustentam determinados comportamentos, relações, configurações sociais, podem ser desveladas pelo grupo na dramatização. Isto é, se a dramatização estiver mais a serviço da revelação que da representação. Dito de outra maneira, mais a serviço da criação que da repetição. Por exemplo, a dissecação (ou a anatomia) da díade relacional comportamento autoritário e seu correlato, obediência, pode ser realçada na dramatização por meio das técnicas básicas do psicodrama (inversão, espelho, interpolação de resistência), mas também por meio de estéticas teatrais que evidenciem a genealogia do papel, suas referências, suas bases.

Identificar essas "forças" pelas quais somos atravessados possibilita sairmos do jugo involuntário gerado pelas expectativas sociais, presente nos jogos de papéis, e recuperarmos nossa potência para realizarmos alguma mudança. Uma ou todas. Essas conservas se exprimem por meio de papéis cristalizados, que revelam mais o *script* social predefinido que a subjetividade criadora dos indivíduos. Vê-los em cena, ainda que conservados, permite elucidar o contexto histórico, social e cultural de sua construção. Somos constituídos na relação de *co*-experiência, *co*-vivência e *co*-ação, e é dessa forma também que podemos evoluir quando, por meio de vínculos, nos permitimos visualizar o que são determinações da cultura em que estamos inseridos e nossa forma de dialogar com isso.

É no trabalho grupal que a potência do psicodrama se faz realidade, e é no psicodrama público que tal potência se realiza mais amplamente.

A VIDA É PREVISÍVEL?

A TEORIA PSICODRAMÁTICA é fundamentada na espontaneidade e na criatividade – portanto, no diferente, no diferenciado.

Criar um palco psicodramático no qual possamos nos libertar das imagens, expectativas que nos moldam, pelo menos por um momento, apurando nossa visão e atenção, identificando o que nossos olhos não veem ou, ainda, imaginando outras formas de viver a vida, seria concretizar a utopia moreniana.

Na sociedade de mercado em que vivemos, na qual o que predomina são pessoas padronizadas, iguais, com os mesmos desejos e outras mesmices, com modismos acachapantes, bons "consumidores", entendemos que qualquer psicodrama que fuja da padronização, que vá em busca da espontaneidade, do surpreendente no grupo e das cenas, que propicie encontros inusitados, cenas singulares e instigantes, será um psicodrama que rompe com o paradigma da conformidade, do "mundo da calça *jeans*".

Não se trata de criar um aparato espalhafatoso para dirigir, mas de estar *muito* atento para aproveitar a diversidade/riqueza grupal que surge, sua polifonia, e oferecer um palco para que possa ser revelado o que está emergindo.

O diretor, junto com o grupo, não reproduz o mundo, "inventa" a vida. Cria um mundo prenhe de sentidos, de contradições, com diferentes começos e fins indefinidos, ambivalentes. Como a vida é – ou pelo menos deveria ser. Sem explicações, ou melhor, com muitas maneiras de entendê-la, mas sem uma moral da história. Cada um vendo do seu ponto de vista, que pode ou não ser compartilhado, com suas singularidades, significados distintos.

Claro que para isso é preciso um diretor que acredite na força criativa de um grupo, suporte seu caos e transponha seus medos, o que não é tarefa pequena.

Os indivíduos que se reúnem aos sábados no CCSP constroem suas próprias histórias, reveem histórias de vida, suas e de outros, estabelecem relações diferenciadas, inusitadas (a aluna classe média com o morador de rua, para dar um exemplo), para fazer um trabalho coletivo, horizontal, sem hierarquias.

Ainda que numa microssociedade, podemos perceber, nesses psicodramas públicos, com muita satisfação, a importância social desse tipo de trabalho. Surge um novo desenho social que, torcemos, poderá "contaminar" outros grupos e, assim, rizomaticamente, crescer, modificar, retramar. Invisível, porém imprevisível e desejável. Vivo!

REFERÊNCIAS BIBLIOGRÁFICAS

AGUIAR, M. *O teatro terapêutico: escritos psicodramáticos*. Campinas: Papirus, 1990.

ARAÚJO, L. R. T. e LOPES, J. "O drama em cena". *Revista Brasileira de Psicodrama*, v. 6, n. 2, 1998, p. 95-99.

BOUQUET, C. M. e outros. *Psicodrama: cuando y por qué dramatizar*. Buenos Aires: Proteo, 1971.

CIDA DAVOLI • MARCIA ALMEIDA BATISTA • SHE NILSON

CESARINO, A. C. "Psicodrama na rua". *Folha de S.Paulo*, 7 maio 2001, p. A3. Disponível em: <http://www.armazemmemoria.com.br/psicodramadacida de/00ArmazemMemoria/Tema/01item.html>. Acesso em 15 set. 2011.

_____. "Psicodrama na rua". In: COSTA, Ronaldo Pamplona da (org.). *Um homem à frente de seu tempo*. São Paulo: Ágora, 2001.

CHAUÍ, M. Pósfacio. In: NAFFAH Neto, A. *Psicodrama: descolonizando o imaginário*. São Paulo: Brasiliense, 1979.

_____. *Convite à filosofia*. São Paulo: Ática, 1997.

COSTA, Ronaldo Pamplona da (org.). *Um homem à frente do seu tempo*. São Paulo: Ágora, 2001.

CUKIER, R. "O psicodrama da humanidade. Utopia, será?" In: COSTA, Ronaldo Pamplona da (org.). *Um homem à frente do seu tempo*. São Paulo: Ágora, 2001.

DAVOLI, C. "O teatro espontâneo e suas terminologias". *Revista Brasileira de Psicodrama*, v. 3, n. 1, 1995, p. 15-101.

DEMO, P. *Pobreza política*. São Paulo: Cortez; Autores associados, 1991.

DURAN, M. P. *O processo de construção cênica na psicoterapia psicodramática individual bipessoal*. Monografia. Curso de psicodrama do convênio SOPSP/PUC-SP, 2000.

FAVA, Stela. "O público e o privado". In: COSTA, Ronaldo Pamplona da (org.). *Um homem à frente do seu tempo*. São Paulo: Ágora, 2001.

FONSECA, J. *Psicoterapia da relação – Elementos de psicodrama contemporâneo*. São Paulo: Ágora, 2000.

_____. "Psicodrama, sociodrama e axiodrama público". Disponível em: <http://www.psicorama.com.br/artigo_detalhe.asp?ID=74&COLID=43>. Acesso em 15 set. 2011.

FUGANTI, L. "A ética como potência e a moral como servidão" (2001). Disponível em: <www.armazemmemoria.com.br/psicodramadacidade>. Acesso em 11 ago. 2011.

GUIMARÃES, L. A. "Psicodramas públicos e limites éticos". *Revista Brasileira de Psicodrama*, v. 10, n. 1, 2002, p. 83.

HOUAISS, A. *Dicionário Houaiss da língua portuguesa*. Rio de Janeiro: Objetiva, 2009.

KIM, L. M. V. "Psicodrama e intervenção social". *Revista Brasileira de Psicodrama*, v. 17, n. 2, 2009, p. 25.

MARINEAU, R. F. *Jacob Levy Moreno 1889-1974*. São Paulo: Ágora, 1992.

MASCARENHAS, P. "Psicodrama no Centro Cultural São Paulo". *Revista Brasileira de Psicodrama*, v. 16, n. 1, 2008, p. 65.

MASSARO, G. *Esboço para uma teoria de cena – Propostas de ação para diferentes dinâmicas*. São Paulo: Ágora, 1996.

MENEGAZZO, C. M.; TOMASINI, M. A.; ZURETTI, M. M. *Dicionário de psicodrama e sociodrama*. São Paulo: Ágora, 1995.

MERENGUÉ, D. "Fronteirar". Disponível em: <http://artepsicodramafilosofia. blogspot.com/>. Acesso em 28 jul. 2011.

PSICODRAMA PÚBLICO E DIREÇÃO DE GRANDES GRUPOS

MEZHER, A. "Esboço de uma teoria de cenas". *Anais do 1º Congresso Ibero--Americano de Psicodrama*, Universidade de Salamanca, 1997, p. 99-101.

MONTEIRO, R. F. "Teatro espontâneo: um ato político". *Revista Brasileira de Psicodrama*, v. 12, n. 1, 2004, p. 33-44.

MORENO, J. L. *Psicoterapia de grupo e psicodrama*. São Paulo: Mestre Jou, 1974.

_____. *Psicodrama*. São Paulo: Cultrix, 1975.

_____. *Quem sobreviverá? Fundamentos da sociometria, da psicoterapia de grupo e do sociodrama*. São Paulo: Daimon, 2008.

PETRILLI, S. (org.). *Rosa-dos-ventos da teoria do psicodrama*. São Paulo: Ágora, 1994.

RODRIGUES, R. "Quadro de referência para intervenções grupais psicossociodramáticas". *Revista Brasileira de Psicodrama*, v. 16, n. 1, 2008, p. 75.

SANTOS, G. S. "Ação dramática: seu sentido ético e suas roupagens ideológicas". In: AGUIAR, M. *O psicodramaturgo J. L. Moreno*. São Paulo: Casa do Psicólogo, 1990.

10. Pistas contemporâneas em socionomia

ANDRÉ MARCELO DEDOMENICO
CLÁUDIA CLEMENTI FERNANDES

> Renda-se como eu me rendi.
> Mergulhe no que você não conhece,
> como eu mergulhei.
> Não se preocupe em entender.
> Viver ultrapassa qualquer entendimento.
>
> CLARICE LISPECTOR

ADVERTÊNCIA • RECOMENDA-SE QUE O PRESENTE texto não seja lido como um caminho que garantirá determinado ponto de chegada, mas que seja utilizado como se fosse um telescópio voltado para o céu, que poderá amplificar sua percepção visual do cosmos, para ver não só a luminosidade das estrelas já conhecidas nos mapas de astronomia, mas também o escuro cósmico repleto de outras luzes que, devido à distância em relação ao observador terreno, sempre situado em alguma posição geográfica, ainda não puderam atingi-lo.

O ENCONTRO

DOIS SOCIONOMISTAS SE ENCONTRAM no aqui e agora. São muito diferentes em suas práticas grupais e histórias de vida. Ela fez psicologia, sua paixão é a arte teatral, possui em palco a espontaneidade exigida dos atores, ama a estética. Ele provém de um mundo diametralmente oposto, da ciência médica, da clínica psiquiátrica, dos medicamentos, das categorias diagnósticas e dos protocolos de abordagem, do carnaval e das artes plásticas.

Territórios existenciais diversos que se encontram pelo que possuem em comum, valores inerentes a qualquer socionomista: o gosto pela (cri)ação coletiva e pela arte, o trabalho com grupos, o acreditar no homem em relação, espontâneo e criativo de Moreno. Embora se conheçam há algum tempo, é a primeira vez que têm pela frente a tarefa de escrever um texto juntos. Perguntam-se o que há de contemporâneo na socionomia, entendida como metodologia de trabalho com grupos. Ou, ainda, como um saber criado na primeira metade do século XX pode se manter atualizado e fazer jus às necessidades do tempo em que se vive, sem procurar um paraíso perdido em suas origens ou a esperança de um futuro que nunca chega. Aqui e agora, sempre...

E o que se entende mesmo por contemporâneo?

Giorgio Agamben (2009), com base em suas leituras de Nietzsche, define o contemporâneo como o intempestivo, o que não é nem o tempo da eternidade, com suas verdades absolutas que permanecem como ideias universais a respeito das coisas e do mundo que nos cerca, nem tampouco o tempo da história, com seus encadeamentos lineares e determinantes dos acontecimentos. O intempestivo é aquilo que emerge da história, mas que foge dela a todo momento. Entendemos, baseados na definição de Moreno (1946, p. 84-5) para o ato criador, que qualquer processo de criação é da ordem do intempestivo, por abrir novas direções na ordem do tempo:

> A primeira característica do ato criador é a espontaneidade; a segunda característica é uma sensação de surpresa, de inesperado. A terceira característica é sua irrealidade, a qual tem por missão mudar a realidade em que surge; algo anterior e além da realidade dada está operando num ato criador. Enquanto um ato vivente é um elemento de nexo causal do processo vital da pessoa real, **o ato criador espontâneo faz parecer como se, por um momento, o nexo causal tivesse sido quebrado ou eliminado**[1]. [...]

---

1. Grifo dos autores.

A quarta característica do ato criador é que significa um atuar *sui generis*. Durante o processo de viver, atua-se muito mais sobre nós do que atuamos. Essa é a diferença entre uma criatura e um criador.

O processo de criação numa ação socionômica pode provocar ruptura, cesura no tempo circular, quebra no nexo causal. O tempo não mais como sucessão de momentos presentes. Não mais como linearidade. Não é mais possível um retorno ao mesmo, pois uma diferença já se atualizou. Num processo de criação, alguns mundos sucumbem, desmoronam, desabam diante do inesperado; outros se atualizam, e é o próprio movimento da vida que aparece, o próprio tempo que se bifurca.

Mas o que isso significa? Ser contemporâneo, para Agamben (2009, p. 62-4), é estabelecer uma relação singular com o próprio tempo, aderindo a ele e, simultaneamente, dele tomando distâncias – uma relação, portanto, de dissociação e anacronismo com o próprio tempo. Em outras palavras, "contemporâneo é aquele que mantém o olhar fixo no seu tempo, para nele perceber não as luzes, mas o escuro. [...] É aquele que percebe o escuro do seu tempo como algo que lhe concerne e não cessa de interpelá-lo, algo que, mais que toda luz, dirige-se direta e singularmente a ele".

Mas que luz e escuro são esses de que Agamben nos fala? A luz que define nossa percepção das coisas, o modo como percebemos determinados objetos já dados em nossa consciência histórica e pelos quais procuramos na realidade vivida. São tais condições de luminosidade e de enunciação em dado momento histórico e social que nos permitem perceber determinados objetos e enunciá-los. Objetos já naturalizados ao longo das décadas, construídos pelas ciências humanas e que, de um modo ou de outro, iluminam nossa percepção das coisas. Numa livre interpretação das palavras de Agamben, o escuro seria exatamente aquilo que foge dessa luz, objetos criados a cada relação, que emergem no aqui e agora dos encontros, e não dados a *priori*.

ANDRÉ MARCELO DEDOMENICO • CLÁUDIA CLEMENTI FERNANDES

O coinconsciente moreniano, um conceito de difícil definição na teoria socionômica, mas repleto de significados e sentidos[2], não poderia ser também compreendido como o escuro – o contemporâneo de um grupo? Aquilo que está oculto, nas sombras, invisível ou sem condições de visibilidade, e que, ao se mostrar durante um trabalho de criação coletiva[3], faz-se luz e assim pode ser enunciado, tornado coconsciente, e produzir novos sentidos, novas direções de vida?

Vejamos a seguinte cena produzida por um grupo durante uma intervenção socionômica:

Durante um aquecimento inespecífico para cuidar das questões de comunicação dentro de uma empresa cujo grupo tinha uma autoimagem muito positiva de si mesmo, o diretor solicitou a criação de uma máquina humana que representasse as diversas áreas dessa empresa. O resultado foi uma cena na qual havia engrenagens que funcionavam sem conexão entre si. Não havia corresponsabilidade, coparticipação e nem criação coletiva. Havia apenas indivíduos isolados, cada um fazendo seu próprio trabalho, e a saída de um deles da cena nem sequer era percebida pelos demais. Ao ser dada luz ao coinconsciente grupal que estava no escuro e emergiu já no início do trabalho, o diretor se viu convocado a abrir mão de seu próprio *script* de direção previamente construído e que garantiria as etapas clássicas de um trabalho socionômico.

---

2. Para saber mais a respeito, sugere-se a leitura de "O coinconsciente: criando vínculos que nos criam", em: Nery, M. P. *Vínculo e afetividade – Caminhos das relações humanas*, São Paulo, Ágora, 2003, p. 153-75.

3. Embora o termo cocriação já seja um conceito bastante utilizado pelos socionomistas, ele nos remete a uma intersubjetividade, a dois ou mais sujeitos em relação que cocriam. Entendemos que um coletivo vai muito além de uma justaposição de corpos individuados ou de sujeitos já dados, constitui-se numa reunião de elementos diversos: perceptivos, cognitivos, históricos, econômicos, sociais, midiáticos etc., que entram em composição durante um processo de criação.

Tal corte do diretor, diante da cena aqui descrita, revela um escuro do qual emerge um novo objeto a ser trabalhado por todo o grupo: um corpo coletivo fragmentado formado apenas por indivíduos reunidos, que faz desmoronar a autoimagem que o grupo tinha de si mesmo e nos convida a criar outras saídas para tal impasse. Tal cena de aquecimento tornou-se, em si mesma, a própria dramatização; caso o diretor ficasse preso nas etapas convencionais de um trabalho socionômico, correria um grande risco de essa questão central do grupo não vir à luz novamente.

Dentro dessa compreensão, portanto, não se é contemporâneo, está-se contemporâneo de algo de acordo com a relação que se estabelece com o próprio tempo, com um autor, com o aqui e agora, com um grupo, com a própria socionomia. Moreno faz-se nosso contemporâneo, não porque nos dita os caminhos verdadeiros ou os fundamentos de uma prática grupal, mas por nos dar ferramentas conceituais que nos possibilitam criar tais coletivos. Não se trata de tempo cronológico presentificado, mas de posição subjetiva situada entre o claro e o escuro, entre psicologia e sociologia, entre dentro e fora, entre indivíduo e sociedade, entre singular e coletivo, entre passado e futuro.

Fizemos, até aqui, uma pequena e sucinta explanação do que podemos chamar de contemporâneo e em quê isso implica. Mas, e quanto ao método socionômico?

Um método diz sempre de um caminho, uma direção que deva ser percorrida para se atingir um objetivo prefixado[4]. Ou seja, sempre que aplicamos um método, sabemos de antemão quais serão seus objetivos, o que será produzido, os obstáculos que devemos transpor para atingir determinadas metas, os movimentos grupais que devem ser feitos para que a produção coletiva saia conforme alguns valores preestabelecidos. Interpretam-se os movimentos e expressões grupais com base em um saber já

---

4. Conforme a discussão sobre pesquisa-intervenção e o método da cartografia feita por Eduardo Passos e outros autores no livro *Pistas do método da cartografia: pesquisa-intervenção e produção de subjetividade*, p. 10-11.

legitimado pelas disciplinas reconhecidas cientificamente. Trabalha-se com uma intencionalidade no processo, numa zona de luminosidade conhecida. Como fica a criação coletiva nisso tudo? Se já sabemos de antemão a emergência de quais objetos devemos favorecer durante um trabalho grupal, não há criação, há apenas a instituição de determinados valores pelo diretor do grupo, dada a posição que seu saber-poder lhe outorga. Moreno (1946, p. 90-1) assim descreve seu método de trabalho:

> A matriz do teatro de improvisação é a alma do autor. Entreguemo-nos à ilusão de que as figuras do drama que aí está em processo de produção se tornaram visíveis, audíveis e tangíveis. Nessa representação ideal, todas as condições são satisfeitas: o ato de criação é contemporâneo do de produção; há harmonia entre situação e palavra. Derivar disso uma ciência e procurar leis que a governam é objeto da "dramaturgia". Por outro lado, a "criaturgia" não se interessa pelos eventos que estão contidos nos dramas nem pelas leis que podem ser derivadas deles. Interessa-se pelo próprio drama da criação. Enquanto a dramaturgia vem depois do drama, a criaturgia deve funcionar com ele.

A criaturgia moreniana afirma-se como processo e não como lugar de chegada. Processo de criação, experimentação de novos rumos. Para Moreno, a obra de arte já é conserva cultural. Em certo ponto, ele tem razão, se entendermos que ela é o lugar de chegada e não o caminho percorrido, o próprio processo de criação. Mas a obra de arte também é um telescópio, por trazer em si uma abertura para novas possibilidades de existência. A cena anteriormente descrita, entendida como obra de arte daquele grupo, carrega em si cristalização do funcionamento grupal, mas também nos traz infinitas possibilidades de abertura para a (re)criação.

A criaturgia faz-se um processo pelo qual a transformação de si mesmo e das próprias perspectivas de mundo é o que mais importa. Há, portanto, dentro da socionomia, uma abertura de

PISTAS CONTEMPORÂNEAS EM SOCIONOMIA

reversão metodológica, o *metá-hodós* transforma-se em *hodós--metá*. Não se trata de oposição, mas das duas faces da mesma moeda, e que permite, dentro da socionomia, trabalhar tanto com a pesquisa-ação quanto com a pesquisa-intervenção. A pesquisa--intervenção é, nas palavras de Passos *et al.* (2009, p. 10-11):

> Um método não para ser aplicado, mas para ser experimentado e assumido como atitude. Com isso não se abre mão do rigor, mas este é ressignificado. O rigor do caminho, sua precisão, está mais próximo dos movimentos da vida ou da normatividade do vivo, de que fala Canguilhem. A precisão não é tomada como exatidão, mas como compromisso e interesse, como implicação na realidade, como intervenção.

Tal abertura metodológica é que nos permite ver o escuro e os objetos que dali emergem como criação e produção de novas subjetividades, que nos permitem habitar essa zona de indeterminação, entre o passado que permanece e o futuro que insiste em chegar, entre a conserva e o inédito que surpreende até mesmo um diretor implicado[5], entre o coconsciente definido pela luminosidade inerente ao grupo e o coinsconsciente emergente de sua escuridão. Abertura que nos permite pensar em uma função psicodramática[6], no sentido da produção de singularidades individuais, e uma função sociodramática, como constituição de um *socius* em qualquer trabalho grupal, para além das dicotomias indivíduo *versus* sociedade, público *versus* privado, psicodrama *versus* sociodrama. Em qualquer trabalho socionômico,

---

5. Implicado: im (dentro) + plica (dobra), no sentido de estar dentro da dobra subjetiva do grupo, enredado nessa prega, embrulhado na mesma dobra do coletivo que se propõe a experimentar e na qual se propõe a intervir. O sufixo *ex*, de explicar, indica para fora, para além dos próprios limites da dobra na qual se está enredado. A explicação virá sempre depois, no desdobrar a experiência vivida.

6. Dedomenico (2009) discute mais amplamente tais funções psicodramáticas e sociodramáticas em sua monografia de psicodramatista-didata, intitulada *Fissuras institucionais*, apresentada ao Departamento de Psicodrama do Instituto Sedes Sapientiae, em dezembro de 2009.

O CENÁRIO CONTEMPORÂNEO

O MOVIMENTO DE SAÍDA dos consultórios e a intensificação de trabalhos em atos, em espaços públicos, escolas e organizações públicas ou privadas, ampliaram o campo de atuação do socionomista. A prática socionômica tem se transformado, o psicoterápico se mescla com o social, ganha outros contornos e expande suas fronteiras.

Grupos de teatro de improviso e novas práticas de atuação clínica ganharam personalidade e autonomia ao longo das últimas duas décadas ao trazer de novo o teatro para dentro da prática socionômica e inovar tanto em abordagens bipessoais quanto em grupos.

Muitos grupos – entre eles o Vagas-Estrelas, o Improvise, a trupe Giramundus, o Trumperempstórias – derivados inicialmente do teatro espontâneo, assim como muitos socionomistas, ampliam seu repertório ao hibridizar suas práticas com novas ferramentas conceituais provenientes das mais diferentes áreas de conhecimento: artes plásticas, literatura, filosofia e o próprio teatro contemporâneo. Tal movimento favorece uma abertura transdisciplinar à abordagem socionômica.

A maioria desses trabalhos se distancia do psicodrama clássico, e as próprias fronteiras entre psicodrama e sociodrama se fluidificam, mas mantêm em sua concepção a pulsação da filosofia moreniana: a criação coletiva, a implicação de todos os atores envolvidos no processo, a construção de um campo social, a própria vida que se duplica e não se representa em palco, a ampliação da clínica para além das paredes dos consultórios.

Trabalhos que retornam ao rito da cena, ao ritual estético da linguagem teatral, ao palco psicodramático. Nessa direção, toda

PISTAS CONTEMPORÂNEAS EM SOCIONOMIA

equipe ganha *status* de trupe, com um *staff* que mistura sociono-mistas e artistas. Ambos podem se interpenetrar, se transformar. O socionomista se torna artista e o artista pode se tornar socio-nomista. O diretor (re)cria junto com o grupo algo que há de novo e que não é uma simples junção de pensamentos e cenas. Direções em alta potência criativa num patamar também artístico (plástico-corporal e sensorial) e menos verbal e racionalizado. Talvez grupos tidos como menos "científicos", mas que entram corajosamente em minúcias daquilo que nos escapa por outras vias.

A cena vivida se legitima em detrimento da cena pensada, valorizando-se, em muitos momentos, mais as vias e formas de expressão que dizem daquele grupo do que seus conteúdos propriamente ditos e seus respectivos significados. Um exemplo disso pode ser visto numa cena realizada em um ato socionômico público para um grande grupo, no qual havia intenso movimento de exclusão de um dos participantes. Em dado momento do trabalho, alguém sugere uma cena de retratação com o pai. Prontamente, a grande maioria do grupo apoia essa ideia, deixando isolado sociometricamente o elemento que o grupo tendia a excluir.

O diretor, em vez de dar continuidade ao conteúdo de retratação, no "contrapelo" da história, pontua que aquela eleição sociométrica revela o movimento de exclusão que o grupo quer impor e pede outros caminhos. O grupo prossegue na repetição expressa da exclusão nas cenas subsequentes, independentemente dos conteúdos emergentes. O diretor reitera o movimento grupal e o reverte ao escolher sociometricamente o elemento excluído. O protagonista da exclusão chora no palco e diz: "Ninguém aqui é diferente de mim, todos são iguais a mim..." O abraço, o choro e o texto devolvem ao grupo o movimento de exclusão, podendo agora incluir suas diferenças.

Nesse sentido, o trabalho da unidade funcional se amplia. O *status* do ego-auxiliar também sofre mudanças, não está mais em cena a serviço de sua repetição mecânica. Trabalha com autonomia,

203

um quase diretor... um ego-diretor. Um diretor-criador... Podendo subverter etapas, dando múltiplos sentidos às cenas produzidas. Um trabalho que conta com a experiência do participante e faz pacto com os riscos, um diretor que se põe em perigo, que se põe à prova. Nas palavras poéticas de Sylvia Cardim, parodiando Manuel Bandeira, a *Nova psicodramática:*

Vou lançar a teoria do psicodrama sórdido.

Psicodrama sórdido:

Aquele em cuja poesia há a marca suja da vida.

Vai um sujeito.

Sai um sujeito de casa com a roupa de brim branco muito bem engomada, e
[na primeira esquina passa um caminhão, salpica-lhe
[o paletó ou a calça de uma nódoa de lama:
É a vida.

O psicodrama deve ser como a nódoa no brim:

Fazer o diretor satisfeito de si dar o desespero.

Sei que o psicodrama é também orvalho.

Mas este fica para as menininhas, as estrelas alfa, as virgens cem por cento e
[as amadas que envelheceram sem maldade.

Ao se correr tais riscos, produz-se um corpo coletivo pela constituição de uma grupalidade que implica e responsabiliza a todos, numa multiplicidade e intensidade de pontos de vista sobre o que se vive no aqui e agora. O corpo individual e coletivo faz-se palco dos próprios dramas, das cenas, das indagações e contradições, da própria coexistência, de um coletivo-em-mim. Dramas e corpos transitam, se afetam, se misturam, se chocam, se destroem, se constroem e se (re)criam. A experiência psicodramática, um momento de trânsito da forma, com evidentes escalas variadas de transformação. E mesmo um corpo silencioso na plateia, capturado pela corporeidade coletiva, em sua participação quase invisível, é afetado por tudo que se passa.

ALGUMAS PISTAS CONTEMPORÂNEAS

Longe de querer esgotar o assunto, discutiremos algumas práticas que emergem neste cenário que chamamos contemporâneo. Ao relatá-las, e de algum modo já subvertendo-as dentro deste ponto de vista singular que estamos a produzir, nos deteremos apenas nos afetos que tais práticas produzem em nós. Tais diretores, ao criar seus próprios "métodos" de intervenção grupal, suas novas leituras vividas em palco psicodramático, apontam seus telescópios para zonas escuras do cosmos, ampliam nossa percepção e criam, a partir daí, novas luminosidades, novos objetos – os quais possibilitam que os valores da filosofia moreniana permaneçam contemporâneos a todo um campo social e garantem que nosso próprio coletivo como socionomistas esteja em constante transformação, fazendo jus à proposta da criaturgia moreniana.

TEATRO DE REPRISE: A CRIAÇÃO CÊNICA DE DRAMAS NARRADOS

Trata-se de uma versão brasileira do *playback theatre*, de Jonathan Fox. Histórias contadas pela plateia são reapresentadas dramaticamente por um grupo de egos-atores-autores e músicos, cujo compromisso se dá mais com a emoção presente no relato do que com os fatos em si, revelando camadas por vezes encobertas na cena narrada. O improviso e o despojamento dos atores, no caso do grupo Improvise e de sua diretora Rosane Rodrigues, trazem uma estética espontânea que se aproxima da vida e homenageia o narrador, devolvendo-lhe uma alegoria de sua própria história. O tom quase sempre bem-humorado das cenas, que por vezes riem da própria vida, o ritmo, a música, o camarim, os figurinos e adereços "quase carnavalescos" sublinham o risível e o patético da vida, ao mesmo tempo que subvertem e ampliam os sentidos da narrativa, permitem que o narrador e os demais integrantes da plateia espelhem seu dramas em tons mais artísticos.

TEATRO DA CRIAÇÃO: O DESCONCERTANTE (EN)CENA

Silêncio. Palco vazio. A plateia entra sorridente e eufórica aguardando as consignas do diretor. Pedaços de textos, descontinuidades de cenas, interrupções e cortes abruptos; uma multiplicidade de corpos, de papéis e de personagens se instala em palco. Atores-egos a serviço da desconstrução vão a contrapelo da história. Há uma ruptura de tempo-espaço, de linearidade e das dicotomias tão presentes na vida e na subjetividade atual: indivíduo e coletivo, dentro e fora, sujeito e objeto, clínica e política, vida e morte, criação e destruição. O processo de criação coletiva se sobrepõe a uma interpretação que conduza a cena para uma só direção com base em alguma verdade preestabelecida. Nas palavras de Reñones (2004, p. 69): "Qualquer coisa que se deseje chamar verdade, ou é temporal, ou necessita ser paradoxal, com tensão interna constante, que nos impeça de acomodar-nos a ela, como quem já tem uma resposta definitiva".

As narrativas grupais são transcriadas em palco e não simplesmente traduzidas, no sentido de que são apenas uma pequena parte do imaginário grupal. Como resultado, cabe a cada elemento grupal criar seu próprio ponto de vista de acordo com sua experimentação na dramatização, inventar sua singularidade naquele processo.

PSICOTERAPIA DA RELAÇÃO: DOIS EM UM

O minimalismo toma conta do consultório psicodramático. Duas cadeiras, um diretor-ego e um cliente. Sem adereços, sem parafernálias, sem cenário, sem figurinos. Há um quase vazio cenográfico. O ritmo contínuo e sem pausas revela personagens e conflitos que se deslocam continuamente nas tomadas de papel, de um pelo outro, do outro pelo um. O paciente-narrador-autor das histórias se surpreende com seus movimentos parados que geram deslocamento subjetivo e criam novas versões para os personagens, rompendo papéis cristalizados na sua própria história.

O diretor experimenta, segundo Fonseca (2000), "alterações sutis de estados de consciência" (p. 23) ao desempenhar papéis alheios a si próprio, o que facilita a comunicação coinconsciente entre as subjetividades envolvidas naquela relação terapêutica. Ambos saem modificados dessa experiência – o diretor, ao se dar conta de "coisas que sabia e não sabia que sabia de seu paciente" (p. 23); o paciente, ao se abrir para novas possibilidades relacionais em sua vida.

MULTIPLICAÇÃO DRAMÁTICA: AS CENAS QUE SE DESDOBRAM

Uma cena emerge da plateia, fruto de um relato de experiência pessoal do protagonista que ganha o palco psicodramático. O grupo é convidado a inspirar-se nessa cena e, por meio de jogos teatrais, experiências espontâneo-criativas, sentimentos, percepções, chegar a outras produções cênicas. As cenas são devolvidas para a plateia, num processo de livre associação e criação de sentidos. Tais desdobramentos lançam os participantes do grupo para novos lugares e abrem outras possibilidades de entendimento da cena original. Segundo Mascarenhas (1999, p. 105): "A multiplicação dramática produz linhas de desenvolvimento, histórias, e não uma única história centralizada: são várias histórias entretecidas. A história inicial do protagonista é tomada para produzir desbloqueios de intensidades e fluxos de sentidos e acontecimentos inesperados".

Associar livremente, dar novas pistas, dar outras direções, implicar-se coletivamente, embaralhar a coautoria, abrir mão da autoria, democratizar a cena. Em tempos de narcisismo, de egos hiperdilatados e hiperautorais, a multiplicação dramática favorece uma assinatura coletiva da própria obra produzida. A cena inicial serve de inspiração para o grupo, é engolida, raptada, para depois ser decomposta em seus elementos constitutivos e (re)apresentada em novas configurações, as quais poderão ser novamente engolidas pelo grupo num processo contínuo de aberturas e desdobramentos.

RETRAMATIZAÇÃO: LINHAS QUE SE INTERPENETRAM

As autorias de diversas tramas individuais serão alinhavadas numa trama grupal, na qual cada autor passa a ser personagem de um roteiro dramatúrgico criado coletivamente. A pessoa privada do autor é protegida pela estética teatral, mas poderá se reconhecer na dramaturgia encenada por um terceiro subgrupo. O processo de retramatização se dá resumidamente em três fases. Na primeira fase, cada elemento do grupo escreve um relato individual e anônimo sobre o tema a ser trabalhado. Na fase seguinte, os relatos, já misturados, são separados em três subgrupos. Cada subgrupo deverá produzir uma cena a ser dramatizada com base no que foi lido nos conteúdos dos relatos. Na terceira fase, os roteiros são dados para outro subgrupo preparar a encenação. Assim, os relatos individuais viram um roteiro produzido coletivamente e que será encenado por outro subgrupo diferente daquele que o escreveu.

A cada fase desse processo, pequenos deslocamentos são feitos nas tramas individuais, com releituras provenientes de outros pontos de vista, os quais serão também alinhavados pelos roteiristas e sofrerão uma terceira modificação, já que o grupo que fará a dramatização não é o mesmo que escreveu o roteiro com base nas tramas individuais. O drama privado, com personagens muitas vezes cristalizados em suas ações, ganha um enredo coletivo. Cada autor poderá se reconhecer sem exposição nas cenas dramatizadas, seus personagens iniciais são convocados para novas (re)tramas.

AGRUPPAA: MULTIDIMENSÕES CÊNICAS

Trata-se de um aparelho grupal para pensar pensamentos, ações e afetos (Agruppaa), criado por Milene de Stéfano Féo. Os múltiplos vértices de compreensão de uma realidade entendida como multidimensional são aqui valorizados pelas estratégias de um diretor que, ora suspende tacitamente a alteridade e legitima a existência da cena do protagonista, ora introduz a alteridade em cena, fazendo que o protagonista ou o próprio grupo possa se confrontar com o que difere de si próprio. A luminosidade de uma identidade se confronta com o escuro de sua própria alteridade. A trupe de egos do Agruppaa produz ressonâncias consonantes, dissonantes ou neutras a partir da cena relatada pelo protagonista. Alguns egos ficarão a serviço da cena trazida pelo protagonista e outros produzirão uma cena simbólica que será oferecida posteriormente ao protagonista e ao grupo. As multidimensões se realizam em cena com seus pensamentos, ações e afetos.

PSICODRAMA LÍQUIDO: UMA NOVA GEOGRAFIA CÊNICA E SUBJETIVA

As fronteiras do espaço físico dramático tornam-se fluidas, as cenas ocorrem por todos os lados nas mãos de Cida Davoli. O palco deixa de ser um local delimitado fisicamente, a distinção clássica entre palco e plateia torna-se extremamente porosa, qualquer espaço por onde o grupo se distribui pode ser local para a emergência das cenas daquele coletivo. Ao deslocar as cenas para novos espaços fora dos limites predefinidos do palco, é a própria geografia mental que sofre uma mutação e nos obriga a construir novos mapas subjetivos.

GOTA D'ÁGUA: UMA GOTA QUE FAZ JORRAR

O Grupo Gota D'água é um dispositivo que reintroduz a arte teatral na ação socionômica. Atinge e mobiliza os participantes, levando-os à ação sociopsicodramática. Nesse processo de convocação do outro, cada espectador é afetado singularmente, pois a encenação primeira (enredo, sonoplastia, figurinos, cenário, interpretação dos atores) atravessa o campo grupal, e a plateia reage motivada pelos elementos cênicos, deslocando-se com vantagens da postura distanciada de espectadores para a de participantes ativos. Uma encenação como obra inacabada que tem fragmentos autorais dos atores e dramaturgia teatral capaz de dar consistência vital aos atores do Gota D'água.

A intervenção tem por objetivo estimular o público à recriação do roteiro inicial, fazendo que se produzam novas versões capazes de conferir outros sentidos aos temas focados nos momentos iniciais. Temas culturalmente sensíveis, tais como a loucura, a paixão, a traição, a liberdade e a violência, são abordados em uma realidade suplementar. Protegida por personagens, a plateia pode, assim, encorajar-se a adentrar em domínios emocionalmente desafiadores. Desestruturado na sequência das falas e da encenação, o roteiro inicial se aperfeiçoa e ganha vida, impondo-se a todos como um norte à ação coletiva e à distribuição dos papéis.

A arte e a socionomia se aproximam pelas demandas de inspiração e de técnicas que compartilham. Uma obra de arte abriga conteúdos revolucionários, muitas vezes reveladores de "um novo olhar sobre uma velha ideia" (Tassinari, 1997, p. 102), uma consideração bastante próxima da noção de espontaneidade moreniana.

A articulação entre psicodrama e arte pode se dar pela via da cocriação (Contro, 1997). Nessa perspectiva, há uma impossibilidade de cisão entre fantasia e realidade, visto que ambas modificam-se reciprocamente, instaurando-se complementaridade entre elas. No trabalho do Gota, tanto o processo de criação quanto o produto artístico são explorados/valorizados, pois apresenta-se uma obra inacabada na forma de uma dramaturgia disparadora que será reconstruída, em seguida, com a plateia. Assim, o Gota e a plateia participam do processo e do produto na construção/reconstrução dessa obra aberta.

A ação dramática e a estética teatral oferecem um sentido transformador, pois as cenas são vividas em conexão com as emoções e a linguagem teatral tem também, potencialmente, uma função terapêutica.

ÚLTIMA PISTA

Revisitar a cena contemporânea dentro da socionomia, mais do que querer estabelecer a verdade sobre métodos, possibilitou-nos a criação de um mapa repleto de pistas e sentidos que coexistem em cada autor e em cada prática. Derivar sobre tal cartografia nos fortalece para trilhar nossos próprios caminhos e visualizar novas direções. Uma prática sempre em construção.

O contemporâneo se faz a cada relação estabelecida com tais autores, com tais metodologias, com o grupo de trabalho, com cada abertura propiciada por tais pistas, na construção e na criação da singularidade de cada diretor. Mais do que um método a ser reproduzido, a contemporaneidade está no modo como cada um se lança em cena diante do escuro que diz respeito a nós mesmos.

⌇

COMPANHEIROS DE VIAGEM

Agamben, G. *O que é o contemporâneo? e outros ensaios.* Chapecó: Argos, 2009.

Contro, L. C. "Psicodrama e arte". *Revista Brasileira de Psicodrama*, v. 5, n. 1, 1997, p. 101-6.

Davoli, C. "Cenas psicodramáticas: psicodrama líquido". *Revista Brasileira de Psicodrama*, v. 14, n. 1, 2006, p. 79-90.

Dedomenico, A. M. *Fissuras institucionais.* Monografia apresentada para obtenção do título de psicodramatista-didata – Departamento de Psicodrama do Instituto Sedes Sapientiae, São Paulo, 2009.

Féo, M. S. "Direção socionômica multidimensional Agruppaa e a fé tácita no eterno retorno". *Revista Brasileira de Psicodrama*, v. 17, n. 1, 2009, p. 87-104.

Fernandes, C. C. *Teatro + psicodrama: o território do Grupo Gota D'Água.* Monografia apresentada para obtenção do título de psicodramatista-didata – Departamento de Psicodrama do Instituto Sedes Sapientiae, São Paulo, 2010.

Figusch, Z. "O modelo contemporâneo de sociodrama brasileiro". In: Fleury, H. J.; Marra, M. M. (org.). *Sociodrama: um método, diferentes procedimentos.* São Paulo: Ágora, 2010.

Fonseca, J. *Psicoterapia da relação – Elementos de psicodrama contemporâneo.* São Paulo: Ágora, 2000.

ANDRÉ MARCELO DEDOMENICO • CLÁUDIA CLEMENTI FERNANDES

LIBERMAN, A. "Retramatização – a trama individual, a retrama grupal e a ação dramática como agente de transformação: uma proposta sociodramática". *Revista Brasileira de Psicodrama*, v. 3, n. 2, 1995, p. 25-39.

MASCARENHAS, P. "Multiplicação dramática". *Revista Brasileira de Psicodrama*, v. 4, n. 1, 1996, p. 13-22.

_____. "Multiplicação dramática – a multiplicidade heterogênea e caótica do grupo como possibilidade terapêutica". In: ALMEIDA, W. C. (org.). *Grupos – A proposta do psicodrama*. São Paulo, Ágora, 1999.

MORENO, J. L. *Fundamentos do psicodrama*. 2. ed. São Paulo: Summus, 1983.

_____. *Teatro da espontaneidade*. 2. ed. São Paulo: Summus, 1984.

_____. *Psicodrama*. (1946). São Paulo: Cultrix, 1987.

NERY, M. P. "O coinconsciente: criando vínculos que nos criam". In: *Vínculo e afetividade – Caminhos das relações humanas*. São Paulo: Ágora, 2003.

PASSOS, E. *et al. Pistas do método da cartografia: pesquisa-intervenção e produção de subjetividade*. Porto Alegre: Sulina, 2009.

REÑONES, A. *O imaginário grupal – Mitos, violência e saber no teatro de criação*. São Paulo: Ágora, 2004.

RODRIGUES, R. "Intervenções sociopsicodramáticas: atualização e sistematização de recursos, métodos e técnicas". In: FLEURY, H. J.; MARRA, M. M. (org.). *Grupos: intervenção socioeducativa e método sociopsicodramático*. São Paulo: Ágora, 2008.

TASSINARI, M. "Psicodrama e arte". *Revista Brasileira de Psicodrama*, v. 5, n. 1, 1997, p. 101-6.

11. Metodologia sociodramática de ensino

MARIA DA PENHA NERY
ANDRÉA CLAUDIA DE SOUZA

> O único ambiente educacional que pode ser
> considerado uma clínica psicodramática numa forma
> embrionária é o jardim de infância.
>
> (MORENO, 1997, P. 197)

O EDUCADOR ESTÁ A SERVIÇO do desenvolvimento da criatividade de todas as pessoas presentes no processo e no sistema educacionais. Ele responde continuamente a diversas demandas relativas às relações humanas. Responder às mais diversas demandas educacionais é uma entrega ao conhecimento de si e do outro, é uma entrega ao desenvolvimento de sua própria criatividade.

A tarefa específica de transmitir conhecimento é resultante de funções mais profundas e que pedem de sua alma crescimento pessoal. Na contemporaneidade, vários estudiosos concluem que não se transmite conhecimento sem construí-lo conjuntamente com o outro, sem a disponibilidade para encontrar o outro, sem a habilidade de aprender com o outro (Moreno, 1997, 2008; Romaña, 1996; Lima e Liske, 2004).

Em qualquer ato, atitude, maneira de se relacionar, de ouvir e de falar, de realizar escolhas, de emitir opiniões, de procurar resolver conflitos, de tentar sanar bloqueios na aprendizagem, de engajamento político-pedagógico, o educador ensina. Simplesmente é o líder de uma missão social que pode tornar revolucionários ele e outros seres, transformadores ou conservadores de convivências, instituições e sistemas opressores, elitistas, que mantêm privilégios, que não desenvolvem a consciência e o confronto críticos (Demo, 2007; Freire, 1976a, 1976b).

MARIA DA PENHA NERY • ANDRÉA CLAUDIA DE SOUZA

Ao ser responsável por ensino de conteúdos em sala de aula, logo o educador percebe que estes são apenas a ponta do *iceberg* para os aprendizados coletivos necessários à conquista do bem-estar pessoal e social. Ao interagir com alunos, colegas, equipe auxiliar, direção da escola, família do educando, comunidade, logo percebe que nessas interações está o grande mistério para a qualidade educacional. Segundo o Ministério da Saúde (2006), a documentação brasileira aponta e enfatiza a importância do conceito "escola promotora de saúde", que estrutura o pensar educacional, desde a Constituição de 1988, responsabilizando também a escola no que diz respeito ao controle da saúde e da doença. A ideia presente é que a saúde pode ser estimulada pela área da educação (e não somente pela educação em saúde), atingindo o propósito maior de educar para a vida e a vida social (Souza, 2008, 2011).

De acordo com Ribeiro (1998), encontramos três níveis de atuação na saúde: primário – tratamento de doenças; secundário – prevenção de doenças; terciário – promoção de saúde. A proposta da socionomia é congruente com esse conceito, pois reforça a ideia do nível terciário, focando a saúde e não o diagnóstico de doenças.

I. A EDUCAÇÃO E OS MÉTODOS DE AÇÃO

MORENO (1997) APREGOA QUE OS MÉTODOS de ação sociátricos conduzirão a educação à sua verdadeira missão: desenvolver os protagonistas da história, pessoas que usufruem de seus talentos e que têm convivências no sentido do bem-estar coletivo. O participante do processo, de acordo com o papel social, tem seu saber respeitado e é valorizado como sujeito, protagonista de sua história socioeducacional. Segundo o autor, "Tem sido negligenciada a educação pela ação e para a ação. A teoria e método da espontaneidade é uma resposta a essa exigência" (1997, p. 191).

Romaña (1996) aponta que o sujeito só consegue o verdadeiro conhecimento quando interage com ele e desenvolve um pensamento

214

crítico que possibilite utilizá-lo de maneira adequada ao momento, aos papéis sociais e ao local, atingindo a humanidade. A autora foi a maior divulgadora do psicodrama socioeducacional no Brasil.

O psicodrama socioeducacional tem a especificidade de trabalhar as questões do grupo, a sociodinâmica e os papéis sociais nele presentes, na tentativa de ampliar a consciência de todos em relação à sua participação nos conflitos e à busca conjunta de tentar resolvê--los. Também tem como objetivo que cada um se conscientize de suas escolhas sem expor o processo interno de cada participante.

Apresentaremos um esboço do que o psicodrama (no sentido amplo da socionomia) pode oferecer ao educador, em seu cotidiano, mister de criatividade que gera criatividade. Todos os métodos apresentados neste livro podem ser adaptados ao campo da educação, em múltiplas funções relativas, por exemplo, à melhoria do processo de ensino/aprendizado; aos conflitos relacionais e grupais; à pesquisa e tratamento dos bloqueios da aprendizagem que recaem sobre cada participante; à apreensão de resposta e interação sociocrítica relativa aos conceitos teóricos e à prática; à melhoria do clima afetivo grupal para facilitar a aprendizagem; às relações humanas na escola; à promoção da qualidade de vida no sistema educacional e ao desenvolvimento dos papéis presentes nesse contexto; à rede social da escola, promovendo saúde em seu sentido mais amplo.

O professor, na função de diretor, é, portanto, treinado para um trabalho a ser realizado com base no tema grupal e não individual. Há cuidados com o protagonista, principalmente no sentido de não expô-lo de modo prejudicial diante do grupo com o qual continuará a se encontrar em situações diversas. No contexto escolar, ao utilizar métodos de ação, é fundamental criar antes o **encontro**, ou seja, preparar o grupo para que ele tenha uma continência especial, a qual preservará a exposição das intimidades.

A sociometria precisa ser adequadamente trabalhada, para que ocorram o compartilhar e as compreensões intersubjetivas (Lima, Liske, 2004; Nery, 2010; Romaña, 1996). É preciso que todos se

MARIA DA PENHA NERY • ANDRÉA CLAUDIA DE SOUZA

preparem para dar continência ao que pode surgir, para que o método não seja usado apenas no sentido mecânico da transmissão de conteúdos. Segundo Moreno (1997, p. 181), "O treinamento da espontaneidade leva a uma forma de aprendizagem que visa a maior unidade e energia da personalidade do que as obtidas até agora por outros métodos educacionais".

A grande arte do educador, na função de diretor, é construir com o grupo um engajamento ótimo, uma participação diferenciada, em que todos aprendam os conteúdos com todos. Porém, o educador tem consciência de que não pode tornar o ambiente pedagógico em psicoterapêutico. Ele será socioterapêutico, ou seja, o diretor contribuirá para que todos sejam agentes terapêuticos uns dos outros. Dentro da especificidade pedagógica, cada participante reflete sobre o tema grupal e compartilha *dentro dos limites desse contexto*.

Desde 2003, ministramos a disciplina Psicodrama, uma vez por ano, na Universidade de Brasília (Nery e Conceição, 2006, 2007). Até o momento, ela foi cursada por quase 300 alunos. Dela resultaram supervisões de estágio em atuação clínica e psicossocial para 40% dos alunos. Tentamos respeitar o princípio do encontro, de tal maneira que as partes vivenciais da disciplina (em torno de dez experiências com métodos de ação) desabrochem coletivamente num contrato especial, no qual o respeito às manifestações e participações dos colegas seja a primazia do curso.

Após cada vivência, os alunos fazem um processamento teórico, no qual a grande maioria as descreve como oportunidade de crescimento pessoal, social e ético. Quando ocorre algum sinal de desconforto, a unidade funcional se prontifica a dar espaço para que o aluno o trabalhe individual ou sociodramaticamente.

Tentaremos, neste capítulo, focalizar a metodologia sociodramática de ensino. Esta se compõe dos diversos métodos de ação apresentados neste livro e tem como primazia o viver para aprender, a aprendizagem por meio da ação, a interação construtiva, a criação conjunta e a construção coletiva do saber. Por meio da metodologia sociodramática de ensino, as interações em sala de

216

aula se intensificam, pois se desenvolvem a participação, a afetividade e a distribuição do poder no processo de ensino-apendizagem.

O educador (professor, conferencista), ao usar a vivência sociodramática, torna os conteúdos e as relações meios para melhoria do processo de ensino-aprendizagem, focando o desenvolvimento de potenciais criativos, de habilidades profissionais, de conquista cultural, de ética, politicidade e cidadania (Romaña, 1996; Lima e Liske, 2004).

Em sala de aula, o professor treinado nessa metodologia, terá a função de diretor; e o monitor – ou aluno(s) –, de ego-auxiliar. A partir daí, todos os elementos da sessão sociodramática aparecerão e seguiremos as etapas do encontro, ao desenvolvermos temas protagônicos ou detectarmos protagonistas, conforme descrito no Capítulo 1.

Partimos do princípio de que a socionomia, como pesquisa participante e/ou pesquisa-ação, investiga as relações e os adoecimentos das relações que impedem o fluir dos projetos e o alcance dos objetivos da transdisciplinaridade (Souza, 2011). Hoje, já existem nas escolas brasileiras projetos que incorporam a proposta dos Parâmetros Curriculares Nacionais, que preconizam a abordagem transversal e interdisciplinar.

Os temas transversais (de interesse geral dos alunos e da sociedade) também já são trabalhados conjuntamente com os conteúdos disciplinares da grade curricular de muitas escolas. No entanto, ainda há dificuldade para a transversalidade, atingindo-se, nos casos de sucesso, apenas a multidisciplinaridade. É nesse momento que o sociodrama funciona como um dos métodos mais adequados para a integração desses conteúdos, unindo o pensar, o sentir e o agir. Desde 2000, Souza (2008) trabalha com uso exclusivo da abordagem psicodramática na transmissão de temas transversais.

O diferencial do método sociodramático de ensino, em relação aos demais descritos neste livro, é o uso dos conteúdos programáticos como temas de sociodramas, de role-playing, de jogos dramáticos ou de teatro espontâneo.

Enquanto dirige, o professor faz a leitura socionômica do grupo e o ajuda a progredir desde o aquecimento inicial, passando pela dramatização dos conteúdos até os comentários. Usa a sociometria como recurso importante para a distribuição da afetividade, no sentido da integração dos alunos, e para as escolhas de temas, personagens e pessoas para realizar as atividades dos métodos de ação. Pesquisa e trabalha os impedimentos pessoais e grupais em relação à cocriação e à aprendizagem acadêmica. Tenta favorecer as interações terapêuticas de maneira a promover as colaborações e a tentativa coletiva de contribuir para as soluções de situações-problema.

Na sociodinâmica, estão presentes a formação dos vínculos, os fenômenos grupais e as especificidades em relação aos socioeducandos – entre elas, idade, classe social, gênero, raça e experiências de vida (Nery, 2010).

Nas vivências dos conteúdos programáticos, tentamos deixar clara a liberdade de expressão e participação; no entanto, incentivamos esses aspectos, pois nos ajudam a perceber melhor o que ocorre com o indivíduo e com o grupo. Enfatizamos que qualquer forma de participar diz quem somos, mesmo quando ficamos em silêncio.

II. PRINCIPAIS SITUAÇÕES PARA O USO DA METODOLOGIA SOCIODRAMÁTICA DE ENSINO

HÁ TRÊS SITUAÇÕES BÁSICAS de utilização de métodos de ação em situações de ensino-aprendizagem:

COM O OBJETIVO DE ENSINO, PASSAR UM CONTEÚDO NOVO

O aluno ainda desconhece o conteúdo a ser apresentado. A dramatização é realizada por quem detém o conhecimento. Por exemplo, pode-se aquecer com uma apresentação já ensaiada e, depois, com interação do público, ou o professor se coloca como personagem e interage com os alunos. Instiga-os a fazerem

METODOLOGIA SOCIODRAMÁTICA DE ENSINO

papéis complementares na dramatização e duplos do papel do professor. O compartilhar é sobre o tema grupal (veja exemplo 1, descrito no item III, a seguir).

COM O OBJETIVO DE ASSIMILAÇÃO DA APRENDIZAGEM DE CONTEÚDO JÁ CONHECIDO

O aluno já teve contato com o conteúdo e precisa fixá-lo. A dramatização é realizada pelos alunos que, ao assumirem personagens ou situações, apreendem os conteúdos de maneira mais subjetiva. A tendência à memorização, por meio da vivência, aumenta (veja exemplo 6, descrito no item III, a seguir).

COM O OBJETIVO DE DESBLOQUEIO, DE RETIRAR OS ENTRAVES À CRIATIVIDADE OU APRENDIZAGEM

O aluno apresenta uma dificuldade específica na assimilação de determinado conteúdo por algum bloqueio pessoal. Para o desbloqueio, o psicodrama é utilizado. Há, neste caso, aprofundamento nas questões pessoais.

Estamos acostumados a considerar esse trabalho em consultório ou em aconselhamento educacional; no entanto, se forem tomados os devidos cuidados, pode ser utilizado também em sala de aula. Não se expõe os alunos, mas incentiva-se o compartilhar de situações nas quais desenvolveram determinada dificuldade, com o objetivo de liberar novas respostas (veja exemplo 7b, descrito no item III, a seguir).

Objetiva-se a identificação coletiva a partir do drama individual, a empatia e a criação de um clima continente para a retirada dos entraves à aprendizagem.

Sofrimentos pessoais, relacionais e grupais expostos espontaneamente em sala de aula por alunos precisam ser olhados com respeito e ternura pelo professor. Algumas atitudes são fundamentais na mediação de conflitos (Nery, 2010), dentre elas: ser imparcial, procurar compreender as razões de cada um, fazer duplos de um e de outro, possibilitar a dramatização de alguma situação para estimular a sensibilidade de todos e o diálogo empático, por meio da inversão de papéis. Quanto maior for o autoconhecimento do professor, mais fácil será para ele evitar se misturar aos problemas entre alunos e destes para com o professor. Assim, ele conseguirá manter a racionalidade necessária para intervenções que exijam paciência, tempo, amorosidade e limites. Sofrimentos pessoais, relacionais e grupais captados em dinâmicas ou que estão no imaginário social, mas não claramente expressos, podem ser trabalhados, por exemplo, por meio de pesquisa e reflexão grupal sobre o assunto, instigando principalmente as emoções e razões dos envolvidos no sofrimento (com duplos, vivência de personagens fictícios); da dramatização de situações levantadas pelo professor ou pelos próprios alunos, vindas de contos, filmes, comerciais de televisão; da retramatização – os alunos se subdividem em três grupos, cada subgrupo relata uma situação-problema em uma folha e então a passa para o grupo da direita, este cria uma história que, por sua vez, é passada para o grupo da direita, que, por fim, a dramatiza (esse método pode ser simplificado, com a criação conjunta direta de uma história); de teatro de reprise, em que o professor, com a ajuda de uma equipe, apresenta a cena e instiga os alunos a refazerem ou debaterem com os personagens.

III. EXEMPLOS DO USO DA METODOLOGIA SOCIODRAMÁTICA DE ENSINO

APRESENTAREMOS ALGUNS EXEMPLOS nos quais usamos métodos de ação nas escolas, com diversas clientelas, fases de desenvolvimento e objetivos. Há também exemplos que colecionamos por meio de conversas com colegas psicodramatistas ou em congressos, que apontam para várias possibilidades de trabalho. Eles são apenas um esboço de como podem ser usados os métodos de ação. O professor/diretor pode ajustá-los à sua realidade ou criar novas e inúmeras possibilidades de uso dessa metodologia pedagógica, conforme seu contexto profissional.

METODOLOGIA SOCIODRAMÁTICA DE ENSINO

1. UTILIZAÇÃO DO SOCIODRAMA NA CONSTRUÇÃO DA APRENDIZAGEM DE CONTEÚDOS ESPECÍFICOS COM CRIANÇAS EM IDADE PRÉ-ESCOLAR

Atividade • O corpo humano assume o papel das letras na alfabetização.

Objetivo • Registrar semelhanças e diferenças da escrita, em especial das letras iniciais de cada nome (por exemplo: "A" de Andréa, "P" de Penha).

Aquecimento e dramatização • O professor pede para as crianças andarem pela sala, observarem as letras do alfabeto, escritas em papel sulfite tamanho A4 ou em cartazes na parede. Depois de um tempo, pede para as crianças tomarem a forma das letras. Aproximarem-se de outras crianças com outras letras e verem o que formam. Gritarem o som da sílaba. Trocarem de lugar. Experimentarem novos sons. Pede que usem as folhas para formar novas sílabas. Para trabalhar a espontaneidade, sugere que criem novos sons e posições corporais para mostrar e imitar as letras, que experimentem diversas letras e combinações silábicas.

Cena dessa experiência • A formação da sílaba inicial de duas crianças com diferentes nomes. Gabriel e Guilherme reconhecem as iniciais dos nomes e o professor/diretor provoca a reflexão sobre o que mais eles têm em comum.

Ga: "Somos meninos. Gostamos de futebol."

Diretor: "A letra inicial é igual, mas as seguintes são diferentes. G-A e G-U-I. Vocês também são diferentes?"

Gui: "Eu uso óculos e ele não."

Com crianças, as cenas devem ser curtas e diretas, pois elas não conseguem abstrair muito. O que a criança conseguir assimilar da proposta e da cena ficará claro para todos. Aquilo que percebemos na direção, mas a criança ainda não percebeu na cena, devemos deixar para uma próxima vez e não continuar buscando aprofundamentos de cena. O objetivo para a criança deve ser simples e alcançado ludicamente.

O compartilhar de crianças é muito rápido, apenas com a sensação ou uma palavra para fechar. Por exemplo: O diretor per-

guntou: "O que acharam dessa atividade?" Respostas: "Gostoso"; "Podemos brincar de novo?"; "O João não participou".
Geralmente, as crianças compartilham muito durante o processo.

2. SOCIOMETRIA PARA A APRENDIZAGEM DA MATEMÁTICA, COM ADOLESCENTES

Objetivo • Trabalhar a construção e a leitura de gráficos por meio de sociogramas.

Dependendo da idade dos alunos e do objetivo do professor, os gráficos podem chegar prontos ou ser confeccionados pelos alunos.

Neste exemplo, os trabalhos não usam cenas, mas conceitos sociométricos. Pedimos a cada participante que escreva sua maior qualidade; em quê tal qualidade o ajuda e em quê, ou quando, o atrapalha. Após todos os grupos (diferentes classes) terem respondido, confeccionamos o gráfico das qualidades dos alunos de primeiro ano do ensino médio.

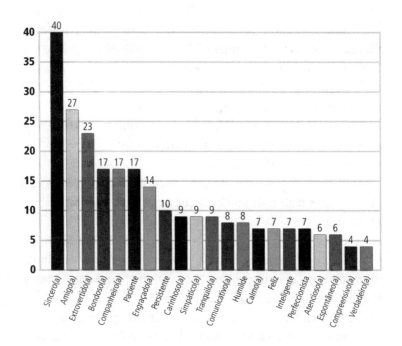

METODOLOGIA SOCIODRAMÁTICA DE ENSINO

Dessa forma, trabalhamos a montagem do gráfico, sua leitura e o reconhecimento das qualidades individuais e grupais. A ideia é que, se o tema da aula estiver presente também na vida dos alunos, provocará um envolvimento muito maior do que temas distantes da sua vivência.

Tenta-se uma reflexão sobre essas qualidades, em quê ajudam ou atrapalham o indivíduo e suas relações. Podem ser trabalhadas cenas a partir dessas qualidades. O reconhecimento de qualidades levantadas pelo próprio grupo também gera importantes reflexões.

No caso de cursos profissionalizantes como os de informática, muitas outras criações podem ter origem nessa atividade. Por exemplo, utilizar o *Excel* para os gráficos de dados quantitativos; o *Word* para os qualitativos; o *PowerPoint* para a apresentação. Em caso de alunos de psicologia ou administração, por exemplo, essa atividade pode ser usada nas aulas de estatística, com maior ou menor grau de dificuldade.

3. UTILIZAÇÃO DE JOGOS DRAMÁTICOS PARA O ENSINO DE LÍNGUA PORTUGUESA (ESSA ATIVIDADE PODE SER REALIZADA COM DIFERENTES IDADES, A PARTIR DO ENSINO FUNDAMENTAL)

Objetivo • Trabalhar a dificuldade de compreensão do uso dos pronomes EU / MIM.

Atividade • O EU conversando com o MIM.

Aquecimento específico • Criar frases utilizando os pronomes eu e mim.

Conceito • Eu ou mim?

Por exemplo: "Era para eu sair mais cedo hoje", pois o sujeito de "sair" é o pronome "eu"; "Ela trouxe o livro para mim", pois o pronome não funciona como sujeito.

Jogo • Cada participante assume como personagem uma das palavras da frase e vivencia a condição gramatical da palavra.

Dramatização • A consigna para o "eu" será manter contato direto com o verbo. O verbo deve estar na ação. A consigna para o "mim" é finalizar a questão. As frases criadas são dramatizadas nos subgrupos, e estes interagem com os outros subgrupos que participam como plateia.

Compartilhar • Os alunos comentam sobre as dificuldades e como a atividade os ajudou. Um aluno afirma que, após a experiência como personagem, tem maior clareza de como se usa o "mim" e expõe a descoberta para os colegas.

4. UTILIZAÇÃO DE SOCIODRAMAS NO ENSINO DE BIOLOGIA

Objetivo • Oportunidade para reflexão sobre saúde, sexualidade e gênero.

Dramatização • Após uma exposição básica sobre gênero, faz-se a proposta da divisão em dois grupos, um de meninos e outro de meninas. Pede-se a inversão de papéis.

Os alunos, em papéis invertidos, montam um cartaz sobre ser homem ou ser mulher – suas alegrias, sofrimentos, aprendizados socioculturais. Os meninos, ao se posicionarem como mulheres, apresentam o que é ser mulher; as meninas, o que é ser homem.

Pode-se também trabalhar com cenas relativas ao que foi apresentado por eles (dependendo da continência grupal para a experiência dos papéis).

Após os trabalhos, busca-se a consciência sociocrítica, ou seja, são identificados os estereótipos, os preconceitos e os sofrimentos deles derivados. É realizada uma reflexão sobre as questões históricas relacionadas à opressão da mulher. Discute-se sobre o conceito de minoria e a luta das minorias por direitos humanos.

5. DESCRIÇÃO DA UTILIZAÇÃO DE TEATRO ESPONTÂNEO NO ENSINO DE HISTÓRIA/ LITERATURA COM ALUNOS ADOLESCENTES

Objetivo • Facilitar a apreensão e o desenvolvimento sociocrítico do conteúdo programático por meio de método vivencial.

Nesses trabalhos, tenta-se estimular dois tipos de respostas: as dadas (fatos históricos) e as novas (visão crítica). Espera-se que os alunos entendam o contexto, o *locus* e o *status nascendi* das resposta das pessoas naquele momento histórico. Procura-se estimular a reflexão sobre as possibilidades de então, se as respostas foram dadas em prol do bem coletivo e quais os traços de exercício de poder. Procura-se refletir, também, sobre a relação com o tempo presente: quais seriam as novas respostas possíveis?

Vejamos o exemplo de um trabalho desenvolvido em 29 de junho de 2011, no ABC Paulista, em uma escola particular de ensino médio, com sete alunos do primeiro ano, entre 14 a 15 anos.

Conteúdo disciplinar • Feudalismo. Duração da aula – 50 minutos.

Aquecimento específico • Combinou-se o cenário da dramatização do tema da aula. A diretora assume o papel de entrevistadora e diz:

"Vivo no século XXI, em nossa época. Mas vocês são personagens que vieram do passado, por meio de um túnel do tempo. São da época medieval, feudal, mas estão nesta escola, contando um pouco da experiência de cada um. Eu gostaria de saber mais sobre vocês". A professora reforça a ideia do trabalho: "Vocês criarão seus próprios personagens. Sou a única pessoa do século XXI".

Dramatização • A diretora começa a entrevistar as pessoas e cada um interage conforme as perguntas ou o desejo de falar.

Diretora (D): "Quem você é no feudo?"

Aluno 1: "Sou um mendigo."

D: "Conte-me um pouco da sua história..."

A1: "Eu morava na rua, mas troquei com um sr. feudal. Ganhei a terra e trabalho para ele produzindo na terra."

D: "Quem é o seu sr. feudal?"

A1: "Ele."

A2 (Rindo): "Sou o dono da terra. Ele trabalha e eu cuido. Até acho injusto, mas na época é assim mesmo."

D: "Acha injusto?"

A2: "Até acho, mas é bom pra mim. A terra é minha e eles trabalham. É uma troca."

D (dirigindo-se ao restante do grupo): "Vocês são todos do mesmo feudo?"

A3: "Não. Também sou sr. feudal."

D: "O que você faz?"

A3: "Cuido, administro."

A4: "Também sou mendigo."

D: "É mesmo?"

A4: "Mas eu não consegui terra porque o sr. feudal já tem gente trabalhando, continuo pelas ruas."

A5: "Sou da nobreza."

D: "Uma mulher nobre!? Como é viver na nobreza?"

A5: "Não penso em nada de trabalho, aqui mulher não trabalha. Penso nos filhos, na casa. Mulher não é nada nesse tempo."

A1: "As mulheres também são do sr. feudal."

D: "Já teve de deixar sua mulher para o sr. feudal?"

A1: "Já. Vou fazer o quê?"

D (dirigindo-se a A2, sr. feudal): "Como é ter direito à mulher do outro?"

A2: "É assim mesmo."

A6: "Eu acho ótimo. Eu administro meu feudo, trabalho bastante também. Tem suas compensações. Outros trabalham para mim."

D (dirigindo-se a A7): "E você?"

A7: "Sou do clero."

D: "É mesmo? E como é?"

A7: "Não sei bem, não tem relação sexual, não tem família."

A1: "Não permite que ninguém entre. O clero é muito fechado."

A5: "Só tem velho. Não sei como vão fazer..."

A4: "Eu quero me tornar do clero, sei que posso, mas que não fará diferença porque não se muda de classe."

A5: "O clero só pensa nele mesmo. Tem dinheiro, rouba."

A1 (Começa a imitar a professora, veste seu casaco óculos e cachecol.)

METODOLOGIA SOCIODRAMÁTICA DE ENSINO

D: "Então vamos trocar: eu sou uma mendiga da era medieval e você a entrevistadora do século XXI."

A1 (imitando os trejeitos e o tom de voz da professora): "Então, como é a sua vida? Como você se sente vivendo nessa época?"

Todos riem; a direção tenta continuar a história, mas acaba rindo com os alunos.

D (pausa): "Agora vamos voltar a ser alunos de 2011. Se vocês tivessem de voltar no tempo e escolher o que seriam. A classe social, qual seria?"

A maioria diz que escolheria a nobreza, mas A4 diz que seria do clero.

D: "Você escolheria ser do clero pelo poder ou pela crença na religião?"

A4: "Pelos dois."

Compartilhar • Saindo dos papéis, começaram a discussão. Muitas das questões recaíram sobre a relação de gênero, que pareceu ser um dos temas de interesse do grupo; o outro tema foi a religião e o papel do clero.

Trata-se de dar oportunidade, por meio da ação, de desenvolver a consciência crítica das relações de poder na sociedade – na qual uns são elite, têm poder econômico, político e ideologias que os mantêm nesse *status quo*, enquanto outros sofrem opressões, injustiças, falta de dignidade. Surgem reflexões sobre as lutas por direitos e bens sociais, tanto na época medieval como na atual.

6. UTILIZAÇÃO DE SOCIODRAMA NO DESENVOLVIMENTO DE TEMAS TRANSVERSAIS

a PLURALIDADE CULTURAL

Objetivo • Levantar com o jovem os preconceitos de seu grupo e trabalhar a aceitação da pluralidade cultural.

Aquecimento • Imagens foram escolhidas por conveniência, utilizando as palavras: negra, negro, indiano, indiana, muçulmano, mulçumana, japonês, japonesa, francês, francesa, alemão, alemã.

Em cada grupo, três meninos e três meninas se candidatavam, escolhiam uma foto oferecida em forma de baralho, separado por fotos masculinas ou femininas. Ao acaso, retiravam seu personagem. A classe era convidada a receber os personagens e discutir com o grupo a questão do preconceito racial. Perguntas dirigidas eram realizadas pela direção, com o intuito de provocar as discussões e reflexões:

– Como é a sua vida? Você sofre com o preconceito racial? Que tipo de preconceito sofre? Você sente preconceito em relação a quê? Como quebramos os preconceitos? Como mantemos os preconceitos?

Os jovens vão dando vida aos personagens e respondem às questões. Provocam risadas, indignações, reflexões. Ao se imaginar nesses personagens, ao ser entrevistados e interagir entre si, os alunos conseguem ter maior dimensão do sofrimento do outro, principalmente daquele que vive sofrimentos por ser minoria. Levantam questões como: "Sou gorda e todos riem de mim". E alguém da plateia comenta: "De onde tirou essa ideia? Eu não te vejo gorda de jeito nenhum".

Abre-se espaço, então, para discussão e reflexão sobre o tema do peso ou sobrepeso e de como a sociedade atual lida com esse preconceito. Nosso objetivo direto não é a mudança de atitude, mas a compreensão de que os preconceitos existem e nos alimentam, e de que podemos escolher novos pensamentos para alimentar nossas ações (Souza, 2010).

b **SUBSTÂNCIAS PSICOATIVAS**

Objetivo • Promoção de saúde.

Conteúdo • Uso, abuso e dependência de substâncias psicoativas.

Aquecimento específico • Apresentação de um filme: "Como dirigir sob o efeito de dez drogas".

Dramatização • Após o filme, a psicodramatista começa a imitar o personagem e a interagir com os alunos como se estivesse sob efeito de drogas: muito lenta na fala, apavorada com medo de todos, muito alterada, subindo nas cadeiras etc.

Convida todos a interpretarem uma pessoa sob efeito de drogas dirigindo um carro e a se sentirem nessa situação.

Como o tempo de aula é muito curto, não se trabalha nenhum participante em especial, mas as diversas possibilidades de atuação de alguém em um estado diferenciado, por exemplo, eufórico ou deprimido.

Compartilhar • A psicodramatista trabalha o compartilhar perguntando se precisam de algo químico externo para se sentir livres ou se basta assumir esse papel psicodramático. Refletem sobre os sofrimentos dos drogaditos na família e na sociedade. São discutidos os conceitos de uso, abuso e dependência.

Em outras aulas, foram montados, em subgrupos, projetos políticos de regulamentação do uso das drogas, e comparados com os programas governamentais existentes. Os alunos refletem sobre a ideia de aumentar a repressão ao uso ou se há outras formas de enfrentamento da questão. Discutem as questões biopsicossociais que envolvem a utilização das substâncias psicoativas.

Os conceitos de saúde também podem ser vivenciados por meio dos métodos de ação. Egypto e Cavalieri (2002) e Canel e Pelicioni (2007) expõem diversas cenas sobre drogas que podem ser apresentadas e dramatizadas junto com professores ou alunos.

c Ética/cidadania

Situações ocorridas na sociedade, na escola ou na sala de aula são dramatizadas e então reflete-se sobre elas. O jornal vivo ou o teatro de reprise são ótimos recursos para o levantamento de situações a ser trabalhadas pelos alunos. Busca-se, com a criação coletiva, dar aos conflitos respostas que possam trazer algum bem-estar aos participantes envolvidos.

Ruiz-Moreno, Romaña, Batista e Martins (2005) trazem relatos dessas experiências.

7. EXEMPLOS DE TRABALHOS SOCIODRAMÁTICOS COM O *STAFF* NAS ESCOLAS E PROBLEMÁTICAS ESPECÍFICAS ESCOLARES

a O teatro espontâneo, os jogos dramáticos e o jornal vivo são alguns métodos de ação que auxiliam os professores a soltar a criatividade no labor cotidiano com os alunos. O sociodrama pode ser utilizado na sala de aula para levantar as situações--problema e procurar saídas conjuntamente; pode-se também usar a multiplicação dramática com o intuito de procurar respostas novas. O "mapeamento do cotidiano" (Drummond; Souza, 2008) pode ser feito por meio de jornal ou criação de músicas, e traz cenas do cotidiano a ser trabalhadas com o objetivo de encontrar saídas possíveis.

Em um exemplo de trabalho realizado com música, os jovens apresentam seu descontentamento com as disciplinas ministradas de modo mais tradicional. Em outra música, no entanto, reclamam da bagunça da sala quando o professor é mais liberal. No momento de reflexão sobre o conteúdo das músicas, percebem suas incoerências e acabam por assumir a corresponsabilidade por uma aula mais dinâmica, mas que também atinja o objetivo de aprendizagem do conteúdo proposto.

b Confecção de trabalhos do tipo maquete, com sucata, e treino de criação de histórias com os materiais elaborados. Muitas vezes, os profissionais reclamam da falta de material didático e podem encontrar novos estímulos, como a criação de materiais.

Todo professor tem habilidade própria que pode ser valorizada. Se um professor tem mais facilidade com *internet*, pode aprender a utilizar melhor esse recurso, por exemplo, criando jogos que facilitem o entendimento da matemática; se gostar de música, pode aproveitá-la para trabalhar seu conteúdo disciplinar.

Para trabalhar temas como sexualidade, *bullying*, drogas e outros, as histórias podem ser construídas pelos grupos com conteúdo proveniente de suas vivências ou com imagens utiliza-

METODOLOGIA SOCIODRAMÁTICA DE ENSINO

das pela direção. Podem-se usar os métodos de ação apresentados neste livro, com o propósito das resoluções conjuntas, da construção de diálogo empático e do compartilhar.[1]

c Um exemplo de trabalho com o objetivo de discutir meio ambiente foi desenvolvido com o curso Corpo em Movimento (ministrado por Andréa Souza). Para discutir sexualidade na infância, há o exemplo do curso de Sexualidade Infantil (ministrado por Sandra Pintaudi e Andréa Souza).

No curso sobre meio ambiente, utilizamos o livro *Memórias de um cabo de vassoura*, de Orígenes Lessa, por meio do qual trabalhamos, com os profissionais, maneiras pelas quais vivenciar com os alunos histórias de objetos que se reciclaram ou não.

Com os professores de crianças mais novas, trabalhamos a sexualidade infantil e as dificuldades que o profissional encontra para lidar com situações de comportamento manifesto da criança. Em subgrupos, discutimos diversas situações-problema e depois as dramatizamos.

Na dramatização de uma cena na qual a professora conversa com uma mãe, a participante se dá conta de como foge do assunto da mesma forma que a mãe. A cena se transforma em uma guerra de forças e o compartilhar explicita a dificuldade dos profissionais em conversar sobre determinados temas.

Reflete-se sobre a necessidade do respeito ao corpo como um todo, em suas partes interna e externa, e o valor de cada órgão ou membro, pois todos têm importantes funções vitais e para a saúde. Podem ser feitos trabalhos nos quais a turma escolhe ser uma parte do corpo humano. O professor aquece cada um no papel psicodramático das partes. Pede que as partes falem de suas importâncias, do para quê existem e de quais cuidados precisam. As partes conversam entre si. A plateia também pode fazer perguntas a elas.

1 Sobre trabalhos com sexualidade, acesse o site do GTPOS <http://www.gtpos.org.br/index.asp?Fuseaction=Quem&ParentId=428> e do Instituto Kaplan <http://www.kaplan.org.br/produtos_exibe.asp?id=5&tit=Jogos>.

Algum aluno da plateia pode ficar no lugar de alguém que está fazendo o papel de uma das partes. Esse aluno passa a ver como atua no corpo e no todo, e diz para todos o que percebe. Nos comentários, reflete-se sobre as conexões entre as partes e transfere-se para a vida a repetição desse fato – por exemplo, nos trabalhos em equipe e na sociedade, quando cada cidadão exerce sua importante função fundamental para o bem social.

8. CURSOS PROFISSIONALIZANTES

Já existem muitos trabalhos cujo objetivo é treinar o papel profissional no cenário sociodramático, o qual possibilita a experiência do "como se", facilitando a aprendizagem por meio dos erros, em ambientes que tenham continência afetiva e promovam os ajustes de dificuldades laborais.

No papel psicodramático, o erro é sempre uma grande aprendizagem; por outro lado, no papel real as consequências do erro são desastrosas e, em muitos casos, irreversíveis.

Nesse sentido, são dramatizadas situações do cotidiano profissional, situações temidas ou relações que possam trazer estresse, a fim de que o aluno consiga dar respostas ou construir com colegas possíveis saídas aos problemas apresentados.

9. AVALIAÇÃO DE CONTEÚDO

A pesquisa-ação, que também se caracteriza pelo uso de métodos vivenciais para avaliação acadêmica, pode ser realizada como alternativa às provas. O professor, ao promover a espontaneidade--criatividade, pode avaliar se o aluno tem conhecimento suficiente de uma disciplina, no momento em que esse conhecimento se faz necessário na ação.

Por exemplo, ao atuar no papel sociodramático de jornalista entrevistando um político, o aluno demonstra conhecimento do assunto ou despreparo. Dessa maneira, seu desempenho é demonstrado de maneira mais efetiva do que se fossem dele requisitadas respostas a perguntas objetivas sobre o tema ou o político em questão.

METODOLOGIA SOCIODRAMÁTICA DE ENSINO

Pode-se, ainda, pedir que os alunos escolham objetos da sala para simbolizar os conceitos aprendidos em um período da disciplina. Eles colocam os objetos no espaço cênico, falam por que escolheram tal objeto para representar tal conceito. Depois, o professor aprofunda o trabalho, pedindo que o aluno se posicione no lugar do objeto e se torne o conceito. Então, ele é entrevistado pelo professor e pelos outros alunos no lugar desse conceito. O professor pode solicitar a interação entre os conceitos, tornando ainda mais viva a cena.

Na avaliação por meio de métodos de ação, é importante que o professor tome cuidado para não privilegiar os alunos mais desinibidos em detrimento dos demais.

Em provas técnicas, como no caso dos profissionais que precisam atuar com bases sólidas de conhecimento, quanto mais práticas forem as situações-problema, melhor para a avaliação. A prova continua fazendo parte do processo de aprendizagem e não precisa se limitar a ser apenas uma ferramenta de avaliação.

CONSIDERAÇÕES FINAIS

O PSICODRAMA SOCIOEDUCACIONAL abre ampla margem de possibilidades de métodos e técnicas de atuação, tanto no processo de ensino-aprendizagem como nas dimensões das relações humanas da escola e dessa instituição com a rede social.

O professor que se torna diretor treinado em métodos de ação pode usufruir da cocriação e tornar o campo educacional rico em trocas de afetos, aprendizados, consciência e atuação cidadã. O trabalho com conteúdo não se limita ao conteúdo: está conectado com a cultura, com a vivência afetiva, de poder e de identidade do grupo.

Neste capítulo, focamos o método sociodramático de ensino, tentando apresentar apenas um esboço de como alguns conteúdos específicos podem ser trabalhados por meio de sociodramas e outros métodos de ação. A criatividade do professor é seu grande mote, pois há uma vasta possibilidade de usos e manejos, principalmente no que diz respeito ao ensino de novos conteúdos, à assimilação dos já conhecidos e ao trabalho com problemas emocionais de aprendizagem.

A grande diferença do uso da filosofia psicodramática é trabalhar o imaginário, a via inesgotável do "como se" no "aqui e agora", ampliando a crítica e possibilitando, por meio da criação conjunta, respostas criativas para indivíduos e grupos. Essa filosofia e essa metodologia podem levar uma escola a ser considerada promotora de saúde.

REFERÊNCIAS BIBLIOGRÁFICAS

CANEL, R. C.; PELICIONI, M. C. F. "Psicodrama pedagógico: uma técnica participativa para estratégias de promoção de saúde". *O Mundo da Saúde*, São Paulo, v. 31, n. 3, jul./set. 2007, p. 426-33.

DRUMMOND, J.; SOUZA, A. C. *Sociodrama nas organizações*. São Paulo: Ágora, 2008.

DEMO, P. *Educar pela pesquisa*. Campinas: Autores Associados, 2007.

EGYPTO, A. C.; CAVALIERI, A. L. F. *Drogas e prevenção: a cena e a reflexão*. São Paulo: Saraiva, 2002.

FREIRE, P. *Ação cultural para a liberdade e outros escritos*. Rio de Janeiro: Paz e Terra, 1976a.

_____. *Pedagogia do oprimido*. Rio de Janeiro: Paz e Terra, 1976b.

LIMA, L. M. S.; LISKE, L. P. *Para aprender no ato – Técnicas dramáticas na educação*. São Paulo: Ágora, 2004.

MINISTÉRIO DA SAÚDE. Secretaria de Políticas de Saúde. "A promoção da saúde no contexto escolar". *Revista de Saúde Pública*, v. 36, n. 4, ago. 2002, p. 533-5.

MORENO, J. L. Psicodrama. São Paulo: Ágora, 1997.

_____. *Quem sobreviverá? Fundamentos da sociometria, da psicoterapia de grupo e do sociodrama*. São Paulo: Daimon, 2008.

MORIN, E. *Os sete saberes necessários à educação do futuro*. São Paulo: Cortez, 2004.

NERY, M. P. *Vínculo e afetividade*. São Paulo: Ágora, 2003.

_____. "Epistemologia da socionomia e o psicodramatista pesquisador". *Revista Brasileira de Psicodrama*, v. 15, n. 2, 2007, p. 79-92.

_____. *Grupos e intervenção em conflitos*. São Paulo: Ágora, 2010.

METODOLOGIA SOCIODRAMÁTICA DE ENSINO

NERY, M. P.; CONCEIÇÃO, M. I. G. "Sociodrama da inclusão racial: quebrando a inércia". *Revista Brasileira de Psicodrama*, v. 14, n. 1, 2006, p. 105-19.

NERY, M. P.; CONCEIÇÃO, M. I. G. "Política racial afirmativa: uma leitura do fenômeno inclusivo na universidade". *Educação Profissional: Ciência e Tecnologia*, v. 1, n. 2, 2007, p. 179-90.

RIBEIRO, J. L. P. *Psicologia e saúde*. Lisboa: ISPA, 1998.

ROMAÑA, M. A. *Do psicodrama pedagógico à pedagogia do drama*. Campinas: Papirus, 1996.

RUIZ-MORENO, L.; ROMAÑA, M. A.; BATISTA, S. H.; MARTINS, M. A. "Jornal vivo: relato de uma experiência de ensino-aprendizagem na área da saúde". *Interface – Comunicação, Saúde e Educação*, Botucatu, v. 9, n. 16, 2005, p. 195-204.

SOUZA, A. C. *Programas de escola promotora de saúde: um estudo com profissionais*. Dissertação (Mestrado em Psicologia da Saúde) – Faculdade de Psicologia e Fonoaudiologia da Universidade Metodista de São Paulo, São Bernardo do Campo, São Paulo, 2008.

_____. "Um olhar adolescente sobre o preconceito". *Revista Brasileira de Psicodrama*, v. 18, n. 1, 2010, p. 137-42.

_____. "Escola promotora de saúde: um conceito ainda difícil de ser implantado". *Revista Ethinic*, n. 15, ano 8, jun. 2011, p. 41-53. Disponível em: <http://www.etnia.org.br/ethnic/revista15/ethnic15.html>. Acesso em jan. 2012.

SUGESTÕES DE LEITURA COMPLEMENTAR

AMARANTE, M. I. *Rádio comunitária na escola: protagonismo adolescente na comunicação educativa*. Trabalho apresentado ao NP-11 Comunicação Educativa, do IV Encontro dos Núcleos de Pesquisa da Intercom, 2004. Disponível em: <http://galaxy.intercom.org.br:8180/dspace/bitstream/1904/17952/1/R0930-1. pdf>. Acesso em jan. 2012.

ANDRADE, A. S. "Psicodrama aplicado a grupos de crianças com dificuldades de aprendizagem". *Revista Brasileira de Psicodrama*, v. 5, n. 2, 1997, p. 93-106.

BARCELOS, A. M. F. "Crenças sobre aprendizagem de línguas, linguística aplicada e ensino de línguas". *Linguagem & Ensino*, v. 7, n. 1 , 2004, p. 123-56.

BARROS, M. A.; CYRILLO, C. C. P. "A dramatização como recurso no processo ensino-aprendizagem na disciplina de História da Enfermagem". *Cogitare Enferm*, v. 11, n. 1, jan./abr. 2006, p. 44-9.

BOMTEMPO, E. "Brinquedo e educação: na escola e no lar". *Psicologia Escolar e Educacional*, v. 3, n. 1, 1999, p. 61-9.

BORSATO, C. R. *Relação escola e família: uma abordagem psicodramática*. Tese (Doutorado em Educação) – Faculdade de Educação, Universidade de São Paulo, São Paulo, 2008.

COUTINHO, A. L. Ramos. *Vínculo na prática educativa escolar: um estudo com base na ludicidade e no sociodrama*. Dissertação (Mestrado em Educação) – Faculdade de Educação, Universidade Federal da Bahia, Salvador, 2008.

COLARES, M. F. A.; ANDRADE, A. S. "Atividades grupais reflexivas com estudantes de medicina". *Revista Brasileira de Educação Médica*, v. 33, n. 1, 2009, p. 101-14.

CUZIN, M. I. *Alfabetização de adultos com transtornos mentais através de dinâmicas psicodramáticas-educacionais.* Faculdade de Educação da Universidade Estadual de Campinas (Unicamp), mar. 2005. Texto produzido para o Centro de Referência em Educação de Jovens (Cereja).

FERNANDES, V. R.; KELLERMANN, M. S. *Ao encontro do psicodrama pedagógico: uma ferramenta de auxílio ao ensino para adultos.* XVIII Congresso de Iniciação Científica, Universidade Federal de Pelotas, 2009. Disponível em: <http://www.ufpel.edu.br/cic/2009/cd/pdf/CH/CH_00788.pdf>. Acesso em jan. 2012.

MORAIS, C. "A aprendizagem da conversação". *Revista de Educação, Cultura e Meio Ambiente*, v. 1, n. 9, set. 1997.

RAMALHO, C. M. R. *Psicodrama e dinâmica de grupo.* São Paulo: Iglu, 2011. Disponível em: <http://profint.com.br/artigos/psicodrama_e_dinamica_de_grupo.pdf>. Acesso em jan. 2012.

RAMOS-CERQUEIRA, A. T. A. *et al.* "Era uma vez... contos de fadas e psicodrama auxiliando alunos na conclusão do curso médico". *Interface – Comunic., Saúde, Educ.*, v. 9, n. 16, set. 2004/fev. 2005, p. 81-9. Disponível em: <http://www.scielo.br/pdf/icse/v9n16/v9n16a07.pdf>. Acesso em jan. 2012.

SOARES, F. C.; PASQUALIN, L.; BORGES, T. P. "Abordagem sociodramática de pais de crianças que frequentam sala especial de uma escola privada de Ribeirão Preto". *Revista Brasileira de Educação Especial*, v. 2, n. 3, 1995, p. 101-10.

WECHSLER, M. P. F. "A Matriz de identidade numa perspectiva construtivista: *locus* de construção de conhecimento". *Revista Brasileira de Psicodrama*, v. 5, n. 1, 1997, p. 21-8.

_____. *Relações entre afetividade e cognição: de Moreno a Piaget.* São Paulo: Annablume; Fapesp, 1998.

_____. *Psicodrama e construtivismo: uma leitura psicopedagógica.* São Paulo: Annablume; Fapesp, 1999.

12. Psicodrama bipessoal

LUÍS FALIVENE ALVES

Yo no tenía nombre
Hasta que tu me hablaste.

(MORENO, *Las palabras del padre*)

O QUE FARIA UM ARTIGO SOBRE psicodrama bipessoal em um livro que trata de intervenções grupais? A justificativa está exatamente na proposta do psicodrama: trabalhar as relações sociais. Quando especificamos o trabalho com um indivíduo, estamos focando uma ou várias das relações que integram seu átomo social. Como serão suas interações familiares? E aquelas que mantém com seus amigos? Como serão suas relações profissionais, suas vinculações amorosas, suas inclusões institucionais? Se o pressuposto do psicodrama é o homem em sua dimensão relacional, sociométrica, com embasamento na teoria de papéis, de tele, espontaneidade e criatividade, ao atendermos uma pessoa, sempre a estaremos abordando em sua dimensão individual e coletiva, intra e interpsíquica, deparando com as figuras relacionais que habitam seu mundo interno e que, por meio das intervenções devidas, estarão exteriorizadas na realidade suplementar proporcionada pelo contexto dramático.

Ao pensarmos sociometricamente, sabemos que, intervindo num dos polos de uma relação, promoveremos mudanças nessa interação, com consequentes repercussões em seu outro polo. Justifica-se, assim, que o psicodrama bipessoal possa ser considerado uma intervenção grupal.

Moreno, mesmo no atendimento de uma só pessoa, utilizava-se de um ou mais egos-auxiliares, compondo uma equipe terapêutica ou unidade funcional, e o denominava psicodrama individual.

O termo psicodrama bipessoal é utilizado para nomear o atendimento a um só indivíduo e por um só profissional psicodramatista, e tem sido utilizado em psicoterapia psicodramática, em supervisão, psicopedagogia, orientação profissional, *coaching* etc. Conforme Herranz Castillo (2001, p. 32), algumas opiniões desfavoráveis à utilização do psicodrama bipessoal apontam como argumento:

- menor distanciamento na relação entre profissional e cliente, favorecendo situações transferenciais e contratransferenciais;
- menor possibilidade de um clima favorável à espontaneidade quando o atendimento não é enriquecido pela ação dos egos-auxiliares.

Não vou aqui utilizar contra-argumentos que possam rebater ou minimizar essas críticas, preferindo me ater à atual realidade da nossa prática profissional, na qual a grande maioria dos atendimentos psicodramáticos é realizada no formato bipessoal, principalmente no campo da psicoterapia. Devemos ressaltar que as dificuldades em formar equipes terapêuticas – seja em função do aumento dos custos dos atendimentos, seja devido aos obstáculos para a conciliação, entre os profissionais, de horários compatíveis para o atendimento – encontraram no formato bipessoal a solução para esses impasses.

E, se pode parecer, hoje, que o psicodrama bipessoal seja mera estratégia de adaptação à realidade do mercado de trabalho, graças à incorporação de técnicas que anteriormente exigiam a presença de egos-auxiliares e a uma melhor leitura sociométrica da relação estabelecida entre o cliente e o profissional, podemos afirmar que essa modalidade está consolidada como um poderoso instrumento psicodramático. Devemos, ainda, lembrar que é a primeira indicação para determinados tipos de demanda, para certos perfis psicológicos e para determinadas patologias. São exemplos: clientes em situação de crise (depressão grave, surtos psicóticos), pessoas regredidas, indivíduos extremamente inibidos ou com dificuldades de socialização, e no atendimento de problemas extremamente sigilosos (infidelidades amorosas, desatinos financeiros ou no trabalho) etc.

As técnicas usadas no psicodrama bipessoal, com as devidas adaptações, são as mesmas do psicodrama realizado em grupo: a entrevista psicodramática, o solilóquio, o duplo, o espelho, a concretização, a maximização, a tomada e troca de papéis e contrapapéis. Também devem ser lembradas as modalidades psicodrama interno e terapia da relação, as quais enriquecem os recursos da abordagem psicodramática individual.

Vou relatar um caso clínico e, a fim de preservar o sigilo profissional, descrevo-o no que se faz essencial, mantendo os devidos disfarces ficcionais para que se transforme em simples coincidência qualquer semelhança com nossos clientes reais.

Meu trabalho psicodramático se orienta no sentido de propiciar o surgimento do protagonista por meio de uma personagem presente na cena dramática: a personagem protagônica. No desenvolver das cenas, haverá um jogo de papéis, uma inter-relação de personagens vindas do real, do imaginário ou metafóricas, propiciando a exposição da personagem psicodramática que corresponderá à personagem relacional do contexto social. Todo indivíduo assume uma personagem que é sua representação social, matizando os diferentes papéis que desempenha em suas diferentes situações vivenciais. É o que denomino personagem relacional.

[...] em minha prática profissional, tenho valorizado cada vez mais a compreensão psico e sociodinâmica dos casos clínicos à luz dessa personagem relacional. Consideramos que todo ato sociopsicodramático é por si só uma pesquisa qualitativa – o diretor psicodramático é um observador participante, investiga as relações vinculares, os critérios sociométricos que norteiam esses vínculos, os papéis desempenhados pelas personagens, os questionamentos trazidos pela personagem protagônica e, ao pesquisar-se, concomitantemente propicia-se transformações nas pessoas e situações alvos dessa pesquisa. Ao acompanharmos todo um processo terapêutico, estamos também atuantes como um pesquisador. Ao ouvirmos as queixas, as insatisfações, as dificuldades, os desejos não realizados, os conflitos relacionais, adentramos em um campo de indagações e avaliações que se propõe a desvendar o conglomerado de papéis que configuram a personagem relacional. Esta se mantém conservada? A serviço de quê? Há uma autotele positiva ou negativa? Através de quais papéis conseguiremos uma porta de entrada para o caminho da transformação? Nesse percurso, na medida em que essa pesquisa acontece, ficarão em evidência: lócus, motivações, critérios, escolhas – proporcionando ao cliente pesquisado um novo olhar sobre si e sobre suas relações. Isso, por si só, já é desencadeador de transformações. (Falivene Alves, 2009, p. 13)

Consigo um melhor entendimento de autotele quando aplicado à relação que ocorre entre o ego e a personagem relacional por ele constituída. Não se trata de simples atração ou afinidade de valores ou condutas, mas de uma interação que propicia a realização de um projeto sociométrico. O que temos é um ego-autor, criador, em coexistência com a criatura-personagem relacional. Uma interação que é sustentada por essa autotele: quando positiva, poderá expressar uma harmonia do indivíduo consigo próprio, quando negativa, será motivo para as sensações de cansaço de si mesmo e de sofrimento existencial. (Falivene Alves, 2011, p. 19)

UM CASO CLÍNICO – UMA PRIMEIRA SESSÃO

COMO SEMPRE FAÇO, VOU ATÉ A SALA de espera recepcionar meu próximo cliente. Seu nome, Junior. Ainda não nos conhecíamos, havíamos feito apenas um breve contato telefônico para agendamento da consulta. Sua voz, mais rude ao telefone, não combinava com a pessoa que eu cumprimentava naquele momento. Magro, alto, a face muito branca, fitou-me com olhos investigativos, como a querer já antecipar quem seria aquele profissional que o atenderia. Não me lembro de ter ouvido sua voz respondendo ao meu bom dia. Convidado a entrar na sala de atendimento, pediu para antes ir ao banheiro. Ao retornar, seu olhar, que já se mostrara curioso em relação à minha pessoa, agora o fazia em relação à sala. Posicionou-se junto à janela, aguardando que eu sinalizasse onde deveria sentar-se. Ofereci algumas alternativas de poltronas. Escolheu uma giratória que lhe possibilitaria continuar direcionando o rosto para a janela.

Considero esse primeiro contato de fundamental importância para o estabelecimento de um vínculo terapêutico. Estamos no âmbito da sociometria. O cliente, ao marcar a consulta, já me distinguira com uma primeira escolha. Como será que ele me conhecia? Por meio de algum parente ou amigo? Por indicação de algum profissional? Por informações da internet? Estaria em busca de um médico que lhe desse um diagnóstico e prescrevesse medicamentos ou de um terapeuta que o ouvisse, apoiasse e ajudasse a amenizar algum sofrimento? E como esperaria que fosse esse profissional a quem confiaria sua intimidade?

E eu, psiquiatra, psicoterapeuta, psicodramatista, vou aceitá-lo como meu cliente? O que poderia influenciar minha acolhida ou recusa a esse vínculo profissional? Uma ética própria a obrigar o atendimento a todos que me solicitem? Uma necessidade de preencher horários vagos e preservar um *status* social e econômico? Posso me permitir selecionar clientes por achar que estou com muitos atendimentos pesados, ou com psicodinâmicas parecidas, ou que não podem pagar o valor da sessão? Posso valorizar o fato de não me sentir motivado, em algum momento, a atender pessoas com determinadas características de vida, de problemas ou de personalidade?

Junior e eu estamos então dentro de um campo sociométrico que ali se instala. Vamos começar um trabalho que se propõe terapêutico e para isso é preciso iniciar a interação fazendo perguntas, respondendo a outras, satisfazendo curiosidades e expectativas que se apresentarem. Eu ainda não sei o que o motivou a marcar esse atendimento. É possível que também ele tenha aceitado a indicação ou sugestão de alguém, e também não saiba nada de mim.

Na dúvida se ele me conhece ou não, apresento-me de forma sucinta: meu nome, minha profissão, meu método de trabalho, deixando-o à vontade para novas indagações quando necessário. Faço isso porque já atendi vários clientes que fizeram tratamentos anteriores com outros profissionais e que não souberam referir o nome destes, nem se eram psicólogos ou psiquiatras.

Em seguida, peço que fale de si, começando por nome, idade e os motivos que o trouxeram até a consulta. Junior tem 30 anos e vem recomendado por seu gastroenterologista por apresentar gastrite e outras dificuldades digestivas que se repetiam com frequência. Já fizera psicoterapia anteriormente, mas por pouco tempo. É solteiro, completou um mestrado, está aguardando a liberação de uma bolsa para o doutorado. Dá aulas em escolas. Ainda mora com os pais.

Peço que conte um pouco mais sobre sua vida. Pergunta-me: "Sobre o quê?" Digo-lhe: "O que você achar importante ou significativo". Junior, com a cabeça direcionada para a janela, passa a falar dos seus sintomas físicos, de não ter tido melhora com remédios, a estimular que lhe faça perguntas próprias de uma anamnese médica. Percebo que ele não está à vontade. Aproveito a ocasião:

Terapeuta: "Como você está se sentindo aqui?"

Junior: "Estou estranhando não ter uma mesa entre nós."

Recebo essa colocação como uma necessidade de Junior estabelecer um limite entre ele e o terapeuta. Dou um sorriso como acolhimento a esse seu incômodo. Junior corresponde ao sorriso, dando a entender que se sentiu respeitado e me liberando para continuar.

Terapeuta (ainda sorrindo e pegando umas almofadas): "Se você quiser, posso colocá-las aqui como se fosse uma mesa... Eu prefiro sem nada entre nós. E você?"

Junior: "Eu sempre fico ansioso para começar as coisas."

Aproveito essa fala para assinalar:

Terapeuta: "Então, isso é sinal de que já estamos começando. Fale um pouco mais disso. Em que situações isso acontece?"

Junior: "No estudo... no trabalho... em casa, aqui."

Considero que esse é o ponto no qual iniciamos uma vinculação terapêutica. Existe simpatia, alguma empatia. Um esboço de tele. Como o desconhecimento do método psicodramático poderia contribuir para a manifestação da ansiedade com componentes fóbicos, ao mesmo tempo que respeito a defesa apresentada, aos poucos introduzo o contexto dramático.

Levanto, tiro aquelas almofadas que havia colocado entre nós e as disponho em círculo no chão, nomeando:

Terapeuta: "Esta aqui representa o estudo, esta a sua casa, o seu trabalho. Esta outra poderia ser: ir ao médico, ao terapeuta? Quais outras?"

Junior: "Ir a reuniões, encontrar uma garota."

Terapeuta: "Tem alguma outra situação que você acha importante colocar aqui?"

Junior: "Ficar em lugares fechados."

Terapeuta: "Aqui é um lugar fechado? Como está para você?"

Junior: "Mais ou menos. Agora está melhor. Quando entrei, já reparei que tem grade na janela e que as portas são duplas."

Terapeuta: "Portas fechadas, mas não trancadas a chave, e podemos interromper o atendimento quando você quiser."

Junior: "Esse também é o meu problema: também tenho dificuldade em terminar qualquer coisa que começo."

Junior permanecera sentado. Peço que se levante e se coloque no meio do círculo das almofadas, propondo a concretização da sensação de ansiedade.

Terapeuta: "Você me disse que já fez teatro na escola, então vou lhe propor que assuma uma personagem: a ansiedade que aparece em todas essas situações. Eu quero conversar com ela. Vista essa personagem: a Ansiedade do Junior. Sinta como ela é, assuma a postura dela."

Ansiedade (Junior) faz gestos repetidos como os de olhar no relógio e pegar um cigarro para fumar.

Terapeuta: "Ansiedade, você é grande ou pequena, forte ou fraca?"

Ansiedade (Junior): "Grande... e fraca."

Terapeuta: "Você aparece nessas situações de família, de estudo, em lugares fechados, para quê?"

Ansiedade (Junior): "Acho que é para protegê-lo."

Terapeuta: "De quê?"

Ansiedade (Junior): "De tudo, da vida."

Terapeuta: "Então você é uma coisa boa para ele, você o protege."

Ansiedade (Junior): "Não muito, só atrapalho."

Terapeuta: "Como?"

Ansiedade (Junior): "Só provoco medo, não defendo. Sou fraca."

Terapeuta (colocando uma almofada no lugar da ansiedade, propõe um espelho): "Vamos deixar a ansiedade aí no meio. Venha aqui fora do círculo. Veja: a ansiedade está ali para proteger você, se diz grande e fraca. Então, para melhor cumprir essa função de proteção, você quer deixá-la grande e forte ou, ao contrário, bem pequena e fraca e conseguir outra proteção? O que você quer fazer com ela, fortalecê-la ou diminuí-la?"

Junior: "Quero que ela desapareça."

Terapeuta: "Ainda não sei qual a necessidade de proteção e em relação a quê, mas entendo que precisamos providenciar alguma outra forma de ajuda, de proteção, que não seja a ansiedade, e também avaliar quanto isso ainda se faz necessário. Proponho que esse seja o nosso primeiro projeto terapêutico. Você concorda?"

Junior: "É o que eu preciso."

PROCESSAMENTO

Essa primeira sessão tem como objetivo estabelecer um vínculo entre terapeuta e cliente além dos aspectos carismáticos de cada um. Visa propiciar que o terapeuta tenha contato com as questões e os sofrimentos trazidos pelo cliente, exponha a este seu entendimento a respeito do que lhe foi confiado e apresente sua metodologia de trabalho.

O cliente exterioriza tensão ligada à preocupação de estabelecer um limite entre ele e o terapeuta. O terapeuta, ao sorrir, procura demonstrar acolhimento e respeito, sugerindo que possam delimitar território por meio das almofadas. Junior corresponde ao sorriso, o que revela estar se sentindo compreendido; mais relaxado, explicita sua ansiedade relacionada a situações que estejam por se iniciar ou por terminar.

O terapeuta aproveita para assinalar que aquela ansiedade tem o significado de já estarem iniciando um vínculo terapêutico. Como a ansiedade revelada é de natureza fóbica e o desconhecimento do método poderia estar contribuindo para desencadeá-la, o terapeuta, cautelosamente, ao mesmo tempo que respeita essa defesa, aproveita para introduzir o cliente, aos poucos, no contexto dramático.

É preciso estar alerta ao fato de que a proposição de dramatização deve estar alicerçada no estabelecimento de um vínculo de confiança entre cliente e terapeuta, precondição do vínculo terapêutico. Se houver desconfiança ou inibição diante do convite para uma ação dramática, o terapeuta deverá ter a devida cautela e postergá-la para futuras sessões. A avaliação do "quando, como e para quê" da ação dramática estará em função da interação estabelecida, do estado emocional do cliente e da experiência e sensibilidade do terapeuta.

UM OUTRO DIA, UMA SEGUNDA SESSÃO

TERAPEUTA: "COMO VOCÊ ESTÁ?"
Junior: "As dores de estômago me atrapalharam bastante. Nem saí de casa no fim de semana."
Terapeuta: "Quando isso recomeçou?"
Junior: "Sábado, no almoço."
Peço que dramatizemos essa situação do almoço.
Junior assumirá o papel de todas as personagens que estiverem presentes na cena, e o terapeuta dialogará com elas (entrevista em cena psicodramática). O terapeuta utilizará sua função

ego-auxiliar, seja interpretando o papel de alguma personagem, seja desempenhando as técnicas de duplo e espelho, sempre que isso se fizer necessário. Aos psicodramatistas iniciantes, é sugerido que estejam atentos e o façam pelo tempo exclusivamente necessário, para que não haja prejuízo de sua característica maior: diretor psicodramático. Deve-se salientar que o terapeuta é, em sua melhor acepção, um ego-auxiliar de seu cliente, e essa sua qualidade permanecerá disponibilizada mesmo quando assume o papel de direção. Como ressalta Penha Nery em comunicação pessoal, "essa técnica do duplo, enquanto expressão de necessidades e emoções, é a mais livre de todas, podendo ser usada a qualquer momento, de acordo com a intuição ou leitura sociodinâmica do terapeuta".

PRIMEIRA CENA

Está chegando a sua casa, na hora do almoço e, ainda estando no portão, já sente um cheiro de comida que lhe embrulha o estômago. Ao entrar, é recebido por um sobrinho de 4 anos.

Sobrinho (representado por Junior): "Vá embora, chatão."

Terapeuta pergunta a Junior (voltando ao seu próprio papel): "O que você sente ao ouvir isso?"

Junior: "Minha mãe deve ter dito isso e ele repete."

Terapeuta pergunta ao sobrinho (representado por Junior): "Por que você chama seu tio de chatão?"

Sobrinho (Junior): "Como sempre, vai haver discussão na mesa entre minha avó e meu tio."

Confirmo com Junior se isso é verdade. A resposta é afirmativa. Solicito que mostre como essa discussão acontece.

SEGUNDA CENA

Estão na mesa do almoço, sentados (representados por almofadas), Junior, seu pai Francisco, seu sobrinho Marquinhos. A mãe traz a comida para servir.

Junior (irritado e bravo): "A senhora já não sabe que essa comida me faz mal? Eu não posso com molho de tomate. Assim eu não saro mesmo."

Mãe (representada por Junior): "Estou cansada de tudo, qualquer dia vou embora."

Terapeuta pergunta à mãe o porquê de não ter feito a comida que o filho poderia comer.

Mãe (Junior): "Eu não sabia que o Junior viria almoçar hoje. Se eu faço a comida para ele, daí quem não vai comer é o pai. Estou cansada de só fazer as coisas de casa e nunca ser reconhecida."

Terapeuta investiga a reação do pai diante dessa discussão.

Pai (representado por Junior): "Melhor ficar quieto, senão a briga vai virar pro meu lado. Minha mulher e meu filho são muito nervosos."

Termino essa cena e pergunto a Junior como ela continua. Diz que sua mãe lhe traz algo sem molho, mas mesmo assim ele sente que está lhe fazendo mal.

TERCEIRA CENA

Peço que Junior seja essa comida, feche os olhos e mostre o que ela faz em seu estômago (criação de personagem dramática por meio da técnica de concretização e maximização).

Comida (representada por Junior) faz movimentos de expansão com os braços.

Terapeuta: "O que você está fazendo?"

Comida (mexendo os dedos em movimentos de arranhar): "Estou crescendo no estômago e machucando ele."

T: "Pra que você faz isso?"

Comida: "Não sei... não sei."

Terapeuta: "Permaneça com os olhos fechados, amplie mais e mais esses movimentos e, a partir dessa sensação de algo que cresce, expande, machuca, vá se transformando em alguma outra coisa... uma outra personagem."

Junior: "Estou crescendo dentro de um ovo, sou um pássaro. Estou envolvido por uma casca, uma casquinha frágil."

Terapeuta: "Você quer arrebentá-la?"

Pássaro (Junior, fazendo movimentos de expansão): "Já arrebentei." Para e diz que está angustiado.

Terapeuta: "Você quis arrebentar a casca e conseguiu. O que o está deixando angustiado agora?"

Pássaro (Junior): "Sou muito pequeno..."

Abre os olhos (que tinham permanecido fechados), olha ao seu redor e continua: "Vou ter que derrubar também essas paredes e não tenho forças nem para chegar até elas. Também, nada adiantaria, iriam aparecer outras e depois outras e mais outras paredes."

Terapeuta: "Estava melhor dentro do ovo?"

Pássaro (Junior): "Acho que sim."

Terapeuta (colocando-se do lado da personagem e fazendo duplo): "O espaço estava pequeno, mas eu sentia que tinha forças e tamanho suficientes para sair. Agora que estou livre, me vejo muito pequeno, só e fraco diante desse mundo maior. Prefiro voltar para o lugar antigo."

Pássaro (Junior), com um gesto da cabeça assinala concordar.

Terapeuta: "É quando aparecem essas novas situações, quando se tem de terminar algo para poder começar alguma outra coisa, nesses momentos é que se precisa de ajuda, não é? O Junior, assim como você, pássaro; todos nós precisamos de auxílio."

Respeitamos o silêncio que se segue e encerramos a dramatização, passando ao compartilhamento, aos comentários e à elaboração do acontecido.

PROCESSAMENTO

O cliente traz como queixa a repetição de uma dor de estômago. O terapeuta propõe uma dramatização para investigar a correlação com algum fator desencadeante. Na primeira cena, aparecem os elementos: comida que faz mal e denúncia de frequentes desentendimentos entre Junior e sua mãe. Continuando a pesquisa, a

PSICODRAMA BIPESSOAL

dramatização revela: uma sociometria com incongruências relacionais no triângulo pai-mãe-filho; um pai ausente deixando o conflito para o vínculo mãe-filho. A comida aparece como motivo de dor e discórdia. O diretor sugere uma cena na qual a interação entre comida e estômago possa ser concretizada. A entrevista da personagem comida (conteúdo) revela que seu crescimento machuca o estômago (continente). Como a continuidade dessa cena não traz mais respostas, o diretor propõe prosseguir por meio de uma personagem metafórica, simbólica. Surge o pássaro que, ao romper com o que o continha, depara com sua limitação em poder continuar por si só. Expressa aí sua solidão e a demanda por um ego-auxiliar que ainda o acompanhe. As palavras finais do terapeuta funcionam como um espelho direcionando o olhar para a "ave-Junior", frágil enquanto sozinha, a necessitar de parcerias que possibilitem seu caminhar pela vida. A sessão, mais do que uma pesquisa, tem também a qualidade de catarse integradora, pois acrescenta ao protagonista mais autoconhecimento, incorporando partes suas até então não explicitadas – base para as transformações desejadas.

UM OUTRO DIA, UMA OUTRA SESSÃO

JUNIOR, QUE COSTUMA SEMPRE corresponder com um sorriso ao meu cumprimento, nesse dia não o faz e mostra-se mais contido. Ao assinalar que o sinto mais tenso, responde que dormira mal naquela noite. Pergunto o motivo.

Junior: "A Silvana está me enrolando. Novamente desmarcou um encontro que tínhamos marcado para ontem."

Silvana era uma jovem que havia conhecido na casa de um amigo há mais de um mês. Anotaram os respectivos números de telefone para combinarem um futuro encontro. Ficara esperando que ela ligasse e isso não aconteceu. Já trouxera para a terapia essa dificuldade em tomar, ele, a iniciativa. Depois de muito ensaiar, decidiu telefonar; foi atendido pela secretária eletrônica. Em vez de frustrado, ficou aliviado: se ela quisesse, daria o retorno. Alegrou-se quando ela ligou. Aventaram a possibilidade de se encontrarem no sábado seguinte; sairiam com amigos caso eles fossem fazer algum programa. Podia tê-la convidado para irem os dois a um cinema, não o fez. Só resolveu ligar no próprio sábado, à tarde. A resposta foi que ela sairia com uma colega para fazerem compras. Concluiu: ela não me quer.

Naquela noite, passou boa parte do seu horário de sono imaginando os motivos da negativa recebida. Estaria ainda interessada nele ou já teria outra pessoa? Onde teria falhado? Quando conseguiu dormir, teve vários sonhos angustiantes.

Terapeuta: "Fale desses sonhos. Conte algum."

Junior: "Não lembro direito, mas são parecidos."

Terapeuta: "Você diz que os dessa noite é que são parecidos entre si ou você já os teve outras vezes?"

Junior: "Sempre que estou preocupado tenho esse tipo de sonho."

Terapeuta: "Como são? Conte os dessa noite."

Junior: "Não me recordo deles por inteiro. Eu tinha que ir a algum lugar e não sabia como fazê-lo, era muito longe, estava sozinho. Ando muito, mas a rua estava interrompida, não conseguia passar. Acordo com uma sensação de angústia e ao mesmo tempo aliviado por ter acordado."

Terapeuta: "Vamos dramatizar esse sonho."

Junior: "Mas eu só lembro isso."

Terapeuta: "Não faz mal. Vamos sonhar aqui, agora. Eu o ajudo. Não se preocupe em reproduzir exatamente como foi. Você vai criando o sonho. Busque uma posição confortável. Você prefere aí mesmo na poltrona ou deitado no tapete?"

CENA 1

Terapeuta (dirigindo-se a Junior, que prefere ficar na poltrona): "Feche os olhos. Estamos no dia de ontem, pouco antes de você se deitar. Faça um solilóquio de seus pensamentos."

Junior: "A Silvana não está interessada em mim. Se estivesse, teria cancelado a saída com a amiga e preferido estar comigo. Ela não sabe que eu estou a fim. Também, fico sempre esperando a iniciativa dos outros."

Terapeuta: "Então, com esses pensamentos e sentimento você vai adormecer e sonhar; quando as cenas começarem, você as descreve."

Junior: "Estou em um lugar, parece um campus universitário, estou atrasado, preciso achar minha sala, não sei onde fica, caminho em direção a um prédio, mas o caminho está interrompido."

Terapeuta: "Não tem alguma pessoa a quem você possa perguntar como é que se chega lá? Não tem nenhum colega por perto?"

Junior: "Não. Acho que não vou conseguir encontrar. Estou muito angustiado. Vou desistir."

Terapeuta: "Quem poderia ajudar?"

Junior: "Não há ninguém, só eu mesmo. Eu tenho que me virar."

Terapeuta: "Agora você é este Junior que está sonhando. Como você pode ajudar aquele Junior do sonho?"

Junior (falando para o Junior do sonho): "Você precisa ficar mais perto dos outros, não deixar que se afastem. Deixar de fazer tudo sozinho e mostrar que necessita deles."

Terapeuta: "Levante da poltrona, ande pela sala, seja essa personagem: o que faz tudo sozinho e não mostra precisar de ajuda."

O terapeuta encaminha a direção no sentido de identificar a constituição dessa personagem: seu "lócus" (condições sociais e familiares que o cercam), sua "matriz" (resposta dada a determinada situação, estímulo ou expectativa) e seu *status nascendi*" (como se dá a construção dessa personagem, sua dimensão temporal).

Terapeuta: "Agora me responda: desde quando você existe? Se tivéssemos uma foto antiga dessa personagem, ela teria sido tirada onde e quando? Procure no seu álbum de recordações. Não tenha pressa, encontre uma que lhe seja significativa."

Terapeuta: "Encontrou? Se não, crie, invente uma."

Junior: "Não achei. Vou inventar. Vieram duas. Uma: estou jogando futebol de botão. Outra: estou olhando a rua, encostado num portão ou na grade da janela."

Terapeuta: "Escolha uma, vamos fazer essa cena."

Junior: "Jogando futebol de botão."

CENA 2

Junior, com 9 anos, está em casa jogando futebol de botão, ele com ele mesmo; está sozinho.

Terapeuta: "Você gosta de jogar sozinho? Não tem um amigo para jogar com você? Nenhum vizinho? Sua irmã?"

Junior: "Minha irmã é menina, é pequena, só brinca de boneca. Os vizinhos estão brincando na rua, mas minha mãe não me deixa sair."

Terapeuta: "Quem está com você?"

Junior: "Ninguém."

Respondendo às indagações do terapeuta, Junior conta que vai à escola de manhã e à tarde fica sozinho porque sua mãe está trabalhando, sua irmã está na creche, seu pai também nunca fica em casa, não tem certeza de onde ele trabalha. Sua mãe, quando sai, fecha o portão da rua, fala para ele não sair e nem receber ninguém. Não o deixa brincar na rua com os colegas, diz que é perigoso. Antes, fazia companhia para sua avó que era doente e só ficava deitada, mas ela já havia morrido.

Terapeuta: "Jogando assim, você contra você mesmo, nunca vai perder pra ninguém, só pra você mesmo. Mas, também, só ganha de você mesmo. Acostumando-se com isso, sempre preferirá resolver tudo sozinho, no pensamento, na imaginação. Assim garante não ser derrotado, mas também não será vitorioso de verdade. Melhor convidar algum colega para brincar com você, não é?"

Junior: "Mas eu não posso sair, só fico olhando a rua pela janela."

Terapeuta: "Esta é a sua outra foto. Vá até à janela. O que você vê?"

Junior: "Os meninos estão brincando, correndo, jogando bola."

Terapeuta: "Você não está com vontade de ir até eles ou convidar alguém para vir jogar com você?"

Junior: "Não posso. Tenho medo de não saber jogar como eles. Tenho medo que eles briguem comigo. Não vai ter ninguém para me defender."

Terapeuta pede que Junior se afaste da cena, deixa uma almofada em seu lugar, aproxima-se dele e diz (técnica do espelho):

Terapeuta: "Veja aquele Junior criança: o que ele deseja é estar brincando com os outros meninos. Mas ele está com medo de não ser aceito, de não jogar bem, de não saber brigar. Então ele aprisiona o desejo e, para não ficar frustrado, para não se decepcionar, para não sofrer, vai desenvolvendo essa personagem que faz tudo sozinha e não pede ajuda. Por um bom tempo deu certo, até se valorizou com isso. Agora não está servindo mais. O Junior de hoje pode ajudar aquele Junior criança?"

Junior: "Não. Eu ainda sou assim. Me ajude você."

Terapeuta: "Está bem, que bom, você pediu ajuda. Vou ajudar. Vou propor a você um jogo, uma disputa: o time do desejo *versus* o time do medo. Quem você quer que ganhe? Você vai montar os times. Coloque pessoas, sentimentos e situações como sendo os jogadores das equipes. Vou ajudar você a convocar o time."

Terapeuta, oferecendo almofadas como representação dos jogadores: "Começamos por qual?"

Junior: "Pelo time do medo. Ponho minha mãe, meu pai... a Silvana ... a Silvana não, ela vai para o outro time."

Terapeuta: "Vá montando também o outro time."

Junior: "A Silvana, meu sobrinho, você, uns dois colegas de escola."

Terapeuta: "No time do medo, você colocaria o que mais? O medo de quê: de lugar fechado, de falar o que você quer? Isso ou alguma outra coisa?"

Junior: "O medo de não conseguir, de fracassar."

Terapeuta: "O time do medo está ficando maior. No time do desejo, podemos colocar o quê? A vontade, a ambição, a vaidade? Elas são fortes."

Junior: "Só na imaginação."

Terapeuta: "São desejos, não são? Então, colocamos. E a sua persistência, também?"

Junior: "Podemos colocar. Quem é bem persistente é a minha mãe."

Terapeuta: "Então, dividimos a sua mãe: a medrosa e preocupada no time do medo, a persistente no time do desejo. Os times estão montados. Você vai precisar entrar num desses times. Desta vez não vai ser como nos seus jogos de botão em que você joga, ao mesmo tempo, nos dois times. Agora, ou você ganha ou você perde. Escolha de que lado você vai ficar e se é para fortalecer ou enfraquecer o time.

Junior: "Lógico, escolho o do desejo."

Terapeuta: "Este jogo já está acontecendo há muito tempo na sua vida, agora chegou a hora da definição e vamos ter um lance decisivo, escolhemos um jogador de cada lado para representar o respectivo time. Do desejo: vai ser você, representando e juntando toda a força dos seus companheiros de equipe. Do medo, quem pode ser?"

Junior: "Minha mãe, a insegurança e o medo da minha mãe."

Terapeuta: "Então vamos à disputa. Será por frases contundentes que um dirá ao outro. Quem começa?"

Terapeuta coloca almofadas, de um lado e de outro, representando os times. Destaca uma de cada lado: Junior (desejo) *versus* Mãe (medo). Como Junior assinala que a mãe é quem inicia, peço que ele assuma o papel da personagem Mãe.

CENA 3

Mãe (desempenhada por Junior): "A vida é muito difícil, temos que nos esforçar muito."

Junior (voltando à sua personagem): "Não tão pesada como você vê. Há um lado da vida que não é difícil."

Terapeuta estimula Junior a utilizar argumentos que possam vir da força de seu time, como vontade, decisão, coragem, persistência, vaidade, ambição; e diz: "Junior, seu time se chama desejo".

O terapeuta segura numa das mãos uma almofada para representar a mãe e dá-lhe voz (trata-se de similar de um duplo da personagem, o terapeuta se utiliza de conteúdos conhecidos em sessões anteriores).

Mãe (voz do terapeuta): "É preciso ter muito cuidado, não confiar nos outros. Veja seu pai: levou uma rasteira do sócio e nunca mais se levantou. A família dele nunca ajudou. Não fosse eu... o que seria de nós?"

O terapeuta continua a se desdobrar em dublar a mãe, estimular Junior e dirigir a sessão.

Junior: "Mãe, você me ensinou a tomar cuidado, a não ser ingênuo, a ser esforçado. Até hoje faço tudo sozinho, para não dar trabalho a ninguém."

Mãe (duplo do terapeuta): "Você é um bom filho, não me dá trabalho; só com esses seus problemas com a comida. Sua irmã ainda era revoltada, mas você não. Só conto com você."

Terapeuta incentiva Junior a utilizar falas decisórias e vencer a disputa:

Terapeuta: "Junior, o seu time todo está torcendo, vamos lá, use toda a força de vocês. Você não está sozinho. Fale num tom de voz mais forte e incisivo, fale como ganhador. Corrija sua postura, você já é adulto."

Junior (mais decisivo): "Mãe, já lhe ajudei, você já me criou, aprendi a me defender do mundo, mas só na imaginação. Eu não posso mais ficar só com vocês."

Terapeuta (fazendo duplo de Junior): "Sua comida é boa, mas não é suficiente para mim. Se eu continuar a só me alimentar dela, eu não cresço, eu fico doente. Eu preciso buscar meu alimento em outras pessoas."

Junior: "Eu preciso utilizar o que já aprendi. Sei me defender, mas não quero resolver tudo sozinho, quero outras pessoas."

Terapeuta (fazendo duplo de Junior): "Papai deu azar com o sócio, mas eu preciso de sócios na vida: para estudar, para trabalhar, para namorar e construir uma família."

Terapeuta pede que Junior ocupe o lugar da mãe e responda. Mãe (desempenhada por Junior): "Você está certo." E dirigindo-se ao terapeuta: "O time dele ganhou."

Terapeuta (para a mãe): "No time do desejo tem uma parte sua que agora também pode ser vencedora."

Terapeuta (retornando Junior para sua personagem): "Parabéns, Junior, pela vitória, parabéns ao seu time chamado desejo."

Terapeuta: "Agora vamos juntos até aquela janela onde o Junior fica a olhar o mundo lá de fora."

É importante o terapeuta enfatizar o "vamos juntos", exatamente porque a transformação desejada é que Junior não resolva tudo sozinho e conte com as ajudas necessárias. Dirigem-se até a almofada que o representa, colocada diante de uma janela.

Terapeuta: "Vá mostrando a ele o que nós vivenciamos nessas nossas sessões. Que ele fica na janela imaginando que só pode estar lá fora quando for muito forte para vencer, se for eficiente em suas apresentações, se ganhar as disputas. Ele olha as pessoas lá fora, tem vontade de estar com elas, mas já as coloca como prováveis competidoras. Muitas das que ele vê, ele as quer como companheiras para se associarem, para serem do mesmo time. Para serem do time do desejo."

Relembrando que Junior recebeu de sua mãe a proibição de sair para brincar fora de casa, e que essa ordem transmitida foi internalizada como um medo seu, o terapeuta atua retificando aquela mensagem familiar e funcionando como autorização externa que propicie a autorização interna (Alves, 1995, p. 46).

Terapeuta, enfatizando: "O Junior fica aqui diante da janela, aprisionado pelo medo, mas ele tem a chave da porta: ele pode sair e voltar. O medo de estar sozinho só irá desaparecer se ele aceitar ajuda. Agora estamos aqui, nós dois, para ajudá-lo. Vamos fazer isso."

Junior sinaliza, com a cabeça, concordar com o terapeuta; coloca a almofada entre os braços, repete e confirma: "Vamos lá para fora, é o que mais queremos".

Junior e o terapeuta, emocionados se olham e se cumprimentam.

PROCESSAMENTO

Junior tivera uma noite mal dormida, com sonhos angustiantes. O diretor pede que fale de seus sonhos. O relato é sucinto, mas suficiente para ser o iniciador de uma dramatização que traga mais elementos. O diretor propõe que se dramatize o sonho. Pela dinâmica do cliente, já é esperado que ele coloque algum obstáculo: não saber, não se lembrar. O diretor também já sabe que Junior se vê fraco e sozinho para enfrentar situações. Por isso mesmo, a função ego-auxiliar do diretor deverá estar disponível de maneira explícita, seja na montagem das cenas, seja em seu desenrolar.

Aceita sua escolha de permanecer sentado e com os olhos fechados; a dramatização do sonho é conduzida como um psicodrama interno. Novamente, aparece o Junior que se sente só e não solicita ajuda. A opção é por uma cena regressiva. A proposição agora é que busquemos o "*status nascendi*" dessa personagem relacional, seu "lócus" e sua "matriz". Nela, aparece Junior, uma criança proibida de brincar na rua, jogando botões consigo mesmo, desenvolvendo o medo de competir.

O diretor propõe uma cena reparatória: que haja uma disputa na qual ele não esteja só, que seja por meio de equipes – pessoas que cooperam entre si. O embate será entre o desejo e o medo, conflito sempre presente no caminhar de Junior pela vida. Significativo foi poder separar a mãe em duas partes (a que o protege e a que o amedronta), cada uma figurando em um time. Poder distinguir entre o que auxilia e o que imobiliza, o que liberta e o que aprisiona. E, como metáfora, relacionando às suas queixas gástricas que motivaram o encaminhamento à terapia: possibilitar ao seu estômago digerir os alimentos, preparando a separação entre o que é para ser absorvido, incorporado, e o que deve ser eliminado, excluído.

CONSIDERAÇÕES SOBRE O PSICODRAMA BIPESSOAL RELATADO

SE NO PSICODRAMA CHAMAMOS de contexto grupal aquele constituído pelas pessoas participantes, incluindo a equipe coordenadora (diretor, egos-auxiliares), no psicodrama bipessoal também consideramos como contexto grupal aquele formado pela interação de seus dois integrantes: cliente e terapeuta.

Quando instalado o contexto dramático, o terapeuta passará a exercer o papel de diretor psicodramático, e o cliente será o autor e ator do drama que ali será encenado. Se no contexto grupal era o cliente quem apresentava suas queixas, seus sofrimentos, suas dificuldades, agora, no palco psicodramático, essas mesmas demandas serão expressas e vivenciadas pelas várias personagens requeridas pela cena.

O diretor se manifestará como questionador da história do cliente, de sua ação, de sua emoção, em busca de sua espontaneidade e criatividade, e disponibilizará suas funções ego--auxiliar e plateia para garantir o "como se" psicodramático. Da interação entre essas personagens, uma se destacará por ser a representante emocional das relações estabelecidas entre o social, o grupal e o dramático, e entre cliente e terapeuta, caracterizando-se por um projeto comum: a transformação – a essa personagem denominamos protagonista. Assim, os três contextos e cinco instrumentos do psicodrama estarão presentes no psicodrama bipessoal.

Deve-se ficar atento ao "tema protagônico, que tem suas premissas no contexto social, delineia-se no contexto grupal e define-se no contexto dramático" (Alves, 1999, p. 90).

Quando o trabalho é processual, o movimento protagônico perpassa as várias sessões, nas quais personagem e tema protagônico vão melhor se caracterizando. Para deixar isso mais claro, escolhi relatar, neste capítulo, três sessões sequenciais – as duas últimas intercaladas por uma outra, aqui não descrita, que decorreu no formato verbal e como continuidade da elaboração da ação dramática vivenciada.

Nas três sessões, vemos um desfilar de personagens psicodramáticas vindas da realidade do contexto social (pai, mãe, sobrinho, Junior adulto, Junior criança) ou surgidas no contexto dramático (ansiedade, comida, pássaro), que, por meio de suas interações nas cenas dramatizadas, vão delineando a personagem que se fará protagônica.

Na primeira sessão, a personagem protagônica aparece como a ansiedade, que se confessa ineficaz como proteção. Na segunda, ela surge como um pássaro, frágil para poder ganhar o espaço. Na terceira sessão, ela melhor se define, revelando-se como o Junior que resolve tudo sozinho e nunca pede ajuda.

> Essa personagem que vai se destacando na ação dramática passa a ser alvo de investigação pelo diretor. O que a caracteriza? Em que papéis ela melhor se expressa? Que correlações podem-se estabelecer com a personagem relacional do contexto social? Esta preserva seu aspecto dinâmico ou está conservada? Se mantida assim conservada, qual seu *lócus* e *status nascendi*? O que a justifica? Qual sua motivação sociométrica? A autotele (ego-autor e personagem construída) é positiva ou negativa? (Alves, 2011, p. 22)

Conhecemos um Junior com medo de se apresentar para as várias situações que a vida oferece, tendo na ansiedade fóbica seu meio de proteção. Tem medo de lugares fechados, mas tranca-se para evitar frustrações. Reconhece a ineficiência dessa defesa que apenas o mantém isolado, um refúgio em seu mundo imaginário – ao mesmo tempo, solução e impedimento, alívio e sofrimento.

Já no primeiro contato, o olhar investigativo do cliente prenunciava a personagem que apareceria nessa sessão inicial: "Junior, o ansioso, diante do início e do fim de situações". Na segunda sessão descrita, o movimento protagônico continua trazendo uma denúncia: a convivência com a família é um alimento que o adoece, não o faz forte para viver sua liberdade. Vê-se extremamente só, toda a força que possa ter adquirido não o capacita para um universo maior, só é suficiente para um mundo menor, seu mundo interno, seu imaginário.

Configura-se mais a sua personagem: "Junior, o pequeno, fraco, doente". Não contando com o pai ou a mãe, não acreditando que alguém mais possa auxiliá-lo, então, para sua sobrevivência emocional, vai se construindo como autossuficiente: não precisará dos outros, dependerá só dos seus esforços. Na continuidade do movimento protagônico, a personagem mais se desvela: "Junior, o que resolve tudo sozinho e não solicita ajuda".

Essa é a personagem com que tem se apresentado na vida: sua personagem relacional. Construída para se proteger, passa a ser um valor enaltecido por ele mesmo e motivo de orgulho para seus pais. Nunca dera preocupações, sempre fora um bom aluno, só frequentara escolas e faculdades públicas, desde a adolescência sempre realizou algumas tarefas ou estágios remunerados.

Sua autotele tinha sido positiva até então. Caminhou pela vida sozinho enquanto pôde, até que seus desejos e ambições apontaram em direção a um mundo maior, só possível quando se está acompanhado. Sua autotele fica negativa, sente-se doente. E, se em cada sessão podemos identificar um protagonista, é aí, quando do a personagem protagônica do contexto dramático coincide com a personagem relacional do contexto social, que teremos a expressão maior do que conceituamos como protagonista e por meio do qual a intervenção psicodramática melhor promoverá as mudanças demandadas pelo projeto terapêutico.

Esse relato procurou exemplificar meu método de trabalho: propiciar uma ação dramática, uma inter-relação de personagens – vindas do real, do imaginário ou metafóricas – que, por meio do jogo de papéis, desencadeia um movimento protagônico. Por meio deste, a personagem protagônica do contexto dramático identificará a personagem relacional do contexto social que a ela corresponde.

As técnicas psicodramáticas que mais utilizo: entrevista da personagem em cena, duplo, espelho, assumir e trocar de papel e contrapapel, maximização, concretização, dramatização interna. Algumas sessões podem se desenrolar em nível verbal, mas, se tivermos uma narrativa com composição de fatos, presentificação de sentimentos, questionamento da trama, tudo isso a provocar um comprometimento emocional dos participantes, poderemos dizer que temos a "palavra dramática", a que tem força existencial, e que o contexto se fez dramático.

Há variados métodos de trabalho bipessoal utilizados por diferentes psicodramatistas: uso de máscaras, marionetes, bonecos, desenhos, assim como de outros referenciais teóricos do próprio psicodrama. Quero destacar a terapia da relação e o psicodrama interno. A terapia da relação, desenvolvida por José Fonseca desde 1991, se caracteriza por não utilizar montagem de cena nem movimentação espacial; a ação dramática ocorre com o terapeuta desempenhando os papéis internalizados do cliente. No psicodrama interno, aprimorado por Victor Silva Dias e José Fonseca desde 1980, também não há movimentação espacial e a intervenção se faz sobre imagens internas, privilegiando o desejo e as sensações. Penha Nery (2003) tem um interessante capítulo, "A fala no psicodrama", no qual descreve alguns tipos de intervenção verbal com base no que denomina "princípios de técnica psicodramática".

A opção por relatar, neste capítulo, três sessões psicodramáticas sequenciais, descrevendo-as do começo ao fim, deu-se pelo fato de que muitos alunos vinham se queixando da falta de textos assim formatados, que pudessem exemplificar o movimento protagônico percorrendo várias cenas, várias sessões, em vários dias, acompanhando a personagem protagônica configurar-se, cada vez mais, como protagonista transformador.

REFERÊNCIAS BIBLIOGRÁFICAS

ALVES, L. Falivene."Jogo: imaginário autorizado, imaginário exteriorizado". In: MOTTA, J. M. C. (org.). *O Jogo no psicodrama*. São Paulo: Ágora, 1995, p. 45-56.

_____. "O protagonista e o tema protagônico". In: ALMEIDA, W. C. (org.). *Grupos – A proposta do psicodrama*. São Paulo, Ágora, 1999, p. 89-100.

_____. "A personagem relacional: uma sociopsicodinâmica como foco de intervenção psicodramática". Monografia apresentada no Instituto de Psicodrama e Psicoterapia de grupo de Campinas (IPPGC), Campinas, 2009.

_____. "Personagem relacional – um novo conceito" In: MOTTA, J. M. C.; ALVES L. Falivene (orgs.). *Psicodrama – Ciência e arte*. São Paulo: Ágora, 2011, p. 15-25.

HERRANZ CASTILLO, T. *Integrações – Psicoterapia psicodramática individual e bipessoal*. São Paulo: Ágora, 2001.

NERY, M. P. *Vínculo e afetividade*. São Paulo: Ágora, 2003.

BIBLIOGRAFIA ACONSELHADA

BARROS, M. B. B. *Psicoterapia psicodramática bipessoal – O entendimento e a prática dos psicodramatistas contemporâneos*. Monografia apresentada na Delphos Espaço Psicossocial, Rio de Janeiro, 2009. Disponível em: <http://www.febrap.org.br/anexos/Mari.pdf>. Acesso em jan. 2012.

BUSTOS, D. *Psicoterapia psicodramática*. São Paulo: Brasiliense, 1979.

_____. *Novas cenas para o psicodrama*. São Paulo: Ágora, 1999.

CUKIER, R. *Psicodrama bipessoal: sua técnica, seu paciente, seu terapeuta*. São Paulo: Ágora, 1992.

DIAS, V. R. C. S. *Sonhos e psicodrama interno*. São Paulo: Ágora, 1996.

ESTEVES, M. E. R. "Relação diretor-protagonista: uma contribuição ao estudo da entrevista na cena psicodramática". *Anais do 6º Congresso Brasileiro de Psicodrama*, v. 1, Febrap, 1988, p. 102-16.

FONSECA, J. *Psicoterapia da relação*. 3. ed. São Paulo: Ágora, 2010.

LANDINI, J. C. *Do animal ao humano*. São Paulo: Ágora, 1998.

PERAZZO, S. *Psicodrama – O forro e o avesso*. São Paulo: Ágora, 2010.

13. Aplicações dos métodos sociátricos

HELOISA JUNQUEIRA FLEURY
MARLENE MAGNABOSCO MARRA

O CONTEÚDO DESTE CAPÍTULO resulta de muitos anos de trabalho usando a metodologia sociopsicodramática em diferentes contextos e populações. Nossas experiências de pesquisa nos levaram a priorizar projetos de pesquisa-ação em intervenções voltadas para o desenvolvimento local, regional e internacional.

A dimensão relacional é comum aos fundamentos epistemológicos do psicodrama, do sociodrama e da pesquisa-ação. A interação é o *locus* viável e preciso para a aplicação dessas metodologias, contribuindo para que todos os implicados nas situações problemáticas possam promover ações para transformá-las em situações desejadas ou possíveis.

Quando trabalhamos com a metodologia de ação, em uma intervenção na qual utilizamos a ferramenta da pesquisa-ação, não o fazemos por uma força externa, que vem do diretor (interventor), e sim com bases e valores democráticos, com o objetivo de promover mudanças e transformações. Portanto, quando fazemos uma intervenção, ela não é imposta (Dionne, 2007; Moreno, 2008).

A metodologia sociopsicodramática propõe um enquadre ordenado, o que é importante na maioria das concepções de planejamento. Essa ordem traz, porém, uma sensação de linearidade, que tende a ser relativizada pela proposta investigativa, participativa e de ação própria dessa metodologia, assim como pela atuação e conduta do diretor, associadas aos pressupostos e ao processo da pesquisa-ação. Dessa maneira, embora o enquadre da sessão de psicodrama/sociodrama e seus procedimentos pareçam fixos, rígidos e hierarquizados, o processo permite a imprevisibilidade, pois a movimentação e a interação dos atores ocorrem de modo circular, em espiral. A cada rotação, a dimensão humana é articulada de modo a alcançar novas perspectivas, criando um *locus* de construção e reconstrução do conhecimento.

A linearidade, portanto, é sempre contestada na prática participativa proposta pelo sociopsicodrama. As inquietações dos participantes e o protagonista, seja ele o indivíduo ou o grupo, na função de pesquisador principal, nos colocam diante de uma prática que articula e movimenta a linearidade contida no enquadre. O mais importante é considerar o enquadre sociopsicodramático como um veículo que dá voz aos indivíduos e grupos, os quais buscam sentidos e significados para as situações vividas e suas necessidades. Tal enquadre amplia as possibilidades de investigação, intervenção e produção do conhecimento.

A ação contida no enquadre sociopsicodramático, portanto, não pode ser confundida com controle social. A ação é considerada um parâmetro organizador que nos dá a referência da situação que se desenvolve – mais próxima do real do grupo.

A metodologia sociopsicodramática nos possibilita atuar em diferentes contextos. Havendo um grupo em interação, independentemente do local ou da população, podemos realizar uma intervenção. Temos nosso principal material: a interação grupal, que caminha na direção dos sujeitos que vão propondo, criando e transformando suas histórias nas dimensões pessoais e coletivas, modificando a ação e o conhecimento acerca do vivido.

Os grupos são sistemas formados por redes de inter-relações, incluindo toda a gama de manifestações do coconsciente e do coinconsciente, que intervêm e significam, não podendo ser compreendidas de maneira fragmentada. Demo (2004, p. 10) consi-

APLICAÇÕES DOS MÉTODOS SOCIÁTRICOS

dera que a "pesquisa é um diálogo inteligente e crítico com a realidade, tomando como referência que o sujeito nunca apreende a realidade, sendo o objeto sempre também um objeto-sujeito". A metodologia sociopsicodramática, aliada à pesquisa-ação, nos possibilita construir uma realidade na interação que é própria daquele grupo, sempre buscando integração entre conhecimento e realidade. Profissionais interessados em metodologias aplicáveis a projetos de pesquisa-ação e elaboração de planos de desenvolvimento de grupos contam com um conjunto de pressupostos da teoria, de maneira integrada e articulada, contida no projeto socionômico de J. L. Moreno, abordado em capítulos anteriores. Nosso objetivo, neste capítulo, é criar um guia da multiplicidade de aplicações dos métodos sociátricos.

FERTILIZAÇÃO ENTRE TEORIAS E NOVAS METODOLOGIAS

UMA PESQUISA EXPLORATÓRIA sobre práticas grupais foi coordenada, em 2007, por uma das autoras (Fleury). Agregou participantes de 26 países e foi promovida pela Seção Transcultural da International Association for Group Psychotherapy and Group Processes (IAGP). As respostas eram abertas, permitindo apenas a identificação de algumas tendências por meio da compilação dos dados.

Em relação aos respondentes brasileiros, havia uma grande diversidade de abordagens teóricas, com predominância do psicodrama. A maioria deles eram profissionais altamente qualificados, muitos professores universitários, de cursos de formação e supervisores de grupo. Provavelmente pela inserção acadêmica, expressaram um olhar pesquisador sobre suas próprias práticas. Muitos mencionaram utilizar uma abordagem teórica básica, à qual acrescentaram diferentes contribuições, o que pode significar fertilização entre teorias. A maturidade profissional pareceu refletir-se na preocupação com a formação das novas gerações e no movimento de procurar novas articulações teóricas e práticas. Outro aspecto interessante foi a população-alvo das intervenções. Os colegas de outros países dedicam-se a áreas de atuação ainda pouco habituais entre nós, como trabalhos grupais com refugiados, vítimas de tortura e de traumas, criminosos de alta periculosidade etc. No Brasil, há muitos trabalhos com populações em situação de vulnerabilidade social. A procura de novas metodologias, portanto, parece acompanhar a necessidade de atender às demandas sociais emergentes em cada sociedade. Muitos brasileiros relataram o desenvolvimento de recursos para a autossustentabilidade de comunidades, valorizando o movimento grupal de procurar soluções viáveis para as necessidades locais.

Aqueles com atuação clínica relataram atividades em consultório, com práticas individuais, grupais e com casais e famílias. Muitos deles atuavam também na saúde pública e em instituições ligadas à saúde mental e social. Havia muitos relatos de modalidades direcionadas a populações homogêneas, expressando o desenvolvimento de intervenções grupais temáticas.

Numa análise de objetivos, a maioria das intervenções sociopsicoeducacionais pretendia o empoderamento de populações, com uma tendência de busca de novas metodologias, desenvolvimento de recursos técnicos e adaptação de recursos de outras abordagens, visando o desenvolvimento de meios para facilitar a essas populações lidarem com situações externas adversas. Parece haver uma tendência global de trabalho com populações sob o impacto de condições específicas locais altamente adversas. Nesse contexto, o conceito de resiliência poderá ser mais bem abordado no futuro, porque transpassa todas as abordagens atuais, caracterizando-se por ser um importante marcador de desenvolvimento individual e grupal.

O Brasil é um país de extensão continental e com grandes diferenças culturais e geográficas. Historicamente, programas nacionais deficientes em ações voltadas para a agricultura e outras áreas vitais para a autossustentabilidade colaboraram para uma população crescente em estado de pobreza, conduzindo-a para as cidades grandes na condição de migrantes, o que levou à exclusão de oportunidades de trabalho, assistência à saúde, auxílio educacional, nutrição apropriada e moradia segura.

Nesse contexto, o modelo médico e o de tratamento psicológico tradicionais não eram suficientes para dar conta dessa complexidade, com prejuízos importantes das dimensões social e cultural. Foram necessários programas sociais voltados para a promoção da saúde, o que mobilizou universidades, ONGs e instituições formadoras para a busca de novos paradigmas para a saúde social. Pesquisas e estudos interdisciplinares foram realizados em busca de novas metodologias para o empoderamento e a educação para a cidadania dessa população em situação de vulnerabilidade social.

Na mencionada pesquisa observamos, como resultante desse contexto histórico, a tendência de integração de novas práticas e contribuições teóricas à formação original, sugerindo uma possível fertilização entre elas.

Identificamos essa fertilização teórica no sociodrama brasileiro contemporâneo (ou sociopsicodrama), método predominante nos relatos. Os indícios aparecem principalmente na maneira como o coordenador dirige o grupo. As principais influências observadas foram da teoria sistêmica, da teoria das redes sociais (a importância do apoio social), da teoria de Pichon-Rivière (conceito de tarefa) e da psicanálise (centralidade dos conceitos de coinconsciente e coconsciente).

Nessa pesquisa, evidenciou-se a diversidade dos contextos de aplicação das intervenções grupais, com relatos de intervenções psicossociais nas ruas, na comunidade e até mesmo na cidade (o "Psicodrama na cidade de São Paulo", em 2001, quando ocorreram 153 sociodramas simultâneos). Essa multiplicidade de aplicações, também observada nos livros que organizamos, nas apresentações de congressos regionais, nacionais e internacionais, nos levou a classificá-las em grandes áreas. O resultado foi a Coleção Intervenções Grupais, publicada pela Editora Ágora (Fleury e Marra, 2005a, b, c, d), composta de quatro livros que abordam, respectivamente, as áreas da saúde, educação, organizações e direitos humanos.

OS GRANDES TRILHOS

J. L. MORENO FORMULOU alguns pressupostos básicos de seu legado. Considerando-os trilhos sugeridos, destacam-se a valorização da atenção à estrutura psicológica subjacente dos grupos em suas manifestações sociais, que muitas vezes é profundamente diferente da estrutura aparente (Moreno, 1975), e o reconhecimento de que os grupos são competentes para encontrar saídas para suas dificuldades e problemas. A função do psicodramatista é de acompanhante. Ao propor um método sociátrico adequado ao grupo, este consegue se revelar e se transformar.

Quando se instala uma crise ou um desconforto no grupo, é necessário fazer uma intervenção que possibilite buscar novo equilíbrio de suas forças relacionais, para que ele se reorganize e se torne produtivo. O grupo faz novos arranjos para restabelecer seu funcionamento, iniciando, assim, um novo processo e utilizando-se dos recursos de ação propostos na metodologia sociopsicodramática para identificar novas constelações sociais emergentes. Com esses movimentos, o desenho do grupo – sua estrutura observável ou subjacente – nunca é o mesmo. Pelo contrário, está em constante mutação. Moreno afirma que o ideal das ciências é ajudar a humanidade a concretizar suas metas, em um fluxo de vir a ser.

O contexto da intervenção define a aplicação do método socioeducacional ou psicoterapêutico. A proposta moreniana de socia-

APLICAÇÕES DOS MÉTODOS SOCIÁTRICOS

tria, entendida como profilaxia, diagnóstico e tratamento da espécie humana, das relações grupais e intergrupais, estende enormemente o potencial terapêutico dessas duas possibilidades. Trata-se do que estamos nomeando de clínica social (Costa; Penso, 2010).

A MULTIPLICIDADE DE APLICAÇÕES

INTERVENÇÕES SOCIOPSICOEDUCACIONAIS têm contribuído para o aprimoramento das políticas públicas e sociais. Algumas iniciativas de construção de redes para sustentação e troca de experiências entre profissionais mostraram-se importantes para a otimização de recursos e o aprofundamento científico (Fleury, 2002a, 2002b).

No Brasil, busca-se essa meta por meio da articulação de ações, nos municípios, do setor de saúde com outros setores, como educação, meio ambiente, segurança, geração de emprego e renda, entre outros.

A demanda por intervenções com objetivos definidos e passíveis de ser avaliados tem sido crescente, estimulando um grande desenvolvimento das intervenções sociátricas, principalmente nas áreas de saúde, educação, promoção dos direitos humanos e organizacional.

SAÚDE

Há algumas décadas, os psicodramatistas trabalhavam quase exclusivamente em consultório particular e instituições hospitalares. Com as novas demandas, as aplicações da metodologia sociátrica expandiram-se para:

- desenvolvimento da teoria e das metodologias para intervenções psicoterapêuticas na clínica privada e institucional;
- capacitação e apoio psicossocial de profissionais da saúde nos vários níveis de assistência: saúde básica, de média e de alta complexidade;

HELOISA JUNQUEIRA FLEURY • MARLENE MAGNABOSCO MARRA

- capacitação de profissionais para a implantação de um novo paradigma de cuidados com a saúde mental, caracterizado pela inserção social do portador de transtornos mentais;
- formação e desenvolvimento de equipes no Programa de Saúde da Família, nas Unidades Básicas de Saúde e nas Unidades Hospitalares;
- construção do papel de Agente Comunitário, para uma interação ética e participativa com a comunidade;
- formação de multiplicadores em vários âmbitos da promoção da saúde (saúde integral, saúde sexual, saúde das várias etapas da vida);
- desenvolvimento de metodologias para intervenções grupais na área de promoção da saúde (intervenções sociopsicoeducacionais, sociodramas construtivistas, intervenções grupais tematizadas e de tempo limitado, teatro espontâneo, teatro de reprise etc.).

EDUCAÇÃO

Temos confirmado cada vez mais que os métodos sociátricos são utilizados não só para o ensino de conteúdos formais nas escolas como também para a educação em prol da cidadania, incorporando a aprendizagem e a reflexão sobre questões sociais imprescindíveis à convivência social.

Uma das principais estratégias da política educacional brasileira foi incluir no currículo um conjunto de temas (ética, meio ambiente, pluralidade cultural, saúde, orientação sexual, trabalho, consumo e temas locais), escolhidos por sua urgência social, abrangência nacional, possibilidade de ensino e aprendizagem no ensino fundamental, e por seu potencial para favorecer a compreensão da realidade e a participação social. Por sua transversalidade – isto é, por atravessarem diferentes campos do conhecimento –, esses temas integram as áreas convencionais ao estar presentes em todas elas, relacionando-as às questões da atualidade (Febrap, 2000). Os psicodramatistas têm contribuído por meio de:

APLICAÇÕES DOS MÉTODOS SOCIÁTRICOS

- capacitação dos educadores para a prática pedagógica em perspectiva transversal e para a educação inclusiva;
- capacitação de equipes de educadores para a contínua reflexão sobre seu papel de autoridade, sobre os deveres e direitos próprios do educador e do aluno e para o trabalho em equipes multidisciplinares;
- promoção de mudanças nos modelos existentes de atenção aos recursos e situações conflituosas vividas no cotidiano da sala de aula;
- instrumentalização de equipes de educadores para a articulação da escola como parte de uma rede municipalizada de serviços de atendimento à infância e à juventude numa perspectiva integral;
- desenvolvimento de recursos pedagógicos (entre eles o método sociodramático de ensino, que é abordado neste livro), de diagnóstico e de avaliação de conteúdos.

ORGANIZACIONAL

As metodologias sociátricas têm sido aplicadas para mobilização, organização, desenvolvimento de grupos e facilitação de mudanças organizacionais. Organizações empresariais e hospitalares, entre outras, têm participado ativamente no desenvolvimento de metodologias que garantam o envolvimento do profissional na procura de respostas para os enormes desafios da contemporaneidade. Nessa área, observamos a aplicação dos métodos sociátricos em:

- capacitação de profissionais para o trabalho com grupos, desenvolvimento do papel profissional e trabalhos relacionados aos gestores de pessoas;
- desenvolvimento de equipes, trabalhos relacionados à comunicação humana e ao manejo de conflitos grupais e intergrupais;
- andragogia: preparação de facilitadores para atuar na educação empresarial;
- identificação de talentos na seleção de pessoal;

desenvolvimento do perfil empreendedor em dirigentes empresariais;

readaptação ao trabalho de profissionais portadores de LER/DORT e de outras patologias relacionadas à atividade profissional;

pesquisa de climas organizacionais, de recursos para recrutamento, seleção e desenvolvimento profissional.

DIREITOS HUMANOS

A preservação e a promoção dos direitos da sociedade são asseguradas por lei. No entanto, questões ligadas ao meio ambiente, à segurança, à geração de emprego e renda exigem uma articulação produtiva entre a família, a sociedade e o Estado. Entre as várias instâncias envolvidas nesse processo, o Conselho Tutelar, o Centro de Referência de Assistência Social (CRAS) e o Centro de Referência Especializado de Assistência Social (CREAS), entre outros tantos, mediam a relação entre a ação pública e a comunidade, aplicando medidas de proteção e socioeducacionais.

A promoção de ambientes ecológicos para a cidadania social poderá tornar-se um dos espaços privilegiados para a transformação da realidade social (Moreno, 1992), construindo o que Santos (2001) caracterizou como um novo conceito de subjetividade: participativa, orientada pelos interesses coletivos, incluindo formas alternativas de sociabilidade doméstica, autoridade partilhada, democratização dos direitos, prestação mútua de cuidados, conscientização para a transformação social e das atitudes – uma subjetividade, portanto, simultaneamente individual e coletiva.

As intervenções grupais são inúmeras nessa área, com objetivos amplos e diversificados. Os psicodramatistas têm contribuído para:

promoção do desenvolvimento sustentável nas comunidades, por meio do levantamento de soluções práticas e reais para as questões abordadas;

APLICAÇÕES DOS MÉTODOS SOCIÁTRICOS

- promoção da cidadania social em populações excluídas dos direitos humanos básicos (sociopsicodramas e teatro espontâneo em espaços abertos e com grandes grupos);
- formação de agentes multiplicadores, capacitação para a promoção da saúde e construção de metodologias de multiplicação pelos representantes das comunidades;
- construção de redes sociais de sustentação para grupos;
- capacitação de conselheiros tutelares e de demais agentes sociais e comunitários para o desenvolvimento da autonomia social e reconstrução de vínculos;
- trabalhos socioeducativos relacionados à promoção da paz, da convivência com as diferenças, etnodramas etc.

PERSPECTIVAS FUTURAS

OS MÉTODOS SOCIÁTRICOS TÊM RECEBIDO reconhecimento crescente como facilitadores do desenvolvimento de pessoas, grupos e comunidades. Considerando que uma das características do trabalho do psicodramatista é a exploração do significado que os grupos atribuem a um problema social e/ou humano, faz-se necessário um método indutivo, isto é, que priorize a leitura da complexidade da situação. Por seu conjunto de concepções, atitudes e crenças básicas, o sociodrama, como instrumento, permite alcançar essa complexidade.

A pesquisa qualitativa tem particular relevância para o estudo das relações sociais (Flick, 2009). Diferentes métodos são usados para alcançar resultados satisfatórios, mudanças confiáveis e significância clínica, tais como: pesquisa-ação, entrevistas, estudo de caso, narrativas, grupos focais, histórias de vida, pesquisas observacionais etc.

Em 2006, Devanir Merengué referiu-se ao pequeno número de psicodramatistas que discutiam o uso do psicodrama em pesquisa. Passados cinco anos, constatamos um aumento crescente, representado pelas inúmeras teses e dissertações apresentadas. Em uma diversidade de contextos e perspectivas sociais, o sociodrama tem comprovado ser um recurso valioso para a coleta de dados em pesquisa qualitativa. Dentre os livros já publicados sobre o tema, Nery (2010) propõe o sociodrama como instrumento da pesquisa social, descrevendo passos para a análise dos resultados obtidos com esse método sociátrico. Zampieri (1996) propõe o sociodrama construtivista da aids. Marra (2004) exemplifica o uso do sociodrama na criação de um espaço de interlocução entre conselheiros tutelares e famílias. Toloi (2010) apresenta o potencial do sociodrama tematizado na pesquisa qualitativa. Muitos outros podem ser encontrados nas bibliotecas das instituições formadoras de psicodrama e nas universidades brasileiras.

CONSIDERAÇÕES FINAIS

A RECOMENDAÇÃO FINAL para intervenções realizadas com a utilização dos métodos sociátricos é que o psicodramatista tenha uma postura socionômica, caracterizada pela percepção do indivíduo em constante interação, em movimento na sua rede sociométrica, aproximando-se e distanciando-se dos seus átomos sociais, implicado em escolhas (atração, repulsão e indiferença), segundo critérios definidos pelo contexto.

A postura socionômica implica também perceber a estrutura do grupo, a posição do indivíduo no grupo em que está inserido, os papéis que desempenha e a movimentação dinâmica e contínua da matriz sociométrica.

A sociodinâmica, a sociometria e a sociatria (Moreno, 1993), na qualidade de dimensões de um mesmo fenômeno, estão presentes e em interação no processo grupal. Essas dimensões estão integradas, imbricando-se continuamente na experiência individual e grupal, promovendo a organização e a evolução do indivíduo e do grupo.

APLICAÇÕES DOS MÉTODOS SOCIÁTRICOS

O desenvolvimento de um determinado papel na vivência grupal possibilita que essa aprendizagem seja transferida, por meio do efeito cacho de papéis, para outros papéis desempenhados na vida. As movimentações que emergem do grupo nessa vivência são o que Moreno propôs como microrrevoluções propulsoras da grande transformação social: "um procedimento verdadeiramente terapêutico deve abranger toda a espécie humana" (Moreno, 1992, p. 216). A transformação do indivíduo, do grupo e da sociedade, nomeada planificação social por Moreno, deixa de ser uma utopia para tornar-se uma realidade factível.

Quer saber mais como usar e aplicar a metodologia sociátrica? Sugerimos que se coloque como pesquisador. Nesse papel, você será aquele que está verdadeiramente implicado na paixão pela transformação desejada do grupo, sempre centrado numa intenção de desenvolvimento, ajudando os atores a construírem uma práxis que os remeterá a múltiplos olhares para novos saberes.

〜〜

REFERÊNCIAS BIBLIOGRÁFICAS

COSTA, L. F.; PENSO, M. A. "A dimensão clínica das intervenções psicossociais com adolescentes e famílias". In: MARRA, M. M.; COSTA, L. F. (orgs.). *Temas da clínica do adolescente e da família*. São Paulo: Ágora, 2010, p. 201-14.

DEMO, P. *Professor do futuro e reconstrução do conhecimento*. Petrópolis: Vozes, 2004.

DIONNE, H. *A pesquisa-ação para o desenvolvimento local*. Brasília: Liber Livro, 2007.

FLEURY, H. J. "Grupos: o psicodrama aplicado na promoção da saúde". In: CONGRESSO BRASILEIRO DE PSIQUIATRIA, 20., 2002, Florianópolis. *Anais...* Florianópolis, 2002a.

_____. "Projetos sociais no psicodrama". In: CONGRESSO BRASILEIRO PSICOLOGIA: CIÊNCIA E PROFISSÃO, 1., 2002, São Paulo. *Anais...* São Paulo, 2002b.

FLEURY, H. J.; MARRA, M. M. (orgs.). Coleção Intervenções Grupais. São Paulo: Ágora, 2005. 4 v.

FLICK, U. *Introdução à pesquisa qualitativa*. 3. ed. Porto Alegre: Artmed, 2009.

KNOBEL, A. M. *Moreno em ato*. São Paulo: Ágora, 2004.

HELOISA JUNQUEIRA FLEURY • MARLENE MAGNABOSCO MARRA

MARRA, M. M. *O agente social que transforma: o sociodrama na organização de grupos*. São Paulo: Ágora, 2004.

MERENGUÉ, D. "Introdução". In: MONTEIRO, A. M.; MERENGUÉ, D.; BRITO, V. *Pesquisa qualitativa e psicodrama*. São Paulo: Ágora, 2006.

MORENO, J. L. *Psicodrama*. São Paulo: Cultrix, 1975.

_____. *Quem Sobreviverá? Fundamentos da sociometria, psicoterapia de grupo e sociodrama*. Goiânia: Dimensão, 1992. v. 1.

_____. *Psicoterapia de grupo e psicodrama*. 2. ed. rev. Campinas: Psy, 1993.

_____. *Quem sobreviverá? Fundamentos da sociometria, da psicoterapia de grupo e do sociodrama*. Trad. Moyés Aguiar. Revisão técnica Mariana Kawazoe. São Paulo: Daimon, 2008. Edição do estudante.

NERY, M. P. *Grupos e intervenção em conflitos*. São Paulo: Ágora, 2010.

SANTOS, B. S. *A crítica da razão indolente: contra o desperdício da experiência*. São Paulo: Cortez, 2001.

TOLOI, M. D. C. *Sob fogo cruzado: conflitos conjugais na perspectiva de crianças e adolescentes*. São Paulo: Ágora, 2010.

ZAMPIERI, A. M. F. *Sociodrama construtivista da aids*. Campinas: Psy, 1996.

SUGESTÕES DE LEITURA

■ MORENO, J. L. *Quem sobreviverá? Fundamentos da sociometria, da psicoterapia de grupo e do sociodrama*. São Paulo: Daimon, 2008. Edição do Estudante.

Esse livro foi traduzido pelo psicodramatista Moysés Aguiar, que descreve o desafio de se manter fiel ao autor J. L. Moreno e, ao mesmo tempo, garantir a fluidez de um texto didático atual. Esse esforço do tradutor é recompensado pela melhor compreensão dos referenciais morenianos para a transformação social. Trata-se de um bom início no estudo dos pressupostos morenianos para o trabalho com grupos.

■ MARRA, M. M.; FLEURY, H. J. "O grupo de ressonância". In: *Sociodrama*. São Paulo, Ágora: 2010, p. 95-108.

Esse capítulo apresenta, de maneira didática, as etapas de um sociodrama aplicado na capacitação de profissionais da área de saúde e educação, que trabalham com medidas socioeducativas para a promoção da atenção integral à saúde do adolescente em conflito com a lei, no Distrito Federal. Na segunda parte do texto, o processamento do sociodrama ilustra, com conceitos sociopsicodramáticos, os pressupostos teóricos dessa intervenção grupal.

■ MARRA, M. M. *O agente social que transforma: o sociodrama na organização de grupos*. São Paulo: Ágora, 2004.

A ideia central desse livro é mostrar como trabalhar com o sociodrama: um instrumento de pesquisa-ação e um modo de intervir na formação dos sujeitos capazes de construir suas próprias histórias, individuais e coletivas, promovendo o resgate dos direitos humanos e da cidadania. O trabalho no

APLICAÇÕES DOS MÉTODOS SOCIÁTRICOS

qual o livro se baseia foi realizado com conselheiros tutelares e as famílias atendidas por eles, que passaram a ser multiplicadores, agentes sociais e comunitários, confirmando o novo paradigma na maneira de conceber, compreender e agir com relação ao Estatuto da Criança e Adolescente (ECA).

■ KNOBEL, A. M. "Grandes grupos: história, teoria e práticas psicodramáticas". In: FLEURY, H. J.; MARRA, M. M. (orgs.). *Práticas grupais contemporâneas: a brasilidade do psicodrama e de outras abordagens.* São Paulo: Ágora, 2006, p. 213-33.
Esse capítulo apresenta a metodologia sociodramática na direção de grandes grupos. Como a proposta era apresentar as peculiaridades de uma direção nesse tipo de abordagem, tornou-se um texto didático.

■ FEO, M. S.; KNOBEL, A. M. "A arte de não interpretar interpretando: a construção de dramaturgias ancoradouras na formação de psicodramatistas". In: MARRA, M. M.; FLEURY, H. J. (orgs.). *Sociodrama.* São Paulo: Ágora, 2010, p. 150-80.
Esse capítulo ilustra uma metodologia com nuances da contemporaneidade. Apresenta a aplicação do método na formação de psicodramatistas, expondo os fundamentos psicodramáticos sob nova perspectiva.

■ KNOBEL, A. M.; ALVES, L. Falivene. "Estratégias de direção grupal e identificação do agente protagônico nos grupos socioeducativos". In: MARRA, M. M.; FLEURY, H. J. (orgs.). *Grupos: intervenção socioeducativa e método sociopsicodramático.* São Paulo: Ágora, 2008.
Esse capítulo nos apresenta uma referência de grupo e seu funcionamento. Fala das estratégias de direção de um grupo, das etapas de desenvolvimento das estruturas relacionais, mostrando as diferentes formas de condução do processo grupal pelo diretor. Identifica, no sociodrama, as reflexões acerca do tema protagônico e do protagonista.

Poderíamos citar ainda muitos outros textos, mas achamos mais conveniente dar a referência de alguns livros relacionados às diferentes formas de intervenção e de aplicação dos métodos sociátricos:

FLEURY, H. J.; MARRA, M. M. (orgs.). *Intervenções grupais na saúde.* São Paulo: Ágora, 2005a.

_____. *Intervenções grupais na educação.* São Paulo: Ágora, 2005b.

_____. *Intervenções grupais nas organizações.* São Paulo: Ágora, 2005c.

_____. *Intervenções grupais nos direitos humanos.* São Paulo: Ágora, 2005d.

_____. *Práticas grupais contemporâneas: a brasilidade do psicodrama e outras abordagens.* São Paulo: Ágora, 2006.

_____. *Grupos: intervenção socioeducativa e método sociopsicodramático.* São Paulo: Ágora, 2008.

_____. *Sociodrama.* São Paulo: Ágora, 2010.

14. Como mediar conflitos grupais?

MARIA DA PENHA NERY
MARIA INÊS GANDOLFO CONCEIÇÃO

> Devemos promover a coragem onde há medo,
> promover o acordo onde existe conflito,
> e inspirar esperança onde há desespero.
>
> NELSON MANDELA

AINDA QUE OS CONFLITOS HUMANOS remontem historicamente à presença do homem na Terra, parece que nunca antes o tema da mediação recebeu tanta atenção dos mais diversos públicos. O desenvolvimento da habilidade de mediar conflitos interessa não apenas aos psicodramatistas ou a profissionais que intervêm em manejos grupais, mas também a líderes, governantes, diplomatas, profissionais do mais alto escalão de organizações internacionais, e a todos aqueles interessados em promover a paz mundial e assegurar a convivência harmônica entre povos e nações.

É cena recorrente em nossa prática a interpelação de alunos ou ouvintes que nos questionam, assim que iniciamos um curso: "Como mediar e intervir nos conflitos grupais?"

Trata-se de um desejo semelhante ao de já querer tocar criativamente uma música sem antes sequer aprender sobre os instrumentos ou treinar os acordes.

Onde quer que estejamos, seja em nosso mundo interno, no micro ou no macrocosmo social, deparamos com conflitos destrutivos. Esses conflitos surgem, por exemplo, da aprendizagem social derivada da exposição à sociedade do espetáculo, da ideologia capitalista, que nos torna mercadorias a ser expostas e usadas, retirando nossa criatividade e, com isso, nos direcionando para a manutenção de elites que detêm privilégios de bens materiais e socioculturais. Vivemos numa sociedade de fanatismos religiosos, na qual as diferenças são massacradas; na qual predomina o autoconhecimento precário, que nos leva a condutas que fazem mal a nós e aos outros, mas das quais temos pouca consciência sobre as motivações e consequências, e em que os sentimentos e formas de nos relacionar acirram sofrimentos (Debord, 2002; Demo, 2003).

Então, voltando à pergunta que não quer calar: como mediar e intervir em conflitos grupais? Antes de procurar respostas distantes e intelectualizadas, comecemos por nossa própria humanidade: procuremos ser melhores que ontem, como pessoas, em nossas relações. A primeira transformação, para gerar transformação, é a nossa, do mediador. Falemos, então, da importância de saber lidar com os conflitos intrapsíquicos. Os próximos passos – teóricos, técnicos, metodológicos, estratégicos, atitudinais – serão decorrência de nosso autoconhecimento.

O "como" mediar e intervir vem acompanhado de "o que" é mediar e qual será a mediação, assim como de "onde", "por quê", "quando" e "para quê".

A MEDIAÇÃO

MEDIAR, NO SENTIDO ETIMOLÓGICO, quer dizer "situar-se entre dois extremos" (Houaiss, 2001, p. 1.877). É estar "entre" dois polos, no meio de dois pontos, uma definição derivada de "localização". Fisicamente, essa imagem é visível, mesmo na imaginação. Porém, a grande arte é fazermos essa tarefa em termos psicológicos: situarmo-nos "no meio" dos conflitos, dos interesses, do jogo de poder e do sofrimento vividos pelo grupo com o qual nos propomos a trabalhar. E, para nosso desespero, não é apenas entre dois polos, mas entre diversos e diferenciados vértices, mesmo no trabalho com apenas um ou dois indivíduos envolvidos num conflito.

COMO MEDIAR CONFLITOS GRUPAIS?

O "estar no meio" ou "entre" os oponentes precisa se compor também da atitude mental de "estar distante" e de "se aproximar" do mundo do outro. Trata-se de desenvolvermos as dimensões da observação e da racionalidade, por meio do distanciamento psicológico; da emocionalidade e da intuição, por meio da aproximação psicológica das partes (Perazzo, 1994). Esse movimento interior do socioterapeuta o ajuda a trabalhar seu envolvimento com as partes, a perceber a presença de alguma sensação de insegurança, desespero ou angústia durante a mediação, a fazer as leituras da sociodinâmica e da sociometria, e a apreender a psicodinâmica dos envolvidos.

O exercício de aproximação da realidade sociopsíquica do outro, sem censura, é a tarefa de nos imaginarmos no lugar dele, para, com base em sua visão, tentarmos explicitar seus conteúdos conscientes e inconscientes.

O outro lado nosso o observa. O lado racional ajuda a nos vermos no meio do conflito e a não nos misturarmos a ele. Buscamos, assim, a integração entre a intimidade e a racionalidade.

Mediar também quer dizer ajudar as partes a saírem do monólogo a dois e construírem o diálogo. Nosso treino nos ajuda a "ser imparciais" e a favorecer a fala das partes, dentro da filosofia existencialista de que todos sofrem e não há, nas interações, por mais que se insista, as dicotomias, por exemplo, entre vítima/carrasco; certo/errado; normal/anormal; bem/mal. Nunca é demais lembrar de um dos sábios apanágios do hassidismo: "O mal é o envoltório do bem". Em outras palavras: por mais que uma atitude nos pareça má, existe alguma coisa boa a ser extraída dela.

PROCESSO DE VINCULAÇÃO TERAPÊUTICA

NOS ENCONTROS, OS PARTICIPANTES PASSAM pelos momentos interacionais e grupais tão estudados por Moreno (1972, 1984) e trazidos aqui por Malaquias (Capítulo 1) e Knobel (Capítulo 2).

Em síntese, há experiência de momentos de caos, que contêm indiferenciação, agressividade, hostilidade, expressão emocional, aprisionamento em interpretações e interesses; momentos de turbulência, nos quais as partes tentam manter suas razões e sentimentos de aversão ao outro; momentos de tensão, em que há uma diferenciação horizontal e as partes temem perder, veem-se fragilizadas, desejam desistir da negociação. Esses sentimentos predominam no início da mediação, quando há a pesquisa da situação-problema.

Ao tentarmos nos inserir na trama grupal, somos os estranhos ou "não familiares", os que despertam temor e resistências nas pessoas. Então, com maior ou menor consciência, nos negarão, excluirão, ignorarão ou atuarão com mais defesas para que a dinâmica não mude. Há, ainda, a ambivalência entre o desejo de mudança, a necessidade de fazer diferente, o anseio de desenvolver solidariedade, o medo do novo, a insegurança do incerto e a angústia do encontro. Esses sentimentos e desejos contraditórios geram mais conflitos e instabilidade no grupo (Pagès, 1976).

No clima hostil das partes, estabelecemos a mediação, na busca de uma inserção em suas realidades. Precisamos de tolerância, paciência e crença de que a violência diminuirá. Tentaremos ser um ponto de apoio que remodelará processos coinconscientes na busca da cocriação.

Nos momentos que vão do caos à tensão, o socioterapeuta usa princípios de duplo e solilóquio, orquestrando a polifonia das vozes dos participantes. O socioterapeuta, com seu controle emocional e sua imparcialidade, busca que todos se expressem, se diferenciem em seus mundos internos e em relação ao outro. Aos poucos, ajuda-os a se tornarem observadores-participantes de seus problemas. Trata-se da tentativa de integrar emoção e razão.

Nossa principal tarefa é favorecer o diálogo. O primeiro passo para enfrentar esse desafio é adotar uma postura de acolhimento. Curiosamente, aqui trazemos o criador do psicodrama, Moreno, que teve influência do hassidismo em sua vida, ao lembrarmos que a raiz da palavra hebraica *Kabalah* dá origem ao verbo *lekabel*, que quer dizer acolher, receber, adotar, aceitar, admitir. Essa tarefa não é fácil, porque exige do mediador o abandono do julgamento moral e a aceitação daquilo que geralmente é tido como inapropriado, doentio, violento, desviante, criminoso. Acolher quer dizer aceitar o outro incondicionalmente, acreditando que ele tem sua dor e que sua saúde mental e relacional está prejudicada. Acreditar, inclusive, que podemos nos identificar com o outro, pois temos todos os sentimentos que ele tem, embora em intensidades diferenciadas e que nos moveram para diferentes tipos de condutas e sofrimentos. Cabe-nos acreditar que há instituições na sociedade que julgam e punem seguindo o princípio de que todos são inocentes até que se prove o contrário (não nos cabendo, pois, a tarefa que é específica dessas instituições).

Nesse processo, é fundamental aguardar o momento de propor conciliações e entendimentos em relação aos desencontros. A vinculação e as abordagens terapêuticas seguem, portanto, momentos, fenômenos e processos grupais.

A tarefa de favorecer o diálogo traz uma ação **aparentemente** simples dentro dela: ouvir. Mas é um ouvir, ouvir, ouvir e, só depois, falar. Ou seja, três vezes ouvir, uma vez falar. Trata-se de um ouvir diferenciado, chamado "escutar". Nesse escutar, constantemente nos perguntamos: como ajudar o outro a dizer mais e melhor? O que o outro quer realmente dizer? De onde vem sua fala? Pode ser, por exemplo, que venha de ideologias ou aprendizados que o oprimem, e que ele toma como dele, ou de aspectos seus que clamam por mais voz, e que ele teme (Nery, 2003).

Tentamos ampliar sua fala, visitar o seu mais íntimo, muitas vezes inconsciente ou desconhecido, derrubando aos poucos resistências, defesas e medos. Por isso, a ação de ouvir, aparentemente simples, na verdade é complexa: exige muito mais do que passivamente ouvir, exige as artes de compreender, de diferenciar o "eu" dos "outros dentro de mim", o "outro" e os "outros dentro dele", e de perguntar.

Fazemos perguntas e pareceres como: "Por favor, me fale mais sobre isso"; "Não consegui compreender sua ação neste momento"; "Quais sentimentos havia, nesse instante?"; "Você ficou raivoso porque seu interesse não foi atendido ou se sente injustiçado... é isso?" Trata-se de princípios da técnica do duplo e do solilóquio, em que demonstramos nossa compreensão dos sentimentos e atitudes das pessoas envolvidas no conflito e também pedimos que se expressem ainda mais.

O processo inicial de vinculação expõe a dificuldade das partes de se conciliar, de ceder, de se comunicar. Todos querem ganhar. Prevalecem, por exemplo, seus entendimentos do problema, suas versões, suas verdades, suas crenças, seus interesses, a tentativa de manter privilégios e poder, suas formas de agredir, a luta por seus conceitos de justiça, suas "vitimizações" e manipulações. Detectamos os padrões e dinâmicas relacionais, conteúdos coinconscientes se desvelam aos poucos, traçando os processos cotransferenciais que envolvem suas lógicas afetivas de conduta, suas dinâmicas de poder que se entrelaçam trazendo conflitos e sofrimentos (Nery, 2003).

FENÔMENOS INTERACIONAIS E INTERVENÇÕES TERAPÊUTICAS

Depois do momento de vinculação terapêutica, em que o conflito se tornou mais perceptível, propomos ao grupo que conversem entre eles ou que interajam de maneiras mais específicas e dialógicas – por exemplo: "Diga ao fulano o que você tem para dizer"; "Exponha um pouco mais suas razões para ele", "Expresse, para ela esse sentimento que me disse"; "Diga a ele como você interpreta isso que ele fez ou disse"; "Expresse o que sente quando ela faz isso"; ou "Compartilhe, se viveu algo parecido". Trata-se de tentar a melhoria comunicacional. Surgirão mágoas, enganos, distorções de interpretação, desentendimentos, mudanças de assunto, relembranças para dificultar o entendimento.

O socioterapeuta intervém para a expressão das emoções, ajustes de interpretações, revisão de expectativas, renovações de projetos dramáticos. Também é sua tarefa manter o foco na razão de ser da discussão, pois as partes normalmente têm dificuldade em aprofundar um tema, principalmente quando se sentem ameaçadas, ansiosas, temendo verdades que machucam ou evitando exposição.

À medida que as partes começam a se ouvir e se entender em suas interpretações e ajustes de expectativas, o próximo momento será o de desenvolver a empatia e o fenômeno tele, que favorece a cocriação (Aguiar, 1998). Propomos ao grupo que imaginem um pouco a realidade de um e de outro, incentivamos a compreensão das razões e emoções de cada um e as falas mais íntimas, com correção das interpretações e minimização dos medos.

As negociações serão facilitadas quando eles se olharem e se respeitarem como pessoas que sofrem conjuntamente, na tentativa de que todos cedam e ganhem.

Ao avançar na mediação, observamos momentos de insegurança, em que os participantes começam a perceber que estão sufocados em dores e que causam sofrimento; momentos de impacto ou de diferenciação vertical, em que percebem o outro mais claramente e tentam manter o poder preexistente; momentos de reflexão, em que percebem que o outro pode ouvi-los e entendê--los; momentos de compreensão, em que podem intuir um ao outro; momentos de inversão, em que se imaginam no lugar um do outro. Alguns chegam a atingir o momento do sossego ou do perdão, resgatando o bem-estar na relação.

Nos momentos que vão da insegurança até a inversão, o socioterapeuta faz uso de técnicas relativas aos processos dialógicos. Dentre elas, ajuda as partes a se expressarem umas para as outras e a "traduzirem" o que querem de fato dizer; faz duplos; ajuda-as a compreender o porquê das dificuldades de comunicação; explicita ações e reações relativas aos aprendizados ou à história de vida de cada um; instiga novas formas de diálogo e de expressão dos envolvidos, principalmente no que se refere a sentimentos, expectativas, desejos e necessidades.

Haverá, no entanto, conflitos e sofrimentos grupais nos quais não conseguiremos ajudar, por sermos limitados em nossas capacidades ou por não ser o momento para uma efetiva intervenção.

EXERCÍCIOS DE PODER

QUANDO NOS INSERIMOS NO GRUPO, surgem novos exercícios de poder (Foucault, 2002). Há momentos da intervenção em que tomamos o poder de maneira arbitrária, dependendo da necessidade do grupo ou de nossa aprendizagem em relação às dinâmicas de poder. Há momentos em que o grupo nos dá poder e nos tornamos líderes; os membros passam a depender de nós, ou correm o risco de isso acontecer. Há momentos em que tomamos ou nos dão parcialmente o poder, e o grupo tenta manter a outra parcela. Percebemos, por exemplo, que não confiam, não se entregam ao trabalho, mas tentam melhorias; procuram controlar a situação ou expor os problemas de modo não transparente. E há, ainda, períodos em que o grupo tenta efetivamente nos comandar, nos vigiar, nos controlar; nos isolam ou nos ameaçam, impondo-se no poder. Há, pois, o risco de abusarmos ou de sofrermos abusos nessa dimensão interacional.

As relações de poder favoráveis se constituem de confiança mútua, distribuição satisfatória de afetos e escolhas, uso adequado dos dispositivos de poder dos membros do grupo e do socioterapeuta e projeto comum de mudanças (Nery, 2010). É quando ocorre, por exemplo, mais expressão das partes e abertura ao diálogo.

A arte da socioterapia é conquistar um exercício de poder distributivo, no qual todos tenham oportunidade de propor, rever-se e orientar-se.

COMO MEDIAR CONFLITOS GRUPAIS?

COMO INTERVIR EM CONFLITOS GRUPAIS?

OUTRA QUESTÃO COMUM aos que se interessam pela mediação de conflitos é: há diferença entre mediar e intervir em conflitos grupais? Mediar é uma forma de intervir, e intervir pressupõe mediação. Porém, preferimos diferenciar: a mediação compõe os primeiros momentos do encontro, no sentido de deixar o fenômeno interacional acontecer e pesquisá-lo. Nesse momento, a abordagem do socioterapeuta é menos diretiva. A intervenção, por sua vez, é a abordagem usada quando a mediação se esgota e não atingiu seus objetivos (Nery, 2010). O socioterapeuta, ao intervir, será mais diretivo e proporá alguma técnica ou método de ação – muitos dos quais estão expostos neste livro.

Intervir, etimologicamente, significa "interferir, interceder, contrapor sua autoridade" (Houaiss, 2001, p. 1.638). Significa propor ações e ideias inovadoras para experimentar a situação--problema, interpor questões com recursos criativos para respondê-las. Trata-se de propor às partes, por exemplo, a vivência de cenas dos conflitos, ou que os experimentem por diferentes ângulos – dentre eles desenhos, cartas, música, colagem, fantoches. Tenta-se ir além da fala, por meio da exploração de diversas formas de linguagem.

O socioterapeuta iniciante ou o coordenador de grupos aprende a amenizar a ansiedade de resolver rapidamente os conflitos ou o sofrimento das pessoas. Aconselhamos que experimente entrar em contato com o caos, com a angústia do incerto, com o incontrolável, com o indiferenciado, e perceber-se dentro dele. Pode haver o desejo de possuir controle, domínio, e de propor a saída da situação-problema, para obter sucesso. O treino e a supervisão (e, em alguns casos, a psicoterapia) ajudam a desenvolver habilidades e trabalhar suas dificuldades.

Se a ansiedade do socioterapeuta não for tratada, muitos podem se atropelar, atropelar o grupo e dificultar a manifestação da espontaneidade-criatividade de alguns ou de todos os envolvidos no conflito.

COMO AGIR EM TERRENO VIOLENTO?

EM SITUAÇÕES DE CONFLITO INTERGRUPAL, é comum que as partes conflitantes tenham esvaziado a via da tentativa de diálogo e recorram ao uso dos mais diversos tipos de violência: psicológica, física ou simbólica, verbal ou não verbal. Para lidar com situações nas quais se corre o risco de presenciar interações violentas, a melhor estratégia é a prevenção.

Para tanto, o diretor deixa claro, no contrato grupal, que toda e qualquer forma de violência, física ou verbal, está proibida de ser manifestada naquele contexto, a menos que seja expressa no espaço do "como se". Ou seja, durante as dramatizações podem ocorrer cenas violentas, mas o diretor precisa cuidar para que os participantes estejam bem protegidos (com o uso de almofadas, por exemplo) de possíveis ataques irracionais dos personagens.

Durante as interações grupais, o diretor encoraja os participantes a pontuarem situações nas quais tenham se sentido alvo de alguma forma de violência por parte do grupo, para que se possam compreender e explicitar os códigos de comunicação que geram reações de ataque e de defesa. Sabemos que a violência se manifesta em ciclos e que raramente é espontânea e gratuita. Em outras palavras, violência gera violência. Trabalhando preventivamente, o diretor impede que se instaure um ciclo de violência descontrolada. Com isso, tem mais chance de intervir e corrigir o rumo de tal experiência no grupo. Para a prevenção da violência, o diretor pode dizer, por exemplo:

– Aqui, a regra número um é tentarmos o respeito mútuo, principalmente na maneira de nos comunicarmos. Assim, não será tolerada qualquer forma de violência no contexto grupal, ou seja, fora do cenário psicodramático. Somos todos inteligentes e criativos o bastante para saber fazer uso de outras formas de comunicação que não essa. Neste espaço, viveremos os conflitos e não a violência.

Após observar a manifestação dos conflitos e a dinâmica dos participantes, nos momentos das proposições dialógicas, o diretor pode ajudá-los a expressar suas emoções de modo a evitar a violência. Pode pedir aos membros do grupo que, ao falar de alguma coisa que os incomode, façam-no em primeira pessoa, evitando julgamentos morais ou acusações destrutivas. Por exemplo:

– Tentaremos expressar nossas emoções e percepções de maneira diferente. Em vez de dizer "você é isso, você me fez isso", diremos mais "eu me sinto..., eu quero..." Ou seja, devemos evitar comentários do tipo: "Você é muito grosso porque nunca me cumprimenta", e tentar dizer, se é o caso: "Eu me sinto muito mal quando sou ignorada e é assim que me sinto quando você não me cumprimenta".

Mas o que fazer quando a violência ainda assim comparece na comunicação entre os membros de um grupo? Nesse caso, recomenda-se a enérgica intervenção do diretor, que deve garantir a integridade física e moral de seus participantes. Sugere-se, após a contenção da violência, uma fala na seguinte direção:

– Já entendi que é assim que vocês têm resolvido seus problemas lá fora, mas também está muito claro que dessa forma vocês não estão conseguindo resolver nada. Aliás, por isso mesmo vocês vieram, não é? Só que aqui não será assim. Aqui, vamos fazer diferente do que vocês têm feito lá fora e que não está dando certo. Experimentaremos abrir o caminho para o diálogo civilizado, já que todos vocês são pessoas muito competentes e capazes disso.

Cabe ao diretor, portanto, com suas habilidades de mediador, criar um terreno de possibilidades de conversações transparentes, de desenvolvimento do fenômeno tele (cocriação derivada de expressarem-se, perceberem-se mais claramente e imaginarem-se no lugar um do outro), de encontro e de diálogo franco.

OBJETIVOS DA MEDIAÇÃO

ENTÃO, CHEGAMOS À QUESTÃO: "para quê mediar ou intervir nos conflitos grupais?" O "para quê" é construído conjuntamente, mas a base de nosso trabalho é a libertação de conservas culturais que produzem afetividade, condutas e exercícios de poder que anulam, sufocam, abusam, violentam.

Outros objetivos são: distribuição da afetividade que se perdeu em conteúdos que bloqueiam a espontaneidade-criatividade; exercício de construção da ética grupal, na busca do bem-estar comum; exercício de cuidar do mais frágil, ajudando-o a exercitar sua voz e sua consciência crítica; desenvolvimento da capacidade empática dos presentes, do imaginar-se no lugar do outro e de não fazer ao outro o que não deseja que façam a si; encontrar coletivamente resoluções para os impasses, de maneira que todos os envolvidos sintam-se bem.

PERÍODO DA MEDIAÇÃO

DEPENDENDO DA RELAÇÃO OU DO GRUPO, de seus conflitos e da habilidade do socioterapeuta, apenas a mediação, que dura em média de dois a quatro encontros, pode atingir boa parte dos objetivos supracitados. Porém, pode haver necessidade de mais encontros e de usar os métodos de intervenção.

O treinamento e a capacitação ajudam a otimizar o tempo de mediação ou de intervenção nos conflitos. Porém, esse tempo depende também de vários fatores presentes na situação. Muitos são os conteúdos coinconscientes, dentre eles: o histórico da crise, a complexidade dos problemas, os interesses presentes, os benefícios e ganhos secundários das violências (por exemplo, manter uma relação por meio do ódio), as ideologias sociais impregnadas nas identidades culturais.

O SOCIOTERAPEUTA E SEUS DESAFIOS

O SOCIOTERAPEUTA VIVE O BRILHO do momento, em suas tonalidades instantâneas. Ele se reveste do momento, como em estado meditativo, tornando-se presente para tentar perceber, intuir e sentir o que ocorre. Utiliza-se de seu conhecimento e sensibilidade para avaliar quais os tipos mais adequados de intervenção para cada momento.

Experimenta um "vazio fértil", ou um desligamento de si, de seus preconceitos, para estar aberto ao outro, disponível para o novo e para o diferente, em prontidão para alguma ação que perceba necessária. Trata-se de exercer a redução fenomenológica e deixar entre parênteses sua história de vida e seus conhecimentos. No entanto, paradoxalmente, vai usá-los, pois eles compõem a intersubjetividade e os estados coinconscientes.

O desligamento de si para estar aberto ao outro é resultado do "amor terapêutico", da compaixão, seja por quem sofre uma violência, seja por quem a pratica, no entendimento de que há contradições na relação humana (Nery, 2011).

Há o desapego em relação ao que esperamos que o outro faça e a aceitação do que ele faz, ao mesmo tempo que, com ele, tentamos o mais profundo movimento de libertação de máscaras e emperramentos em relação à sua espontaneidade-criatividade, em nome do bem-estar coletivo. Estar nos grupos e enfrentar relações é abrir-se para o mundo em constante mudança e para o contínuo aprender.

Na verdade, por mais libertos que estejamos de ideologias, temos as ideologias dessa prática profissional, conforme vimos em nossos objetivos. Porém, por mais ideologias que tenhamos, a construção sempre será conjunta. Criaremos, com o outro e com o grupo, limites e possibilidades em relação à ética e à saúde no convívio humano.

Nosso desafio é produzir transformação social. Que transformação? É visível? Eis aí a ciência que estuda o grupo terapêutico. O que de fato promove transformação e qual o sentido dessa transformação? Até que ponto é terapêutica?

A transformação pode ser, por exemplo, o alívio da dor; a compreensão maior da realidade de um participante do conflito; a expressão de sentimentos contidos (ódio ou carinho, por exemplo); o confronto devido à maior consciência sociocrítica; a luta por direitos socioculturais; o aumento da coesão do grupo ou a saída de um membro do grupo que perturbava a todos.

A transformação social pode ocorrer sem mediação ou sem a intervenção em conflitos. Nossa função é facilitá-la ou promovê-la quando está bloqueada. Para isso, usamos nossas capacidades pessoais, fazemos especializações na área e tentamos nos aperfeiçoar profissionalmente.

Este livro aborda os métodos de ação e os princípios teóricos e práticos que nos dão recursos para mediar e intervir em conflitos grupais. Ele é uma breve introdução para os que desejam se aprofundar nesta importante ciência e arte: a socioterapia.

MARIA DA PENHA NERY • MARIA INÊS GANDOLFO CONCEIÇÃO

REFERÊNCIAS BIBLIOGRÁFICAS

AGUIAR, M. *Teatro espontâneo e psicodrama*. São Paulo: Ágora, 1998.

DEBORD, G. *A sociedade do espetáculo*. Rio de Janeiro: Contraponto, 2002.

DEMO, P. *Pobreza da pobreza*. Petrópolis: Vozes, 2003.

FOUCAULT, M. *Microfísica do poder.* 17. ed. Rio de Janeiro: Graal, 2002.

HOUAISS, A. *Dicionário Houaiss da língua portuguesa*. Rio de Janeiro: Objetiva, 2001.

MORENO, J. L. *Fundamentos de la sociometria*. Buenos Aires: Paidós, 1972.

_____. *Psicodrama*. São Paulo: Cultrix, 1984.

NERY, M. P. *Vínculo e afetividade*. São Paulo: Ágora, 2003.

_____. *Grupos e intervenção em conflitos*. São Paulo: Ágora, 2010.

_____. "Psicodrama e amor". *Revista Brasileira de Psicodrama*, v. 19. n. 1, 2011, p. 35-48.

PAGÈS, M. *A vida afetiva dos grupos: esboço de uma teoria da relação humana*. Petrópolis: Vozes, 1976.

PERAZZO, S. *Ainda e sempre psicodrama*. São Paulo: Ágora, 1994.

Os autores

■ **ANDRÉ MARCELO DEDOMENICO**
Psiquiatra pela Faculdade de Medicina de Botucatu/SP – Unesp, psicodramatista didata pelo DPSedes, mestrando em Psicologia Clínica – Núcleo de Estudos em Subjetividade.
CONTATO • adomenico@terra.com.br

■ **ANDRÉA CLAUDIA DE SOUZA**
Psicóloga. Doutoranda em Psicologia Clínica pela Universidade Autônoma de Lisboa, psicodramatista didata pela Potenciar, mestre em Psicologia da Saúde pela Universidade Metodista de São Paulo, especialista em sexualidade humana pela Faculdade de Medicina da Universidade de São Paulo (FMUSP), autora de *Sociodrama nas organizações* (Ágora, 2008), psicóloga clínica, consultora e professora de psicodrama, professora de Desenvolvimento Pessoal e Social no Colégio Singular.
CONTATO • www.potenciar.com.br • andrea@potenciar.com.br

■ **ANNA MARIA ANTONIA ABREU COSTA KNOBEL**
Psicóloga, psicodramatista, mestre em Psicologia Clínica pela PUC-SP. Professora supervisora de psicodrama e docente do Departamento de Psicodrama do Instituto Sedes Sapientiae. Autora de *Moreno em ato* (Ágora, 2004) e de vários artigos sobre psicodrama e grupos.
CONTATO • amknobel@uol.com.br

OS AUTORES

■ CIDA DAVOLI

Psicóloga, psicodramatista, professora supervisora e terapeuta didata pela Febrap. Coordenadora do projeto Psicodrama Público no Centro Cultural São Paulo. Professora do curso de formação de psicodramatistas do Getep-SP, níveis I, II e III.
CONTATO • cidavoli@uol.com.br

■ CLÁUDIA CLEMENTI FERNANDES

Psicóloga, atriz, psicodramatista com especialização em psicodrama níveis I e II (Instituto Sedes Sapientiae, DPSedes), diretora do Grupo Gota D'Água desde 1999. É professora de teatro e desenvolve trabalhos voltados para o terceiro setor e empresas.
CONTATO • ccfernandes40@terra.com.br

■ HELOISA JUNQUEIRA FLEURY

Psicóloga, psicodramatista didata, supervisora (foco psicoterápico e socioeducacional), mestre pela Faculdade de Medicina da Universidade de São Paulo (FMUSP), docente e coordenadora geral do Departamento de Psicodrama do Instituto Sedes Sapientiae (DPSedes, São Paulo), tesoureira da International Association for Group Psychotherapy and Group Processes (IAGP), supervisora do Programa de Estudos em Sexualidade (ProSex) do Instituto de Psiquiatria do Hospital das Clínicas da FMUSP e orientadora do Curso de Especialização em Sexualidade Humana da FMUSP. Organizadora de vários livros.
CONTATO • hjfleury@uol.com.br

■ LUÍS FALIVENE ALVES

Psiquiatra, sociopsicodramatista, supervisor didata – Febrap, MEC, professor supervisor no Instituto de Psicodrama e Psicoterapia de Grupo de Campinas (IPPGC). Coautor dos livros: *O jogo no psicodrama* (Ágora, 1995); *Grupos – A proposta do psicodrama* (Ágora, 1999); *Sambadrama* (Jessica Kingsley Publishers, 2006); *Grupos: intervenção socioeducativa e método*

OS AUTORES

sociopsicodramático (Ágora, 2008); *Sociodrama: um método, diferentes procedimentos* (Ágora, 2010); *Psicodrama – Ciência e arte* (Ágora, 2011).
CONTATO • (19) 3251-1497 • falivenealves@uol.com.br

■ **MARCIA ALMEIDA BATISTA**
Psicóloga, psicodramatista, professora supervisora e terapeuta didata pela Febrap. Professora de psicologia na Faculdade de Ciências Humanas e Saúde da PUC-SP. Professora do curso de formação de psicodramatistas dos níveis II e III do Getep.

■ **MARIA CÉLIA MALAQUIAS**
Psicóloga, mestre em Psicologia Social pela PUC-SP, psicodramatista didata e professora supervisora pela Sociedade de Psicodrama de São Paulo. Docente do curso de formação em psicodrama do Convênio SOPSP-PUCSP e professora convidada de algumas instituições de psicodrama. Foi presidente da Sociedade de Psicodrama de São Paulo (SOPSP) nas gestões 2007/2008 e 2009/2010. Realiza pesquisas sobre relações interétnicas.
CONTATO • mcmalaquias@uol.com.br

■ **MARIA DA PENHA NERY**
Psicóloga, doutora em Psicologia pela Universidade de Brasília, psicodramatista, terapeuta didata e professora supervisora em psicodrama, consultora de empresas e escolas, autora de artigos científicos na área de psicologia e dos livros: *Vínculo e afetividade* (Ágora, 2003) e *Grupos e intervenção em conflitos* (Ágora, 2010).
CONTATO • mpnery@hotmail.com

■ **MARIA INÊS GANDOLFO CONCEIÇÃO**
Psicóloga, psicodramatista didata, supervisora, mestre e doutora em Psicologia pela Universidade de Brasília (UnB), pós-doutora em Psicossociologia pela Universidade Federal Fluminense (UFF), professora adjunta da UnB, coordenadora do Laboratório de Família,

OS AUTORES

Grupos e Comunidades da UnB, autora de diversos livros e artigos sobre psicodrama, adolescência, inclusão social e drogadição.
Contato • inesgandolfo@gmail.com

■ Marlene Magnabosco Marra

Psicóloga, mestre em Psicologia pela UCB. Doutoranda pela Universidade de Brasília (UnB). Especialista em terapia sistêmica de casal e família. Psicodramatista, supervisora didata nos focos psicoterapêutico e socioeducacional. Coordenadora pedagógica do Instituto de Pesquisa e Intervenção Psicossocial (Interpsi), presidente da Federação Brasileira de Psicodrama, gestões 1997/1998 e 2007/2008. Co-Chair do Comitê Científico para o congresso de 2012 da International Association for Group Psychotherapy and Group Processes (IAGP). Autora do livro *O agente social que transforma – O sociodrama na organização de grupos* (Ágora, 2004). Organizadora de livros e autora de capítulos e artigos na área.

■ Moysés Aguiar

Psicólogo, psicodramatista, professor supervisor de psicodrama, autor de livros em psicodrama.

■ Sergio Perazzo

Psiquiatra, psicodramatista, professor supervisor didata da Sociedade de Psicodrama de São Paulo (SOPSP), credenciado pela Federação Brasileira de Psicodrama (Febrap), autor dos livros *Descansem em paz os nossos mortos dentro de mim* (1986); *Ainda e sempre psicodrama* (1994); *Fragmentos de um olhar psicodramático* (1999); *Psicodrama: O forro e o avesso* (2010), todos pela Editora Ágora, e de artigos de psicodrama.

■ She - Lúcia Helena Nilson

Psicóloga, psicodramatista, educadora. Consultora na formulação de propostas pedagógicas no campo socioeducativo e de

OS AUTORES

processos de formação de agentes públicos e educadores utilizando o psicodrama como referência para a aprendizagem. Membro especialista do Grupo de Consultoria Socioeducacional SMS.

■ **YVETTE DATNER**
Didata supervisora de psicodrama organizacional e socioeducacional. Docente em cursos de formação em psicodrama nível I pelo convênio SOPSP/PUC-SP e níveis II e III na Sociedade de Psicodrama de São Paulo (SOPSP) e outras entidades. Autora de *Jogos para educação empresarial* (Ágora, 2006) e coautora de outros livros. Diretora da Datner educação empresarial (www.datner.com.br). Atua em empresas públicas e privadas como gestora de conhecimentos e competências do papel profissional.
CONTATO • datner@datner.com.br

leia também

INTERVENÇÕES GRUPAIS NA EDUCAÇÃO
Heloisa Junqueira Fleury e Marlene Magnabosco Marra (orgs.)
O psicodrama permite renovar as atuações profissionais na educação, possibilitando um trabalho criativo com populações com grandes dissonâncias culturais. Também facilita a resolução de conflitos na rotina da escola, permanente desafio para educadores na difícil tarefa de intermediar alunos, professores e colegas. O livro traz exemplos e soluções de todo o Brasil, com resultados que incrementam o aprendizado e promovem cidadania.
Ref. 20005   ISBN 85-7183-005-3

INTERVENÇÕES GRUPAIS NA SAÚDE
Heloisa Junqueira Fleury e Marlene Magnabosco Marra (orgs.)
Este livro apresenta uma amostra do enorme potencial do psicodrama para atender os novos paradigmas da saúde: melhores condições de vida como um todo, promovendo a saúde individual e da rede social. Por suas características de modalidade participativa, facilita a reorganização da vida no grupo e fora dele, revendo costumes, valores, mitos e crenças. Como em todos os volumes desta série, há exemplos de trabalhos de várias partes do Brasil.
Ref. 20006   ISBN 85-7183-006-1

INTERVENÇÕES GRUPAIS NAS ORGANIZAÇÕES
Heloisa Junqueira Fleury e Marlene Magnabosco Marra (orgs.)
Este volume valoriza o sociodrama como método para facilitar o desenvolvimento de pessoas e grupos na saúde profissional. Traz experiências de atividades em empresas e instituições hospitalares, mostrando como é facilitado ao grupo atravessar seus temas centrais e conflituosos, conduzindo a relações saudáveis no ambiente de trabalho.
REF. 20900   ISBN 85-7183-900-X

INTERVENÇÕES GRUPAIS NOS DIREITOS HUMANOS
Heloisa Junqueira Fleury e Marlene Magnabosco Marra (orgs.)
Experiências diversas foram reunidas neste livro mostrando trabalhos que conduzem a uma nova consciência de responsabilidade ao se viver em grupo e dos modos de intervir nas relações e na prática de cidadania. Para profissionais das áreas de saúde, psicologia, serviço social, educação e terceiro setor, entre outros.
REF. 20899   ISBN 85-7183-899-2

www.summus.com.br

------------- dobre aqui -------------

CARTA-RESPOSTA
NÃO É NECESSÁRIO SELAR

O SELO SERÁ PAGO POR

AC AVENIDA DUQUE DE CAXIAS
01214-999 São Paulo/SP

------------- dobre aqui -------------

- - - - - - - - - - - - - recorte aqui - - - - - - - - - - - -

O
EDITORA
ÁGORA

CADASTRO PARA MALA-DIRETA

**Recorte ou reproduza esta ficha de cadastro, envie completamente preenchida por correio ou fax,
e receba informações atualizadas sobre nossos livros.**

Nome: _____ Empresa: _____

Endereço: ☐ Res. ☐ Coml. _____ Bairro: _____

CEP: _____ - _____ Cidade: _____ Estado: _____ Tel.: (____) _____

Fax: (____) _____ E-mail: _____ Data de nascimento: _____

Profissão: _____ Professor? ☐ Sim ☐ Não Disciplina: _____

1. Você compra livros:

☐ Livrarias ☐ Feiras

☐ Telefone ☐ Correios

☐ Internet ☐ Outros. Especificar: _____

2. Onde você comprou este livro?

_____

3. Você busca informações para adquirir livros por meio de:

☐ Jornais ☐ Amigos

☐ Revistas ☐ Internet

☐ Professores ☐ Outros. Especificar: _____

4. Áreas de interesse:

☐ Psicologia ☐ Comportamento

☐ Crescimento interior ☐ Saúde

☐ Astrologia ☐ Vivências, Depoimentos

5. Nestas áreas, alguma sugestão para novos títulos?

_____

_____

6. Gostaria de receber o catálogo da editora? ☐ Sim ☐ Não

7. Gostaria de receber o Ágora Notícias? Sim ☐ Não ☐

Indique um amigo que gostaria de receber a nossa mala-direta.

Nome: _____ Empresa: _____

Endereço: ☐ Res. ☐ Coml. _____ Bairro: _____

CEP: _____ - _____ Cidade: _____ Estado: _____ Tel.: (____) _____

Fax: (____) _____ E-mail: _____ Data de nascimento: _____

Profissão: _____ Professor? ☐ Sim ☐ Não Disciplina: _____

cole aqui

Editora Ágora
Rua Itapicuru, 613 7º andar 05006-000 São Paulo - SP Brasil Tel.: (11) 3872-3322 Fax: (11) 3872-7476
Internet: http://www.summus.com.br e-mail: summus@summus.com.br